本书由以下项目资助

国家自然科学基金优秀青年科学基金项目"新型城镇化"(41822104)

国家自然科学基金面上项目"新型城镇化背景下中部地区人口就近城镇化潜力分析"(41671125)

国家重点研发计划"自然资源资产负载表编制与资源环境承载力评价技术集成与应用"(2016YFC0503500)

中部高质量崛起与新型城镇化

陈明星 李裕瑞 宋 涛
黄 麟 龚颖华 汤 青 等 著

科学出版社
北京

内 容 简 介

中部崛起是国家区域发展战略的重要组成部分，是促进全国经济社会协调发展、构建"双循环"新发展格局的关键环节。2021年7月，《中共中央 国务院关于新时代推动中部地区高质量发展的意见》发布，提出"推动中部地区加快崛起，在全面建设社会主义现代化国家新征程中作出更大贡献"。本书分析了新时代对中部地区提出的新要求，提出中部地区发展的定位与思路，梳理中部地区已有空间战略，提出中部地区空间结构与空间组织方向，重点从新型城镇化与乡村振兴融合、农业现代化与三次产业融合、创新发展与现代服务业、生态环境保护与治理、国外大江大湖流域发展经验模式等方面开展深入分析，进而以安徽省为例，探讨中部地区就近城镇化发展特征与潜力，及其对国家新型城镇化的重要意义。

本书可供中部地区建设、管理与决策部门的工作人员参考使用，也可作为区域发展、中部崛起、新型城镇化等相关研究领域的科研、教学工作者及感兴趣读者的参考用书。

审图号：GS(2021)4713号

图书在版编目(CIP)数据

中部高质量崛起与新型城镇化/陈明星等著. —北京：科学出版社，2021.10
ISBN 978-7-03-069198-9

Ⅰ.①中⋯ Ⅱ.①陈⋯ Ⅲ.①区域经济发展–研究–中国 ②城市化–研究–中国 Ⅳ.①F127②F299.21

中国版本图书馆CIP数据核字（2021）第111388号

责任编辑：杨逢渤／责任校对：樊雅琼
责任印制：吴兆东／封面设计：无极书装

科学出版社 出版
北京东黄城根北街16号
邮政编码：100717
http://www.sciencep.com

北京捷迅佳彩印刷有限公司 印刷
科学出版社发行 各地新华书店经销

*

2021年10月第 一 版　开本：787×1092　1/16
2021年10月第一次印刷　印张：15 1/4
字数：360 000

定价：188.00元
（如有印装质量问题，我社负责调换）

目 录

绪论 1

第一章 新时代促进中部地区高质量崛起 5
- 第一节 新时代与区域发展的新要求 5
- 第二节 面临新机遇 10
- 第三节 中部地区的发展定位 12
- 第四节 发展思路 13

第二章 空间结构与空间组织 19
- 第一节 现有国家级区域战略的空间叠加 19
- 第二节 "国家战略区域"的成效与发展趋势 21
- 第三节 重大规划对中部地区空间格局的梳理分析 25
- 第四节 中部地区空间经济联系分析 27
- 第五节 空间格局的总体思路与组织 31

第三章 新型城镇化与乡村振兴融合 37
- 第一节 2006年以来城镇化发展现状 37
- 第二节 中部地区新型城镇化的发展思路 46
- 第三节 中部崛起城镇发展空间布局 54
- 第四节 新型城镇化与乡村振兴融合 59

第四章 农业现代化与三次产业融合 65
- 第一节 发展现状与特点 65
- 第二节 主要问题与挑战 84
- 第三节 发展潜力与机遇 90
- 第四节 总体思路与任务 96
- 第五节 主要措施与建议 104
- 第六节 农村三次产业融合发展 107

第五章 创新资源与现代服务业 112
- 第一节 科技创新资源分布与发展 112
- 第二节 中部地区现代服务业发展现状战略 119
- 第三节 推进现代物流业发展,打造我国交通物流中心 127
- 第四节 大力发展科技服务业,筑造中部科技创新基地 129
- 第五节 积极培育信息服务业,创新中部服务网络平台 133

i

第六节　做大做强旅游产业，增创中部富民转型新优势 …………… 136
第六章　生态环境保护与治理 …………………………………………… 139
　　第一节　生态环境基本状况 ……………………………………… 139
　　第二节　中部地区资源环境承载力评价 ………………………… 151
　　第三节　问题、机遇与挑战 ……………………………………… 167
　　第四节　生态环境保护与治理发展思路 ………………………… 169
　　第五节　空间布局及重点任务 …………………………………… 171
　　第六节　政策建议 ………………………………………………… 177
第七章　国外大江大湖流域发展经验模式 ……………………………… 180
　　第一节　欧洲莱茵河流域开发经验 ……………………………… 180
　　第二节　美国五大湖流域开发经验 ……………………………… 190
第八章　城镇化时空历程 ………………………………………………… 198
　　第一节　城镇化发展过程特征 …………………………………… 198
　　第二节　城镇化发展地域分异 …………………………………… 202
第九章　就近城镇化潜力 ………………………………………………… 208
　　第一节　安徽省就近城镇化的潜力类型 ………………………… 208
　　第二节　安徽省就近城镇化的规模测算 ………………………… 212
　　第三节　就近城镇化规模的时间序列预测 ……………………… 218
第十章　新型城镇化进展 ………………………………………………… 220
　　第一节　新型城镇化的重要意义 ………………………………… 220
　　第二节　安徽省新型城镇化取得明显进展 ……………………… 224
参考文献 …………………………………………………………………… 232
后记 ………………………………………………………………………… 234

绪　　论

一、新时代、新要求与新目标

习近平总书记在十九大报告中指出，经过长期努力，中国特色社会主义进入了新时代，这是我国发展新的历史方位。改革开放40余年来，我国城镇化与经济社会发展取得了长足进步。国家统计局数据显示，2018年，全国总人口139 538万人（港澳台除外），其中城镇常住人口83 137万人，常住人口城镇化率为59.58%，户籍人口城镇化率为43.37%；国内生产总值约90万亿元，比2017年增长6.6%，经济总量稳居世界第2位，对世界经济增长的平均贡献率超过30%，居世界第1位，人均国内生产总值64 644元，比2017年增长6.1%。

新时代我国社会的主要矛盾已经转化为人民日益增长的美好生活需要和不平衡不充分的发展之间的矛盾。新时代对区域发展提出了新要求。第一，高质量发展新阶段。随着我国经济体量不断增长，适当降低经济增速，推动高质量发展，是经济持续健康发展的必然趋势。第二，生态文明与建设美丽中国。人与自然是生命共同体，建设美丽中国可以更好地满足人民日益增长的美好生活需要。第三，新型城镇化与乡村振兴战略双轮驱动。新型城镇化与乡村振兴战略不是对立关系，而是有机一体的，是互为补充、联动发展的关系，两者均强调城乡间融合发展。第四，创新型国家与区域。科技创新能力已经成为衡量一个国家和区域综合实力的重要标准，建设创新型国家和区域是提高自主创新能力的关键举措。第五，区域协调发展战略。区域协调发展战略既包括西部开发、东北振兴、中部崛起、东部率先四大板块协调发展战略，也包括京津冀、长三角、粤港澳大湾区、长江经济带等点线面协调发展战略。第六，"一带一路"与深化区域对外开放。各地区充分发挥比较优势，深化区域对外开放，逐步形成陆海内外联动、东西双向互济的开放格局。

我国宏观发展格局进入了"T"字形战略的深化期，客观上要求贯通东西方向的经济大通道。中部地区面临着新的发展历史机遇，在全国区域发展总体布局中将承担更大的责任。以实现高质量中部崛起为目标，扎实推进"一中心、四区"建设：新型城镇化的改革试验区、流域生态文明建设先行区、粮食生产与现代农业发展区、基础设施互联互通枢纽区、先进装备制造业中心。以新型城镇化、农业现代化和新型工业化为重要突破口，以流域生态文明、基础设施互联互通为重要支撑，以扩大开放、创新驱动、服务业发展为重要动力，进一步增强中部地区自我发展活力，建设宜居城乡，推动一二三产业融合发展，优化中部地区国土开发空间结构，探索创新发展、协调发展、绿色发展、开放发展、共享发展的新模式，为我国在经济新常态下保持中高速发展、实现美丽中国奠定坚实基础。

二、宜居城乡与三次产业融合

2006~2017年，中部地区城镇化水平得到了较大幅度的提高。城镇化率从38.00%上升到54.29%，年均增长1.48个百分点，增速超过全国平均水平，与全国的差距逐渐缩小，从2006年的6.86个百分点降至2017年的4.23个百分点，增速也超过前一时期。中部地区人口总量从3.53亿人略增到3.69亿人，总量基本保持稳定，城镇人口快速增加，从1.34亿人增加到2.0亿人，增加了0.66亿人，年均新增城镇人口600万人，农村剩余劳动力转移成效明显。中部地区城市群初具形态和规模，主要有武汉城市圈、太原城市群、皖江城市群、中原城市群、长株潭城市群和环鄱阳湖城市群，长江中游城市群尚处于雏形阶段。但是中部地区城镇化仍然存在人口城镇化率偏低、劳动力异地流出规模大、农民工市民化任务艰巨等问题。

《国家新型城镇化规划（2014—2020年）》中明确提出引导约1亿人在中西部地区就近城镇化，中部地区也是国家新型城镇化发展的重要试点区，中部地区的区位、人口集聚等优势为未来城镇化发展提供了良好基础。以"新型城镇化"为主线，以农业现代化和新型工业化为重要支撑，以稳步推进农业转移劳动力就地市民化为核心。增强产城融合，把扩大当地非农就业放在突出位置。推动不同区域差异化的城镇化发展路径，提高城市群地区综合承载能力，适度引导人口和产业向城市群地区集聚，通过增强核心城市的集聚扩散效应，进一步提升中小城市及小城镇活力，加快宜居城乡建设。充分利用试点政策，勇于探索新型城镇化的综合配套改革创新，不断提升城镇化的质量和水平。

十九大将乡村振兴战略上升为国家战略，建立健全城乡融合发展体制机制和政策体系，推动新型城镇化与乡村振兴战略的协调发展。新型城镇化为乡村振兴创造条件，乡村振兴为新型城镇化提供可持续支撑。近年来，中部地区农业生产发展出现新态势：农业生产经营主体日趋多元化，农业生产现代化水平不断提高，主要农产品综合生产能力稳步提升，农业产业化发展水平不断提高，农产品国际贸易发展迅速，工资性收入成为农民收入的主体和动力源。同时，中部地区农业生产发展还面临着耕地面积不断减少、中低产田比例较高、产地环境存在隐忧、"新三农"问题加剧、农产品精深加工能力不足、贫困高发区分布集中等问题。

面向乡村发展进入机遇期的宏观背景，以"转变农业发展方式、促进三次产业融合发展"为主线，以提高粮食及其他主要农产品供给能力、推动传统农业向现代农业转型、促进农民持续较快增收和乡村可持续发展为主要目标，深化传统农区农业农村发展的体制机制改革，着力促进粮食生产的基地化、规模化、集约化转型，以及现代农业的专业化、标准化、特色化发展，建立和完善现代农业产业体系，创新三次产业融合发展新模式。

三、创新发展与生态文明

科技创新资源包括科技财力资源、科技人力资源、科技物力资源和科技信息资源4个方面,创新环境是发展高新技术产业所必需的社会文化环境,它是地方行为主体之间在长期正式或非正式合作交流基础上所形成的相对稳定的系统。高新技术产业开发区(简称高新区)和国家自主创新示范区(简称自创区)为高新技术产业发展和自主创新创造了一个较为稳定的产业融合、知识创新的环境。中部地区拥有较好的科技创新资源基础,先后成立武汉东湖、湖南长株潭、河南郑洛新和安徽合芜蚌4个自创区。通过增加创新投入、培育创新人才和优化创新环境来提供动力、激发潜力和释放活力,努力实现中部地区的创新发展。

与创新发展密切关联的现代服务业,指以信息网络技术为主要支撑,建立在新的商业模式、服务方式和管理方法基础上的服务产业。其发展既包括随着技术发展而产生的新兴服务业态的发展,也包括运用现代技术对传统服务业的改造和提升。近年来,中部地区的服务业发展迅速,总体规模不断扩大,增速高于全国平均水平,后发态势良好。2017年,中部六省的服务业增加值达到8.078万亿元,占全国服务业增加值的18.9%。2016年中部六省服务业平均增速达到9.9%,高于全国7.7%的增速。但同时也面临服务业内部结构不合理,如交通运输、仓储和邮政业,批发和零售业等传统服务业占比偏高而生产性服务业占比偏低等问题。

依托中部地区优越的区位交通条件、创新资源优势、产业基础优势,把握改革开放持续深化和区域合作步伐不断加快的机遇,积极发展高附加值、高层次、知识型的现代服务业是中部地区构筑现代产业体系,促进产业改造升级的重要途径。搭建科技研发创新平台,完善研发设计服务平台,加快科技成果转化,发展产业联动能力强、附加值高的科技服务业;打造沟通东西部、连接海内外的物流产业;大力推进电子商务,做强软件及服务外包,搭建信息产业基地,推动信息服务业发展;做大做强新业态、保民生的文化、旅游等新兴服务业,构建充满活力、特色鲜明、布局合理、优势互补的现代服务业体系。

中部地区生态环境在全国具有重要地位,是我国重要的生态屏障、重要的水资源调节区、重要的水源涵养区,以及我国亚热带生物多样性维护核心区。坚持节约优先、保护优先、自然恢复为主的方针,以增强资源环境生态竞争力为核心,以生态建设、环境治理和节能减排为重点,借鉴国际先进管理经验与模式,严格按照主体功能定位推进生态一体化建设,加快构建完善的区域生态屏障体系,推进江河湖库水资源安全保护网络,建立健全跨区域环境污染防治联动机制,统筹经济社会发展、资源可持续利用和生态环境保护,以生态红线监管为抓手,加大自然生态系统和环境保护力度,加快建设资源节约型、环境友好型社会,为加快中部高质量崛起提供有力支撑。到2025年,生态环境质量总体改善,资源利用更加高效,生态文明主流价值观在全社会得到推行,生态文明建设水平与美丽中国目标相适应。

四、安徽省新型城镇化与就近城镇化道路

自改革开放以来,安徽省城镇化率不断提升,其中常住人口城镇化率从1978年的12.62%提升到2017年的53.49%,相比1978年增加了40.87个百分点,年均递增1.05

个百分点；户籍人口城镇化率则从1978年的10.69%增加到2017年的31.07%，相比1978年增加了20.38个百分点，年均递增0.52个百分点。总体来看，安徽省人口城镇化正在快速发展，但安徽省的常住人口城镇化率和户籍人口城镇化率均低于全国平均水平。安徽省流出人口居高不下，流入人口不断下降，是全国重要的人口流动输出地。2011年，安徽省流出人口数量为1199万人，流入人口数量为291万人，总流动人数达到了1490万人。近几年安徽省流出人口呈现回流态势，但规模依然十分庞大。近几年来流出人口数量一直保持在1000万~1100万人，流出人口总量在全国省区市中排名前列。各地级市城镇化水平分异明显，皖中城市最高，皖南城市次之，皖北城市最低。省会城市出现较强人口净流入，皖北部分城市人口流失严重，其他城市基本持平。

安徽省是新型城镇化的重要潜力区域，也是新型城镇化的首批试点省，具备充分探索新型城镇化路径的条件。《国家新型城镇化综合试点方案》提出安徽省异地城镇化和就地城镇化特色较为鲜明，应充分发挥试点地区改革试点的先遣队作用，结合区域实际，探索形成有利于新型城镇化健康发展的制度体系，得出可复制、可推广的经验和模式。安徽省作为全国首先开展新型城镇化试点的两省之一，近年来在中央支持和地方努力下，新型城镇化取得显著进展，政府发布了新型城镇化发展规划和三年行动计划等，全面推行居住证制度，降低城市落户门槛条件，探索多元化新型城镇化发展模式，积极建设合肥都市圈，积极吸引农民工返乡创业定居等。新型城镇化的核心是人的城镇化，应着力解决农民工市民化问题。然而，城市房价快速攀升已经成为新型城镇化规划实施的重要阻碍因素。农民工市民化成本不断上涨，市民化难度增加，这并不只是安徽省所面临的挑战。

安徽省新型城镇化重点之一是促进人的就近城镇化发展，这也是实现人的城镇化的重要现实需求，推动本地农业剩余人口转移、农民工返乡就业和农民工返乡创业将是促进人口就近城镇化主要模式和路径。建议通过综合改革措施，推进新型城镇化和人的城镇化。深化户籍制度改革，全面放开落户限制，推动农业转移人口稳定落户，扩大城镇基本公共服务供给与公平共享。推动人的城镇化与基本公共服务均等化，促进农民工及其随迁家属在教育、就业、医疗、养老、保障性住房等方面享受城镇居民的基本公共服务，为农业转移人口市民化创造条件。推动住房体系改革，完善城镇住房保障体系，引导社会资本参与棚户区改造，出台住房租赁市场的新政策，解决阶段性居住困难问题，将房价与收入差距控制在合理的范围内，逐步推动新老市民共同实现"安居乐业"。

第一章　新时代促进中部地区高质量崛起

第一节　新时代与区域发展的新要求

一、中国特色社会主义进入新时代

习近平总书记在十九大报告中明确指出：中国特色社会主义进入了新时代，这是我国发展新的历史方位。十九大报告中共有36次提到新时代，报告指出：中国特色社会主义进入新时代，意味着近代以来久经磨难的中华民族迎来了从站起来、富起来到强起来的伟大飞跃，迎来了实现中华民族伟大复兴的光明前景；意味着科学社会主义在二十一世纪的中国焕发出强大生机活力，在世界上高高举起了中国特色社会主义伟大旗帜；意味着中国特色社会主义道路、理论、制度、文化不断发展，拓展了发展中国家走向现代化的途径，给世界上那些既希望加快发展又希望保持自身独立性的国家和民族提供了全新选择，为解决人类问题贡献了中国智慧和中国方案。

这个新时代是承前启后、继往开来、在新的历史条件下继续夺取中国特色社会主义伟大胜利的时代，是决胜全面建成小康社会、进而全面建设社会主义现代化强国的时代，是全国各族人民团结奋斗、不断创造美好生活、逐步实现全体人民共同富裕的时代，是全体中华儿女勠力同心、奋力实现中华民族伟大复兴中国梦的时代，是我国日益走近世界舞台中央、不断为人类作出更大贡献的时代。

改革开放40余年以来，我国城镇化与经济社会发展取得了长足进步：经济总量稳居世界第2位，对世界经济增长的平均贡献率超过30%，居世界第1位；"走出去"战略有效实施，"一带一路"建设取得良好进展；城镇化率接近60%，以人为本的新型城镇化稳步推进；区域发展协调性增强，城乡差距进一步缩小；供给侧结构性改革大力推进，我国经济运行质量效益明显好转；中国制造纷纷转型升级，创新驱动发展卓有成效等。一方面，我国稳定解决了十几亿人的温饱问题，即将全面建成小康社会；社会生产力水平总体上显著提高，社会生产能力、科技发展水平在很多方面进入世界前列。另一方面，在发展过程中，不平衡、不充分的问题却日益突出；社会生产率和科技发展水平提高的空间依然巨大；物质和精神文化产品的供给急需丰富；区域间发展不平衡问题有待解决。

十九大报告准确地判断我国社会主义初级阶段的主要矛盾已发生质的变化，从"人民日益增长的物质文化需要同落后的社会生产之间的矛盾"转化为"人民日益增长的美好生活需要和不平衡不充分的发展之间的矛盾"。人民对美好生活的需求日益广泛，除了对物质文化生活提出了更高要求，在民主、法治、公平、正义、安全、环境等方面的要求也日益增长。我国社会主要矛盾的变化是关系全局的历史性变化，未来要在继续推动发展的基础上，着力解决好发展不平衡不充分问题，大力提升发展质量和效益，更好地满足人民在经济、政治、文化、社会、生态等方面日益增长的需要，更好地推动人的全面发展、社会全面进步。

国内外形势正在发生深刻复杂变化。一方面，当今时代是一个以"和平与发展"为主题的时代，和平、发展、合作、共赢仍然是时代的主流；另一方面，世界正处于大发展、大变革、大调整时期，不稳定性、不确定性突出，世界经济复苏乏力、局部冲突和动荡频发、全球性问题加剧等人类面临的共同挑战增多。十八大以来，我国发展取得了全方位的、开创性的成就，但同时也面临着一系列新情况、新矛盾、新问题，如经济新常态、人口老龄化、资源环境承载力约束等。

基于中国人口基数大、人均资源占有量少、生态基础薄弱等基本国情，新时代的中国仍处于社会主义初级阶段，中国仍是世界上最大的发展中国家。2010年以来，中国的经济总量超过日本，成为世界第二位经济大国，但是2019年人均GDP仍在世界213个经济体中排名第84位。中国是世界上人口最多的国家，但2019年人类发展指数在189个有数据的国家和地区中排名第85位。我国仍需要不断探索符合我国国情的现代化道路，坚持创新发展，增强综合国力，建设美丽中国，不断提升人民群众的获得感与幸福感。

二、新时代对区域发展提出的新要求

1. 高质量发展新阶段

党的十九大报告指出，"我国经济已由高速增长阶段转向高质量发展阶段，正处在转变发展方式、优化经济结构、转换增长动力的攻关期"。高质量发展是对新发展理念的贯彻，意味着经济发展由追求数量增长向兼顾数量增长与质量提升、寻求数量和质量有机统一的转变。推动高质量发展，是保持经济持续健康发展的必然要求，是适应中国社会主要矛盾变化和全面建成小康社会、全面建设社会主义现代化国家的必然要求。实现经济高质量发展的核心是质量与效率变革。高质量发展要求坚持质量第一、效益优先，推动质量变革、效率变革、动力变革，形成创新、协调、绿色、开放、共享的发展模式，满足人民日益增长的美好生活需要。高质量发展包括经济社会发展的有效性、创新性、协调性、共享性和可持续性等。

经济社会发展的有效性。经济社会发展的有效性指通过合理配置经济资源实现较高的经济增长效率。建设现代化经济体系，优化产业结构，促进产业向全球价值链高端攀升，增加高质量产业部门的供给；推进供给侧结构性改革，制定高标准的供给规格，增加有效供给，建设制造强国；加快建设实体经济；加强人才建设，提高经济增长效率。

经济社会发展的创新性。经济社会发展的创新性指通过技术创新、产业创新、产品创新、管理创新、制度创新、战略创新等方面的协同创新，变革经济发展方式，提升经济增长效率，改善经济发展质量，占领全球经济发展高地。坚定不移地实施创新驱动发展战略，构建企业为创新主体、产学研融合的国家创新体系。加强人才建设，鼓励创新创业。

经济社会发展的协调性。经济社会发展的协调性指经济发展内部要素协调共生，不存在明显短板，各要素充分发挥比较优势，成为经济发展不可或缺的动力。经济社会发展的协调性包括产业协调、区域协调、城乡协调等方面。产业协调要求产业结构合理化，产业间形成有效配合。区域协调要求区域内外均衡发展，区域内外人员、资金、物资高效流动、合理配置，区内区外广泛合作。城乡协调要求城乡统筹发展，实现城乡互补，缩小城乡差异，打破城乡二元结构。

经济社会发展的共享性。经济社会发展的共享性指经济社会发展成果惠及广大人民群众。保障人人享有完善的基本公共服务，推动落后地区基础设施建设。促进机会均等化，促进收入分配合理化。

经济社会发展的可持续性。经济社会发展的可持续性指当前经济社会发展不以破坏未来发展能力为代价，持续拥有强劲的发展能力。推动生态文明建设，推动动力变革，发展绿色低碳产业，支持传统产业优化升级，坚持去产能、去库存、去杠杆、降成本、补短板，扩大优质增量供给；促进产业高端化、合理化；发展知识经济，加强人才建设，扩大优质人才储备，实现人的全面发展。

2. 生态文明与建设美丽中国

党的十九大报告指出，"加快生态文明体制改革，建设美丽中国""人与自然是生命共同体，人类必须尊重自然、顺应自然、保护自然"。生态文明建设是人类在改造客观世界的同时，积极改善和优化人与自然的关系，建设科学的生态运行机制和良好生态状况的总和。生态文明建设是协调人与自然关系的必要途径，是实现人类可持续发展的必然选择，也是中国特色社会主义新时代的必然要求。生态文明建设是建设美丽中国的客观路径。只有处理好人与自然的关系，形成节约资源和保护环境的空间格局、产业结构、生产方式、生活方式，才能还自然以宁静、和谐、美丽。生态文明与建设美丽中国的核心是绿色发展、环境治理和生态保护。

绿色发展。建立健全绿色、低碳、循环发展的经济体系，促进新兴绿色产业发展和传统产业绿色转型。加快发展节能环保产业、清洁生产产业、清洁能源产业；将绿色低碳循环理念贯穿于城镇规划与建设过程中；推动绿色科技创新，增强科技对生态文明建设的支撑和引领作用；倡导绿色出行方式和绿色消费观。

环境治理。突出各地区环境治理重点，构建政府为主导、企业为主体、社会组织和公众共同参与的环境治理体系。提高污染排放标准；明确部门监管责任与范围，加强排污监察；建立环境治理绩效考核机制；鼓励公众参与污染排放监督。

生态保护。立足《全国主体功能区规划》《"十三五"生态环境保护规划》等，保护重要生态系统，修复重大生态工程。划定生态保护红线，严守耕地保护红线；推进荒漠化、石漠化、水土流失治理，加强灾害防治，强化湿地保护和恢复；构建生态廊道和生物多样性保护网络；建立市场化、多元化生态补偿机制。

3. 新型城镇化与乡村振兴战略双轮驱动

2012年，党的十八大强调，坚持走中国特色新型工业化、信息化、城镇化、农业现代化道路，推动信息化和工业化深度融合、工业化和城镇化良性互动、城镇化和农业现代化相互协调，促进工业化、信息化、城镇化、农业现代化同步发展。2013年，党的十八届三中全会进一步指出，"完善城镇化健康发展体制机制""走中国特色新型城镇化道路""促进城镇化和新农村建设协调推进"。2014年，中共中央、国务院印发《国家新型城镇化规划（2014—2020年）》，强调"走以人为本、四化同步、优化布局、生态文明、文化传承的中国特色新型城镇化道路"。2017年，党的十九大将乡村振兴战略作为全面建成小康社会决胜期的七大战略之一，明确指出要坚持农业农村优先发展，按照产业兴旺、生态宜居、乡风文明、治理有效、生活富裕的总要求，建立健全城乡融合发展体制机制和政策体系，加快推进农业农村现代化。由此可见，新型城镇化与乡村振兴战略均强调城乡间的协调融合发展，二者不是对立的关系，而是相互补充、互动联动的关系。深入理解二者之间的内在联系，推动新型城镇化与乡村振兴战略的协调发展。

一方面，新型城镇化为乡村振兴战略创造条件。随着城镇化的发展，越来越多的农业人口向城镇转移，使得大量闲置的农用地有机会集中到个别专业农户手中，有助于实现土地的规模化经营及农业的规模化生产，提高农业生产效率。同时，城镇化的发展促进了社会经济水平的提高，使得国家有更多的财力投入农业农村建设中，并吸引了社会资本和生产要素向农村流动，为乡村振兴创造了良好条件。另一方面，乡村振兴战略为新型城镇化提供持续支撑。乡村振兴战略的实施提高了农业生产效率，增加了农民收入，使得更多的农业剩余劳动力向城镇转移，并有能力选择在城镇定居，为城镇化的发展提供了人力支持。同时，农业的发展保障了城镇居民的生活需要和工业的原材料需求，为城镇化的发展提供了充足的生产要素。因此，新型城镇化与乡村振兴战略相辅相成，共同推进我国的社会主义现代化建设。

4. 创新型国家与区域

我国高度重视创新型国家建设。2006年2月，《国家中长期科学和技术发展规划纲要（2006—2020年）》指出，把建设创新型国家作为面向未来的重大战略选择，并提出到2020年进入创新型国家行列、在21世纪中叶成为世界科技强国的发展目标。同年3月，《中华人民共和国国民经济和社会发展第十一个五年规划纲要》进一步提出，"把科技进步和创新作为经济社会发展的重要推动力""深化体制改革，加大投入，加快科技教育发展，努力建设创新型国家和人力资本强国"。2016年5月，《国家创新驱动发展战略纲要》提出分三步走战略目标：第一步，到2020年进入创新型国家行列，基本建成中国特色国家创新体系；第二步，到2030年跻身创新型国家前列，发展驱动力实现根本转换；第三步，到2050年建成世界科技创新强国，成为世界主要科学中心和创新高地。2017年10月，党的十九大报告提出，"加快建设创新型国家""要瞄准世界科技前沿，强化基础研究，实现前瞻性基础研究、引领性原创成果重大突破"。

随着全球化的发展，科技创新能力已经成为衡量一个国家综合实力的重要标准。创新型国家建设是提高国家自主创新能力的关键举措，创新型区域是创新型国家的主要组成部分。中央提出建设创新型国家以来，各地加快了创新型区域建设，有力支撑了创新型国家建设。在创新型省份建设方面。2016年4月，科技部制定了《建设创新型省份工作指引》，提出到2018年，推动东中西及东北等不同地区的一批省市率先进入创新型省市行列；到2020年，在全国范围内推动更多省份和城市进入创新型省市行列，形成一批具有全国乃至全球影响力的区域创新中心、科学技术重要发源地和新兴产业策源地。截至2018年底，已有江苏、安徽、陕西、浙江、湖北、广东、福建、四川、山东、湖南10个省份获批建设国家创新型试点省份。在创新型城市建设方面。2016年12月，科技部和国家发展和改革委员会（简称国家发展改革委）制定的《建设创新型城市工作指引》显示，已有30个省（自治区、直辖市）的61个城市开展了创新型城市试点建设，并要求这些城市进一步做好新形势下城市创新发展各项工作，充分发挥区域示范引领作用。2018年4月，《科技部 国家发展改革委关于支持新一批城市开展创新型城市建设的函》印发，支持吉林市等17个城市开展创新型城市建设。

5. 区域协调发展战略

区域协调发展是在国民经济"九五"计划中正式提出的概念，是中共十六届三中全会提出的"五个统筹"之一，在十九大报告中再次作为新时代重大战略被强调。我国的区域协调发展战略思想经历了阶段转变，内涵不断丰富。

区域协调发展战略，是指旨在缩小区域差距并均衡区域发展格局的谋划，是政府调控区域发展目标、策略与行动指南等的综合。主要包括：①科学地确定各地区的发展定位；②逐步缩小各地区社会发展水平的差距，将基本公共服务均等化作为区域均衡发展的核心目标；③地域空间开发的导向和约束表现为未来的经济增长和社会发展不是现阶段态势的自然延伸；④基础设施的支撑体系与人口、产业的空间相适应；⑤实现全国各地区的可持续发展；⑥区域发展方面的体制、机制创新。从现实意义上讲，区域协调发展战略旨在避免经济社会发展失衡，在经济发展的基础上提升全体人民的福利。从区域发展的宏观目标出发，区域协调发展的标准具体为：①缩小并最终消除区域发展差距；②实现区域间公共服务的适度均衡；③实现地区间发展机会的均等；④实现人口、资源与环境的可持续发展。

区域协调发展战略是顶层设计的空间战略。十九大报告中涉及的主要内容概括为以下几个方面：①西部开发、东北振兴、中部崛起、东部率先四大板块区域布局奠定区域协调发展的基础。②"一带一路"建设、京津冀协同发展、长江经济带发展、粤港澳大湾区等国家、区域战略引领区域协调发展。建立以中心城市引领城市群发展、城市群带动区域发展的新模式，推动区域板块之间融合互动发展。③实施新型城镇化战略，构建以城市群为主体、大中小城市和小城镇协调发展的城镇格局，加快农业转移人口市民化，以城市群引领区域经济发展。④特殊地区的精准支持发展是促进区域协调发展的重要环节。依托当地的资源条件和发展环境，有针对性地加大力度支持革命老区、民族地区、边疆地区、贫困地区。⑤重视"问题区域"发展，支持资源型地区经济转型发展。⑥坚持陆海统筹战略，建设海洋强国。

6. "一带一路"与深化区域对外开放

在国家政策层面上，"一带一路"是统筹全方位对外开放的顶层合作倡议，也是中国与沿线国家共同打造开放、包容的国际区域经济合作网络的倡议。在空间实体层面上，"一带一路"是借助"丝绸之路"和"海上丝绸之路"的历史符号构筑起的全球联系网络，是一个以互联互通为基础的融合经济、文化、技术、资本、资源等方面的全方位交往平台。十九大报告中关于推动形成全面开放新格局明确提出，要以"一带一路"建设为重点，坚持引进来和走出去并重，遵循共商共建共享原则，加强创新能力开放合作，形成陆海内外联动、东西双向互济的开放格局。

推进"一带一路"建设，深化区域对外开放，中国各地区需充分发挥比较优势，实行更加积极主动的开放战略，全面提升开放型经济水平。按照《推动共建丝绸之路经济带和21世纪海上丝绸之路的愿景与行动》，西北、东北地区着力发挥西北城市的区位优势和向西开放联通优势，形成面向中亚、南亚、西亚的经济文化交流基地；发挥东北城市联通北亚的区位优势，形成向北开放的重要窗口。发挥西南城市区位优势，加快经济区和经济带建设，加强与相邻国家边境合作，构建国际通道，建设成面向南亚、东南亚的辐射中心。在沿海和港澳台地区，一方面深化沿海地区对外开放，加大沿海经济开放区建设，优化港口、航空等交通枢纽，并以扩大开放倒逼深层次改革；另一方面深化与港澳台合作，发挥港澳台在"一带一路"建设中的积极作用。内陆地区依托内陆地区城市群，推动区域互动合作和产业集聚发展，打造西部开发开放重要支撑和中部内陆开放型经济高地。通过打造"中欧班列"、内陆航空港、国际陆港，加强内陆口岸与沿海、沿边口岸的通关合作，优化海关特殊监管区域布局，深化与沿线国家产业合作。

"一带一路"与深化区域对外开放对区域发展提出以下要求：①全面扩大开放，各地区充分发挥历史积淀和区域优势，进一步深化区域对外开放，从而实现全面开放和全面发展。②全面提升开放内涵，区别于早期的"引进来"和"走出去"，在"一带一路"建设引领下，以政策沟通、设施联通、贸易畅通、资金融通、民心相通为主要内容，通过积极参与国际规则制定、实施自由贸易区战略和深化制度改革进一步拓展开放深度。③全面拓展对外联系，积极开拓国际市场，与更多的国际伙伴建立合作关系。

第二节　面临新机遇

一、我国宏观发展格局进入了"T"字形战略的深化期，客观要求贯通东西方向的经济大通道

早在1984年，著名经济地理学家陆大道在乌鲁木齐"全国经济地理与国土规划学术

讨论会"上作了"2000年我国工业生产力布局总图的科学基础"的报告，就提出了点-轴开发理论和我国国土开发的"T"字形宏观战略，即由海岸经济带和长江经济带两个一级重点经济带形成"T"字形，并在长江三角洲交汇，这种空间结构准确反映了我国国土资源、经济实力以及开发潜力的分布框架。根据"T"字形战略，横贯东西的长江沿线未来将可以发展成为以超大能力的综合运输通道为支撑、潜力巨大的经济带。长江沿线覆盖长三角经济圈、武汉城市圈、合肥经济圈、长株潭城市群等板块，各有不同的优势产业，依托黄金水道，在长江经济带战略推动下不断融合、形成优势共鸣，有利于探索新型城镇化道路、促进区域一体化发展、加快中部地区全面崛起。我国宏观发展"T"字形战略已进入了向长江沿线发展的深化期，客观要求贯通东西方向的经济大通道，长江经济带是国家发展的战略性和导向性的重点区域，从东到西分别有皖江城市群、环鄱阳湖城市群、武汉城市圈、长株潭城市群、成渝城市群等，中部地区由此迎来了经济发展新机遇。

二、主动适应我国的经济新常态，中部地区面临着更大的责任担当

经济新常态要求"经济增长速度从高速转为中高速，增长动力从要素、投资驱动转向创新驱动，且经济结构不断优化升级"。改革开放以来，我国沿海地区实现了率先发展，经济结构已处于优化调整阶段，部分产业将转向中西部地区。随着"一带一路"倡议等的深入推进，在一定程度上，西部地区处于我国向西开放的前沿，在承接东部产业转移方面相对中部地区具有一定的对外合作优势，且其近年来的经济一直处于高速增长状态。在此背景下，经济增速处于中高速态势下的内陆型中部地区更需要依托自身在产业、资源、人才等方面的禀赋和优势，不断优化升级经济结构，积极创新走内生型发展道路。基于此，中部地区在经济新常态战略框架下，在内陆地区经济结构优化升级、创新驱动等方面将面临更大的责任担当。

三、新型城镇化、新型工业化和扩大内需等战略的深入推进，为中部地区市场潜力和区位优势的进一步发挥提供了有利平台

《国家新型城镇化规划（2014—2020年）》《中国制造2025》等的相继出台，标志着我国新型城镇化、新型工业化和扩大内需战略等已进入深入推进阶段。中部地区有显著的人力资源优势，其高校数、高校在校生数、中专学校、职业中学数、大专以上文化程度人数和专业技术人员数总量都约占全国的25%；中部地区到外省市暂住人口占全国的43%，是我国最重要的劳动力输出地之一。同时，中部地区产业门类齐全，汽车、钢铁、纺织、化工产业都有相当基础，在一些重要领域已形成若干具有竞争力的优势产业。基于此，新型城镇化、新型工业化和扩大内需等战略的深入推进，为中部地区市场潜力和区位优势的进一步发挥提供了有利平台。

四、"一带一路"倡议的提出与实施,为深化中部地区经济社会等领域的发展和对外合作提供了重要契机

"一带一路"标志着以"中国'走出去'"为鲜明特征的全球化新阶段的到来。根据《推动共建丝绸之路经济带和21世纪海上丝绸之路的愿景与行动》,对于中部地区,将依托长江中游城市群、中原城市群等重点区域,推动区域互动合作和产业集聚发展,打造郑州、武汉、长沙、南昌、合肥等内陆开放型经济高地。与此同时,沿线国家也表达出强烈的合作意愿,与中部各省开展了广泛的合作。例如,湖南南车株洲电力机车有限公司近年来在南非、马来西亚、土耳其三国就相继拿到总额超过200亿元的项目;湖北"汉新欧"专列从武汉出发,自新疆阿拉山口出境,途经哈萨克斯坦、俄罗斯、波兰、德国等国,极大地便利了相互间的交流合作;等等。与此同时,中部各省已与"一带一路"沿线国家建立了良好的国际友城(姐妹城市)关系,将进一步深化双方社会经济等领域的合作。所有这些,为深化中部地区经济社会等领域的发展和对外合作交流提供了新的契机。

第三节 中部地区的发展定位

在早先中部地区崛起规划中,对中部地区的定位是"三基地一枢纽",即粮食生产基地、能源原材料基地、现代装备制造及高技术产业基地和综合交通运输枢纽。

进入新的时期,中部地区需要新的定位,这既要考虑传统定位的继承,也要考虑新形势下定位的新发展,因此,形成了"一中心、四区"的总体定位考虑,即新型城镇化的改革试验区、流域生态文明建设先行区、现代农业发展与粮食安全保障区、基础设施互联互通枢纽区、先进装备制造业中心。

一、新型城镇化的改革试验区

新型城镇化是中部地区发展的必由之路,强调"人的城镇化",以切实提高人民生活水平为核心。中部地区的新型城镇化试点要以改革为统领,突出用好新型城镇化综合试点这个抓手,紧紧围绕建立农业转移人口市民化成本分担机制与多元化可持续的城镇化投融资机制、改革完善农村宅基地制度、建立创新和低成本的管理模式、推进体制机制改革创新的重点任务,在实践中充分发挥改革试点的"先遣队"作用,探路新型城镇化,科学推进新型城镇化的体制机制创新。

二、流域生态文明建设先行区

推进江河湖库水资源安全保护网络,建立健全跨区域环境污染防治联动机制,统筹经济社会发展、资源可持续利用和生态环境保护,加大自然生态系统和环境保护力度,加快

建设资源节约型、环境友好型社会，着力优化生态环境、发展生态经济、培育生态文化、完善体制机制，推进绿色发展、循环发展、低碳发展，成为我国流域生态文明建设先行区。

三、现代农业发展与粮食安全保障区

以农业生产和农村发展制度性改革的试验区建设为依托，因地制宜地促进平原粮食生产、山地精品农业、高原特色农业、城郊都市农业的现代化发展，完善品质安全、环境友好、供给稳定、流通高效的现代化粮食生产体系，建成一批国家粮食生产基地和现代农业发展先行区。坚持把稳定和提升粮食生产能力作为首要前提，坚持把提高质量、效率和效益作为主攻方向，构筑现代农业发展模式。

四、基础设施互联互通枢纽区

基于区位优势，打造以交通为主的基础设施互联互通枢纽区，发挥全国承东启西、连南达北的经济联系功能，基于重要的区域联系方向和国家战略需求，依托重大的铁路和公路干线，推动技术改造，构筑高效率、大运量的综合基础设施走廊，建设一批大型物流园区和物流中心，建成铁路、公路、航运等各类基础设施有效衔接的综合基础设施枢纽，提高航道水运服务运输效率，打造长江黄金水道，基本形成以长江干线为代表的国家高等级航道和以主要港口为核心的内河水运体系。

五、先进装备制造业中心

努力增强自主创新能力，加快推动新一代信息技术与制造技术融合发展，用高新技术和先进适用技术改造传统装备制造业，推动传统制造业优化升级；以机械工业、重大成套装备制造业、汽车工业、先进轨道交通装备、船舶工业、航空航天装备业为重点，加快突破核心技术和关键技术，提升核心元器件配套、加工制造能力和系统集成的整体水平；进一步提高行业集中度，推动产业集聚发展，提升装备制造业整体实力和水平；将中部地区打造为全国先进装备制造业中心。

第四节　发 展 思 路

一、指导思想

以邓小平理论、"三个代表"重要思想、科学发展观为指导，深入贯彻党的十八大和十八届二中、三中、四中全会精神，按照"五位一体"总布局要求，抓住"一带一路"

倡议、长江经济带发展等的重大机遇，以"提质增效、转型升级"为主线，以新型工业化、新型城镇化和农业现代化为重要突破口，着力自主创新，优化产业结构，打造现代产业体系，加快新型城镇化试点，增强产城融合，稳步推进农业转移劳动力就地市民化，推进农业农村制度创新，探索现代农业发展模式；以流域生态文明、基础设施互联互通为重要支撑，探索绿色发展、合作发展、和谐发展的新模式；以扩大开放、创新驱动、服务业发展为重要动力，进一步增强中部地区自我发展活力；充分发挥中部地区的区位优势和特色，推动中部地区实现新的崛起，实现经济、社会和生态环境的全面协调发展，为我国在经济新常态下保持中高速发展、全面建成小康社会、实现美丽中国梦奠定坚实基础。

二、基本原则

——坚持五化同步，协同推进。协同推进新型工业化、新型城镇化、农业现代化、信息化和绿色化，推动新型工业化和新型城镇化良性互动、新型城镇化和农业现代化相互协调，深入实施信息化融合战略，搭建互联网+平台，推动大众创业、万众创新，加快发展绿色产业，推动生产生活方式绿色化。

——坚持以人为本，社会和谐。积极扩大就业，加快各项社会事业发展，提高城乡居民收入和社会保障水平，促进城乡要素平等交换和公共资源均衡配置，形成以工促农、以城带乡、工农互惠、城乡一体的新型城乡关系，促进城乡和区域间基本公共服务均等化，使全体居民共享现代化建设成果。

——坚持创新驱动，转型升级。全面实施创新驱动发展战略，完善有利于创新的制度环境，促进人才集聚，加大科技成果转化应用力度，着力掌握关键核心技术，增强自主创新能力，完善产业链条，形成自主发展能力，探索创新驱动发展的新模式，实现经济发展提质增效和经济结构转型升级。

——坚持生态文明，绿色低碳。把生态文明理念融入中部地区崛起全过程，节约集约利用土地、水、能源等资源，强化环境保护和治理，开展生态系统修复，加强节能环保技术、工艺、装备推广应用，全面推行清洁生产，推进循环发展、低碳发展，走生态文明的发展道路。

——坚持机制创新，开放合作。着力构建富有活力、透明高效、有利于科学发展的体制机制，勇于探索，加快重要领域和关键环节体制机制改革步伐，主动对接"一带一路"倡议，东向融合，西向拓展，创新区域合作机制，引导生产要素跨区域合理流动，构建区域统一大市场。

——坚持市场主导，政府调控。尊重市场经济规律，充分发挥市场在资源配置中的决定性作用，发挥政府在引导空间开发格局、规范开发秩序、保护生态环境等方面的主导作用，切实履行政府制定规划政策、提供公共服务和营造制度环境的重要职责，国家支持与自力更生相结合。

三、发展目标

到 2025 年，创新驱动发展战略顺利实施，经济转型发展取得显著成效，自主创新能力显著增强，国家制造业中心基本形成，城乡一体化发展格局基本形成，综合交通运输水平不断提升，城市间联系日益密切，对内对外开放水平进一步提升，体制机制改革取得突破，城乡发展一体化格局更加完善，公共服务趋于均等化，人民安居乐业、社会和谐稳定、生态环境良好，成为具有一定国际竞争力的重要区域，在支撑全国经济社会发展中发挥更大作用，流域生态文明进入新阶段，初步建成美丽中部。

四、重点任务

1. 探索新型城镇化试点，加快农民工就近市民化

充分利用试点政策，勇于探索新型城镇化的综合配套改革创新。中部地区的新型城镇化试点，要以改革为统领，按照中央统筹规划、地方为主、综合推进、重点突破的要求，紧紧围绕建立农业转移人口市民化成本分担机制与多元化可持续的城镇化投融资机制、改革完善农村宅基地制度、建立创新和低成本的管理模式、推进体制机制改革创新的重点任务，在实践中充分发挥改革试点的"先遣队"作用。同时鼓励未列入试点地区主动有为，共同为推进新型城镇化做贡献。

结合农业现代化，扎实推进农业转移人口市民化。以农业产业化推动农民居住社区化、农村生活现代化不仅是社会主义新农村建设的归宿，也符合城镇化的内在规律。加快发展现代种业和农业机械化。建立以企业为主体的育种创新体系，推进种业人才、资源、技术向企业流动，做大做强一体化种子企业，以发展现代农业和建设社会主义新农村为重点，支持流动人口返乡就业和创业。走新型城镇化道路的核心是扎实有序推进农业转移人口市民化。按照尊重意愿、自主选择，因地制宜、分步推进，存量优先、带动增量的原则，以农业转移人口为重点，统筹推进户籍制度改革和基本公共服务均等化。引导中部农民工就近城镇化，涉及接纳东部返乡农民工、本地转移农业劳动力以及异地迁移劳动力，兼顾高校和职业技术院校毕业生、城镇间异地就业人员和城区城郊农业人口。推进农业转移人口享有城镇基本公共服务，主要包括随迁子女平等享有受教育权利、社会保障覆盖面、基本医疗卫生条件以及住房保障水平。

2. 深化农业现代化改革，保障国家粮食安全

着力创新相关体制机制，为农业农村发展提供制度保障。深化农村土地制度改革。完善城乡平等的要素交换关系，促进土地增值收益主要用于农业农村。研究出台空心村整治条例，进一步规范农村居民点综合整治工作。加强对中部地区 6 个国家级农村土地制度改革试点县的调研指导、跟踪评估、经验总结工作，服务于土地制度改革。加大户籍制度改

革力度。粮食生产与现代农业发展需要与新型城镇化协同推进。在河南、湖南等省建立"国家粮食生产与现代农业综合配套改革实验区"。改变传统的在试点区域创新单项制度的改革思路，推动有助于农区城乡转型、创新的一揽子、系统化改革，主要包括粮食生产、现代农业、土地制度、城乡建设等方面系列体制机制的改革。

扎实推进现代农业工程，夯实粮食生产与现代农业基础。持续推进农村土地综合整治工程。加快大型灌区续建配套和节水改造，推进沿淮易涝低洼地治理，因地制宜兴建中小型水利设施，大力发展节水灌溉。进行农村沟河清淤和塘坝扩挖。加快中低产田改造，提升耕地质量，增强土壤保水保肥性能，提高抵御自然灾害能力，建设高标准农田。

3. 重视生态文明建设，开展水流域等环境综合治理

党的十七大提出建设生态文明的战略任务，党的十八大对生态文明建设做出了战略部署，要求"把生态文明建设放在突出地位，融入经济建设、政治建设、文化建设、社会建设各方面和全过程，努力建设美丽中国，实现中华民族永续发展"。十八届三中全会要求紧紧围绕建设美丽中国，深化生态文明体制改革，加快建立生态文明制度，健全国土空间开发、资源节约利用、生态环境保护的体制机制，推动形成人与自然和谐发展的现代化建设新格局。《中共中央关于全面深化改革若干重大问题的决定》指出要划定生态保护红线，坚定不移实施主体功能区制度，建立国土空间开发保护制度，严格按照主体功能区定位推动发展，建立国家公园体制，建立资源环境承载能力监测预警机制，对水土资源、环境容量和海洋资源超载区域实行限制性措施。对限制开发区域和生态脆弱的国家扶贫开发工作重点县取消地区生产总值考核。中共中央、国务院印发《关于加快推进生态文明建设的意见》，这是继党的十八大和十八届三中、四中全会对生态文明建设做出顶层设计后，中央对生态文明建设的一次全面部署。这些国家政策的出台为中部地区生态环境建设提供了重大的历史机遇。

保护江河湖库环境，建立以保障水体安全为核心、以改善区域环境质量为目标、以防控环境风险为基线的全防全治环境安全体系，健全重点领域跨区域污染防控协调机制，加快解决水体、大气、土壤污染等突出环境问题。全面开展水体污染综合治理。加大长江中下游、黄河中下游、三峡库区、丹江口库区及上游、淮河、海河、湘江、洞庭湖、鄱阳湖、巢湖等大江大河大湖水污染防治力度，建立健全联防联控机制，优先保护饮用水水源地水质，加强供水全过程管理，严格控制污染物达标排放，控制和规范淡水养殖，稳步推进地下水污染防治，确保饮用水安全；加快推进城市和重点建制镇污水、垃圾处理，深化重点行业水污染治理。

4. 实施创新驱动发展战略，打造全国先进装备制造业中心

坚持把创新摆在关系发展全局的核心位置，以全球视野谋划和推动自主创新，突出科技创新、体制机制创新、方式方法创新。进一步优化创新环境，提高中部工业创新能力，强化工业基础能力。加强产、学、研协同创新，着力打通科技成果转化通道，切实解决科技和经济"两张皮"问题。推动跨领域跨行业协同创新，实现科技创新引领支撑产业

发展。

加快推动新一代信息技术与制造技术融合发展，用高新技术和先进适用技术改造传统装备制造业，推动传统制造业优化升级；以机械工业、重大成套装备制造业、汽车工业、先进轨道交通装备、船舶工业、航空航天装备业为重点，加快突破核心技术和关键技术，提升核心元器件配套、加工制造能力和系统集成的整体水平；进一步提高行业集中度，推动产业集聚发展，提升装备制造业整体实力和水平；将中部地区打造为全国先进装备制造业中心。

5. 建设基础设施互联互通枢纽，增强区域和城市间联系

未来应积极完善其交通等基础设施互联互通建设，打造全国经济联系通道。突出强化沿江和京广轴线的基础设施建设，陇海—兰新线、闽赣—湘黔轴线、鲁晋—陕宁轴线是中部地区重要的横向发展轴线，提高这三条走廊的基础设施支撑能力，打造国土开发重要轴线。

打造大容量高能力综合运输通道，突出强化沿江和京广轴线的基础设施建设。综合性基础设施走廊是重点国土开发轴线的基本组成部分，为了促进和支撑全国国土开发战略，中部地区应突出强化沿江和京广轴线的基础设施建设，打造国土开发一级轴线。长江走廊连通长江三角洲、皖江城市群、昌九工业走廊、武汉城市圈、成渝城市群等人口–产业集聚区。目前，该走廊的基础设施相对落后，沿江铁路和高速公路支撑能力不足，航运潜力尚未发挥。为了支撑沿江开发轴线，需强化综合基础设施建设。重点是铁路，包括新建和旧线扩能改造，升级沪汉蓉客运专线，将沪汉铁路延伸至万州，形成沿江铁路货运通道；完善高速公路建设，形成沿江快速交通通道；加强沿线干线公路改造，提高路面技术标准；加强沿江港口建设和集疏运系统建设，发挥黄金水道作用，注重与陆路衔接，形成以上海港为龙头的综合海陆运输网络；发挥各种交通方式优势，促进相互协作。京广走廊是重要的纵向发展轴线，连接京津冀城市群、中原城市群、武汉城市圈、长株潭城市群和珠江三角洲等人口–产业集聚区。目前，该走廊运输压力较大，京广南段为全国客流最密集的地段，而且客货混跑，运输效率低。未来，应加快建设铁路客运专线，实现客货分离；重点提升城镇化区域高速公路的通行能力，适时扩能改造，构筑连接各城市群和中心城市的快速通道；加强沿线国省道改造，加强维护，提高路面技术等级；推进南水北调中线建设，加强沿线生态环境保护；适时建设支线机场，提供快速航空服务；构建横向交通线，加强通道与腹地的联络线建设，提高京广走廊的辐射能力。

陇海—兰新线东起连云港，中连中原城市群，西至新疆，贯通东亚，衔接中亚和欧洲，是欧亚运输通道的重要部分，运输需求旺盛。目前，该走廊运输压力极大，交通约束明显。未来，应加快陇海—兰新铁路的扩能改造，如实施电气化改造、推进客运专线建设等，提高运输通道的能力和水平；加强该通道与中亚铁路的衔接，提高国际运输能力；适时建设支线机场；强化沿线的纵线通道建设，深化通道与腹地的运输联系，重点城市间建设快速通道，促进豫、晋沿线城市间的经济联系。

闽赣—湘黔轴线。该轴线是中部地区南部的重要横向轴线，从福建福州到江西九江，

到湖南长沙、怀化，再到贵州贵阳和云南昆明一线，连通长江三角洲、昌九工业走廊、长株潭城市群，对强化西南、中部和长江三角洲的社会经济联系具有重要作用。现有基础设施和沿线经济发展较为落后，未来应加强干线铁路的扩能改造和客运专线建设，加强沿线国道和省道改造，提高路面技术等级，强化走廊西段建设；加强旅游机场建设，促进旅游资源开发；强化沿线生产力布局，扶持沿线产业发展。

鲁晋—陕宁轴线。该轴线西连兰州和中卫、陕北，到山西太原，东至青岛，连通我国北方中部地区，也是我国逐步兴起的新发展轴线。未来，应尽快完成中卫至太原铁路扩能改造，积极建设青太（青岛—太原）客运专线；加强纵向公路联络线建设，完成既有国道和省道公路改造；加强通道西段南北联络线建设，增强对沿线地区的辐射和带动作用。

6. 扩大对内对外开放，发展内陆开放型经济

依托"一带一路"倡议，借助长江经济带建设，实施开放带动战略，完善开放政策，优化开放环境，推动形成全方位、多层次、宽领域的对外开放新格局，建设"一带一路"的重要支撑区。大力发展对外贸易，不断优化贸易结构，推动加工贸易转型升级；进一步推动各类海关特殊监管区、国家级经济开发区、承接产业转移示范区的建设，支持有条件的城市建设沿海加工贸易梯度转移重点承接地；重点支持省会等中心城市深化涉外经济体制改革，推动航空口岸建设，打造内陆开放高地；依托"长江黄金水道"建设，加快长江流域开发开放，探索建立沿长江大通关模式，实现长江水运通关便利化；推动重点口岸建设，加强与沿海港口及沿边口岸的战略合作。

发展内陆开放型经济。培育和建设一批富有活力的重点口岸、海关特殊监管区、承接产业转移示范区及国家级经济区，充分发挥对外开放平台的作用，形成中部地区要素集聚高地，积极整合境内外资源，着力发展出口加工贸易和服务贸易；进一步强化郑州、武汉等国际门户城市的地位，提升其内陆开放战略高地的要素集聚和流通功能，发挥核心城市的辐射作用，带动中部地区整体对外经济发展。

打通国际大通道。围绕中部地区发展内陆开放型经济的战略布局，加大中部地区沿江水运口岸的软硬件建设，并以口岸基础设施建设为基础，加强大通关建设，消除各种壁垒，真正打通"长江黄金水道"；积极完善口岸和跨境通道软硬件设施建设，促进"郑欧""汉欧""湘欧"等国际运输通道的发展，积极推进通关便利化，进一步建设通关便利、物流畅通的国际大通道。

第二章 空间结构与空间组织

第一节 现有国家级区域战略的空间叠加

中部崛起战略提出以来,国家高度重视该地区的发展,在国家发展和改革委员会地区司的推动下,出台了一系列从国家层面制定或批复的区域规划或国务院意见。以 2006 年 4 月 15 日发布的《中共中央国务院关于促进中部地区崛起的若干意见》为开始,以 2015 年 6 月 5 日发布的《大别山革命老区振兴发展规划》为终点,按照时间顺序排列,主要区域规划和国务院意见共 20 余项(表 2-1),多个地区上升为国家战略区域(图 2-1,图 2-2)。

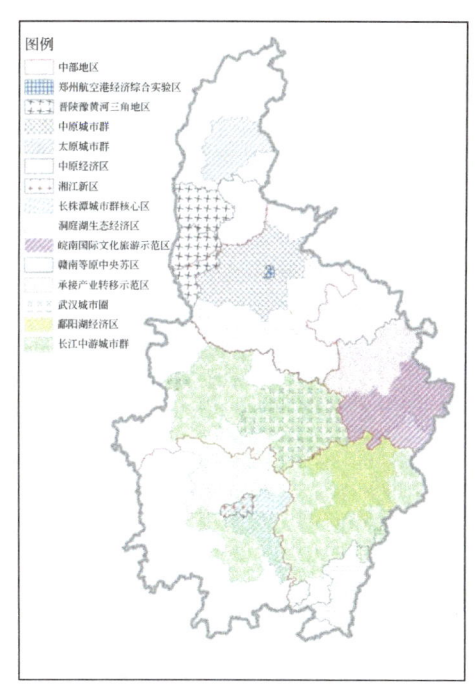 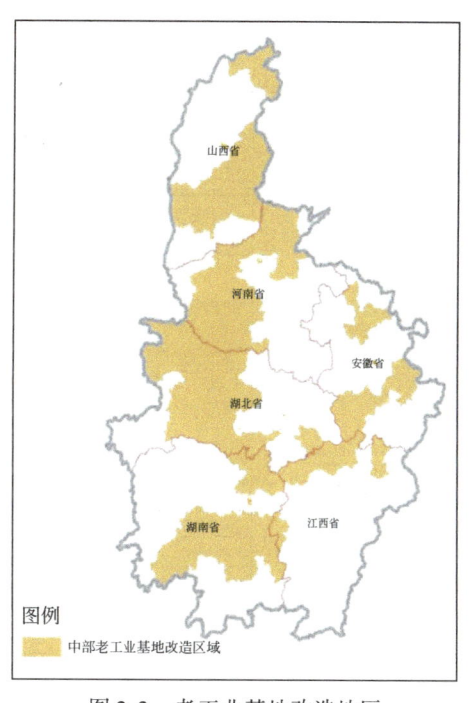

图 2-1 上升为国家战略的地区　　　　图 2-2 老工业基地改造地区

表 2-1 中部崛起以来批复的主要区域规划和国务院意见

序号	发布时间	名称	区域
1	2006 年 4 月 15 日	《中共中央国务院关于促进中部地区崛起的若干意见》	山西、安徽、江西、河南、湖北、湖南六省

续表

序号	发布时间	名称	区域
2	2006年5月19日	《国务院办公厅关于落实中共中央国务院关于促进中部地区崛起若干意见有关政策措施的通知》	山西、安徽、江西、河南、湖北、湖南六省
3	2007年1月1日	《国务院办公厅关于中部六省比照实施振兴东北地区等老工业基地和西部大开发有关政策范围的通知》	山西、安徽、江西、河南、湖北、湖南六省
4	2007年12月14日	《国家发展改革委关于批准武汉城市圈和长株潭城市群为全国资源节约型和环境友好型社会建设综合配套改革试验区的通知》	武汉城市圈、长株潭城市群
5	2009年9月23日	《促进中部地区崛起规划》	山西、安徽、江西、河南、湖北、湖南六省
6	2009年10月26日	《国务院关于促进中部地区崛起规划的批复》	山西、安徽、江西、河南、湖北、湖南六省
7	2010年8月12日	《国家发展改革委关于印发促进中部地区崛起规划实施意见的通知》	山西、安徽、江西、河南、湖北、湖南六省
8	2009年12月12日	《鄱阳湖生态经济区规划》	南昌、景德镇、鹰潭三市,九江、新余、抚州、宜春、上饶、吉安部分县区
9	2010年1月12日	《国务院关于皖江城市带承接产业转移示范区规划的批复》（附件皖江城市带承接产业转移示范区规划）	合肥、芜湖、马鞍山、铜陵、安庆、池州、巢湖、滁州、宣城九市,六安市金安区、舒城县
10	2010年5月9日	《国家发展改革委印发关于促进中部地区城市群发展的指导意见的通知》（附件关于促进中部地区城市群发展的指导意见）	武汉城市圈、中原城市群、长株潭城市群、皖江城市带、环鄱阳湖城市群、太原城市群
11	2011年9月28日	《国务院关于支持河南省加快建设中原经济区的指导意见》	河南省全境,邢台市、邯郸市、长治市、晋城市、运城市,宿州市、淮北市、阜阳市、亳州市、蚌埠市和淮南市凤台县、潘集区,聊城市、菏泽市和泰安市东平县
12	2012年6月28日	《国务院关于支持赣南等原中央苏区振兴发展的若干意见》	以瑞金为中心的赣南、闽西两块原中央苏区。瑞金、兴国、宁都、于都、石城、会昌、寻乌、信丰、安远、广昌、黎川、上犹、崇义
13	2012年8月27日	《国务院关于大力实施促进中部地区崛起战略的若干意见》	山西、安徽、江西、河南、湖北、湖南六省
14	2012年11月17日	《中原经济区规划》	河南省全境,邢台市、邯郸市、长治市、晋城市、运城市,宿州市、淮北市、阜阳市、亳州市、蚌埠市和淮南市凤台县、潘集区,聊城市、菏泽市和泰安市东平县
15	2012年8月7日	《国务院关于山西省国家资源型经济转型综合配套改革试验总体方案的批复》（附件山西省国家资源型经济转型综合配套改革试验总体方案）	山西省

续表

序号	发布时间	名称	区域
16	2013年3月7日	《郑州航空港经济综合实验区发展规划（2013—2025年）》	郑州航空港、综合保税区和周边产业园区，涉及中牟、新郑、尉氏三县（市）部分区域
17	2014年2月13日	《武汉城市圈区域发展规划（2013—2020年）》	武汉市为中心，黄石、鄂州、孝感、黄冈、咸宁、仙桃、天门、潜江九市
18	2014年2月12日	《皖南国际文化旅游示范区建设发展规划纲要》	黄山市、池州市、宣城市、马鞍山市、芜湖市、铜陵市、安庆市
19	2014年4月22日	《国务院关于洞庭湖生态经济区规划的批复》（附件洞庭湖生态经济区规划）	岳阳市、常德市、益阳市，长沙市望城区和湖北省荆州市
20	2014年4月14日	《国务院关于晋陕豫黄河金三角区域合作规划的批复》（附件晋陕豫黄河金三角区域合作规划）	运城市、临汾市、渭南市和三门峡市
21	2014年9月25日	《国务院关于依托黄金水道推动长江经济带发展的指导意见》	上海、江苏、浙江、安徽、江西、湖北、湖南、重庆、四川、云南、贵州11个省（直辖市）
22	2015年4月5日	《长江中游城市群发展规划》	湖北省武汉市、黄石市、鄂州市、黄冈市、孝感市、咸宁市、仙桃市、潜江市、天门市、襄阳市、宜昌市、荆州市，湖南省长沙市、株洲市、湘潭市、岳阳市、益阳市、常德市、衡阳市、娄底市，江西省南昌市、九江市、景德镇市、鹰潭市、新余市、宜春市、萍乡市、上饶市及抚州市、吉安市部分县区
23	2015年4月25日	《国务院关于同意设立湖南湘江新区的批复》（附件湖南湘江新区总体方案）	长沙市岳麓区、望城区和宁乡县部分区域
24	2015年6月5日	《大别山革命老区振兴发展规划》	安徽省六安市、安庆市全境；河南省信阳市、驻马店市全境，南阳市的桐柏县、唐河县；湖北省黄冈市、随州市全境，孝感市的孝南区、安陆市、应城市、大悟县、孝昌县、云梦县，襄阳市的枣阳市，武汉市的黄陂区、新洲区。规划区域总面积10.86万平方千米

第二节 "国家战略区域"的成效与发展趋势

一、成效

1. 多数规划基本实现了既定目标，培育了一批区域经济增长点

区域规划战略的出台背景错综复杂、交互影响。区域规划战略实施几年来，发挥了宏观调控和优化配置各种资源的作用，起到了应对经济危机、提升国家和区域竞争力的初步

效果，同时也一定程度上实现了优化国土开发格局的预期目标。特别是一些地区，在国家战略的指引下，先行先试，发展活力和后劲不断涌现，出现了一批新的经济增长点，布局项目直接带动经济增长。通过编制发展规划，获得由中央直接部署的一些重大项目，可以快速推动规划区域的经济增长步伐。对全国经济社会发展的带动和示范效应逐渐显现出来。例如，河南郑州航空港经济综合实验区获得国家批复以后，在2015年全国经济面临巨大下行压力的时候仍然保持了快速经济增长势头。2015年1～5月，全区地区生产总值完成180亿元，同比增长20.7%；规模以上工业增加值完成130.3亿元，同比增长27.1%；固定资产投资完成166.5亿元，同比增长43.1%，高于全市24个百分点；外贸进出口总额完成178亿美元，同比增长49%，分别占河南省、郑州市的63%、85%。

2. 促成了跨地区的重大基础设施建设与统一市场的培育

区域经济发展面临的重要问题之一是行政区经济的影响。长期以来我国很多区域的经济发展水平低、速度慢，是因为区域分割和区域封闭。地方政府对其辖区内的经济起很强的干预作用，地方政府从自身利益出发，强调本辖区内的基础设施和经济发展，生产要素跨行政区难以自由流动，各地自成体系发展导致重复建设。原因在于各级地方政府对辖区内经济利益的保护主义行为，其形成和发展有其特定的利益和体制因素。区域规划的编制和实施，能够有效地促进跨地区的重大基础设施建设，培育一个跨行政区的统一市场，实现区域联动，提升区域经济效率。编制区域规划有助于建设跨地区的重大交通基础设施。多个区域在规划出台以后，交通条件得到了优先发展。以湖南长株潭城市群构建"两型社会"为例，提出构筑连通全国、辐射全省的铁路、公路、水运、民航、管道等综合交通体系和综合枢纽体系，构建或提升湘江—长江水运通道、黄花机场空中通道、京广陆路通道、洛湛铁路通道、二广高速通道、沪昆陆路通道、长渝陆路通道六条区域对外通道。发展城际轨道交通，远期建设长沙—宁乡—韶山—湘乡—湘潭、长沙—浏阳、株洲—醴陵、长沙—湘阴、长沙—汨罗、宁乡—益阳、娄底—衡阳的区域快线。加强港口资源整合，推进港口经营一体化发展，发展港口保税物流。加快机场扩建改造，新建衡阳机场、岳阳机场。交通运输部表示进一步加强与湖南省的沟通协商，共同落实党中央、国务院的战略部署，加大对湖南交通运输发展的支持力度，促进湖南交通运输发展重点领域和关键环节的创新，推进湖南资源节约型、环境友好型交通运输发展。这些重大举措对于长株潭城市群地区发展来说，无疑具有重要的积极意义。

3. 获得多重政策优势，为地方招商引资提供了平台

政策优势是推动区域经济发展的重要力量，通过区域规划，将区域经济发展上升到国家战略高度。在获取中央政府给予的多项政策优势的同时，地方政府往往也配套优惠政策，多重政策优势的叠加效应，会有效地促进区域实现快速发展。尽管对招商引资存在一定的争议，但是在当下地方政府的任务中，招商引资仍然是一项重要工作和政府政绩考核的重要指标，也有力支撑了各地区经济的快速增长。地区编制区域规划，经由国务院批复以后上升为国家战略，即使没有实质性的直接资助，这个地区至少获得一张类似于区域发

展的 VIP 卡，从而为该地区的招商引资提供了一个高端平台。安徽省第一个国家层面的区域规划——"皖江城市带承接产业转移示范区"获国务院批复以后，中央企业与安徽企业的对接与合作在提速，并购融合从项目规模到资金规模在迅速扩张。2009 年 12 月国务院国有资产监督管理委员会主任率 100 多家中央企业参加安徽省与中央企业调整结构合作发展会议，签署合作意向 180 多个项目，涉及总投资额超过 6000 亿元，中央企业与安徽企业签落地合作项目 66 个，其他大型非中央企业与安徽企业签合作项目 11 个，都是正式合同项目，涉及金额 1720 多亿元。中国航空工业集团有限公司、中国石油天然气集团有限公司、中国石油化工集团有限公司、中国铝业集团有限公司、国家开发投资集团有限公司、中国铁建股份有限公司、中国电子科技集团有限公司等中央企业主要负责同志与安徽省有关市和省属企业洽谈合作项目，有力地带动了相关行业的快速发展。2010 年国家批复的《皖江城市带承接产业转移示范区规划》，有力地促进了该区域的经济增长。

二、发展趋势

1. 中国区域规划格局已基本成型，区域规划编制和审批工作将进入一个平稳发展期

新时期区域规划发展历程大致可以分为三个阶段：①2000~2006 年，为区域规划的重启和试点期。标志是 2005 年 6 月，国务院批准上海浦东新区进行综合配套改革试点，"先行先试"，成为在科学发展观指引下区域加快改革的亮点。2006 年 5 月，国务院下发了《国务院关于推进天津滨海新区开发开放有关问题的意见》，核心是国家在金融、土地、行政改革等方面的改革试点安排在滨海新区进行。②2007~2011 年，为区域规划频繁出台期，是否具有一个国家层面的规划成为地区发展的指向标。这一期间，国家批复的区域规划多达 30 余项，涉及全国所有省（自治区、直辖市）。众多的区域规划战略，也为今后相当长一段时间中国区域发展勾勒了宏伟蓝图。③2012 年之后，区域规划编制和审批工作进入稳定期，主要以解决问题性地区的发展为重点，或者以完善和补充为主要形式。

2. 区域规划由宏观指导向中微观国土精细化管理转变

我国是一个地区差异极大的发展中大国，既有自然环境本底差异，也有经济社会基础差异，区域发展总体战略是统筹区域发展四大板块（东部、东北、中部和西部）。伴随区域发展态势日趋多样化，这样的空间管治单元越来越不能适应区域协调和可持续发展的需要，特别是不利于欠发达地区问题的解决。存在政策区下移和细化的必要性，即为了缩小区域差异和促进区域协调发展，根据不同类型区的情况制定相应的财政、金融、土地、人口、资源和环境等扶持政策，这样才能使有限的政府资源用在"刀刃"上。

我国区域规划战略的重点正是从全国宏观尺度向区域尺度转变，制定更具有针对性的区域政策，促进和优化资源的空间配置。我国区域规划进一步向特色化、小地理尺度的重点和热点地区转变，从而实现由宏观指导向中微观国土精细化管理的转变。

3. 区域规划逐渐由重视"效率优先"向重视"公平"转型

20世纪80年代初实施的沿海开放战略，是过去40余年我国经济取得巨大成功的基础。这个战略的出发点是"效率优先"，即以尽可能快的速度将经济总量做大，其中出口导向又是重中之重。这也符合经济发展的客观规律，一个国家或地区在发展初期都会强调"效率优先"，到一定发展阶段再重视公平问题。这也是邓小平同志"两个大局"战略构想所体现的思想。在这两个不同的阶段，国家发展战略的侧重点也有所不同。为了保障"效率优先"，就要鼓励一部分条件较好的地区先发展起来，战略侧重点是"锦上添花"。我国绝大部分区域规划战略都是"锦上添花"类型的，如浦东新区、滨海新区等，这对促进我国经济效率的提升和经济快速发展，起到了不可估量的积极作用。

而要做到"公平优先"，即将欠发达地区的发展问题置于优先的位置来考虑。效率与公平之间的平衡，应该根据发展阶段的变化而变化。及时调整两者间的平衡关系，是制定合理区域发展战略的基础和保障。2011年，我国人均GDP已经超过5000美元，已经进入中等收入国家的门槛。为了实现全面建设小康社会的奋斗目标，我们应该在效率与公平并重的前提下向公平的方向有所偏转，在保持发达地区竞争力的同时，把解决欠发达地区的发展问题放到优先的位置上。

4. 具有国家试验区意义的特殊功能区域成为区域规划热点

设立一些具有国家意义的试验区的目的是探索建设和谐社会、创新区域发展模式、提升区域乃至国家竞争力的新思维、新思想、新路径、新模式和新道路，通过选择一批有特点和有代表性的区域进行综合配套改革，以期为全国的经济体制改革、政治体制改革、文化体制改革和社会各方面的改革提供新的经验和思路。这是我国社会主义市场经济发展到特定历史阶段，应对特殊的经济发展环境做出的现实选择，将对未来改革和区域经济发展道路选择产生重要影响。

由于不同区域的要素禀赋特点不同，承担的国家和区域战略任务不同，具有国家试验区意义的特殊功能区的具体目标和侧重点也会有所差异，其不仅包括国家设立的综合改革配套试验区这个类型，也包括一些特点地区发挥某种功能的重要区域，如生态脆弱区、海洋经济区、边境合作区等。

5. 战略性新区逐步设立和发展，在国家区域战略中的地位不断提升

战略性新区的设立成为近年来的一个热点现象。自2010年以来，国务院相继批准设立17个国家级新区。再加上1992年设立的浦东新区和2009年设立的滨海新区，我国目前一共有19个国家级新区，涉及陆域总面积2.24万平方千米，海域总面积2.58万平方千米。此外，还有武汉长江新区、合肥滨湖新区、郑州郑东新区、南宁五象新区、河北正定新区等地区提出要打造国家级新区。这些国家级新区分布于我国重要区位上，享受着多项国家和地方优惠政策，规格一般为副省级。国家级新区承担着经济发展、对外开放、改革创新等多重任务，是我国经济新常态下的新增长极。

第一个建立的上海浦东新区以开放促改革促发展,以国际化思路结合本地特色探索发展新模式,打造外向型、多功能、现代化新城区,努力建设国际区域性经济、金融、贸易、航运中心,被誉为"上海现代化建设的缩影""中国改革开放的象征"。借鉴这种成功的经验,多地区出台了新区总体规划和总体方案,如天津滨海新区、重庆两江新区、浙江舟山群岛新区、陕西西咸新区、四川天府新区、南京江北新区、福建福州新区、云南滇中新区、黑龙江哈尔滨新区、吉林长春新区、江西赣江新区等。这些新区发展势头良好,着力进入国家战略序列,在国家区域发展战略中的地位不断提升。

第三节 重大规划对中部地区空间格局的梳理分析

一、《全国主体功能区规划》

空间开发格局清晰。全国主要城镇化地区集中全国大部分人口和经济总量,构建以"两横三纵"为主体的城镇化战略格局。构建以陆桥通道、沿长江通道为两条横轴,以沿海、京哈京广、包昆通道为三条纵轴,以国家优化开发和重点开发的城镇化地区为主要支撑,以轴线上其他城镇化地区为重要组成的城镇化战略格局。推进环渤海、长江三角洲、珠江三角洲地区的优化开发,形成3个特大城市群;推进哈长、江淮、海峡西岸、中原、长江中游、北部湾、成渝、关中—天水等地区的重点开发,形成若干新的大城市群和区域性的城市群。以"七区二十三带"为主体的农业战略格局基本形成,农产品供给安全得到切实保障;以"两屏三带"为主体的生态安全战略格局基本形成,生态安全得到有效保障;海洋主体功能区战略格局基本形成,海洋资源开发、海洋经济发展和海洋环境保护取得明显成效。

根据《全国主体功能区规划》的发展格局,中部地区实际上是形成了"两横一纵"的发展骨架。两条横向轴线分别是沿江和沿陇海兰新线。一条纵向轴线则是以京广线为主形成的南北向经济发展轴线。

后来在《国家新型城镇化规划(2014—2020年)》中沿用了该发展格局,并且提出要培育发展中西部地区城市群,中西部城镇体系比较健全、城镇经济比较发达、中心城市辐射带动作用明显的重点开发区域,要在严格保护生态环境的基础上,引导有市场、有效益的劳动密集型产业优先向中西部转移,吸纳东部返乡和就近转移的农民工,加快产业集群发展和人口集聚,培育发展若干新的城市群,在优化全国城镇化战略格局中发挥更加重要的作用。

二、中部崛起规划

《促进中部地区崛起规划》是国务院为促进包括山西(晋)、安徽(皖)、江西(赣)、河南(豫)、湖北(鄂)和湖南(湘)六省在内的中国中部地区的经济社会发展而制定的整体规划。2009年9月23日,国务院总理温家宝主持召开国务院常务会议,讨论并原则通过《促进中部地区崛起规划》。该规划中构建了"两横两纵"的经济带(图2-3)。发挥交通区位优势,加强运输通道建设,加快构建沿长江经济带、沿陇海兰新经济带、沿京广经济带和沿京九经济带,加强与长三角、珠三角和京津冀等东部发达地区的对接,密切联系成渝、关中—天水等西部重点开发地区,形成支撑中部崛起、促进东中西协调发展的重要区域。

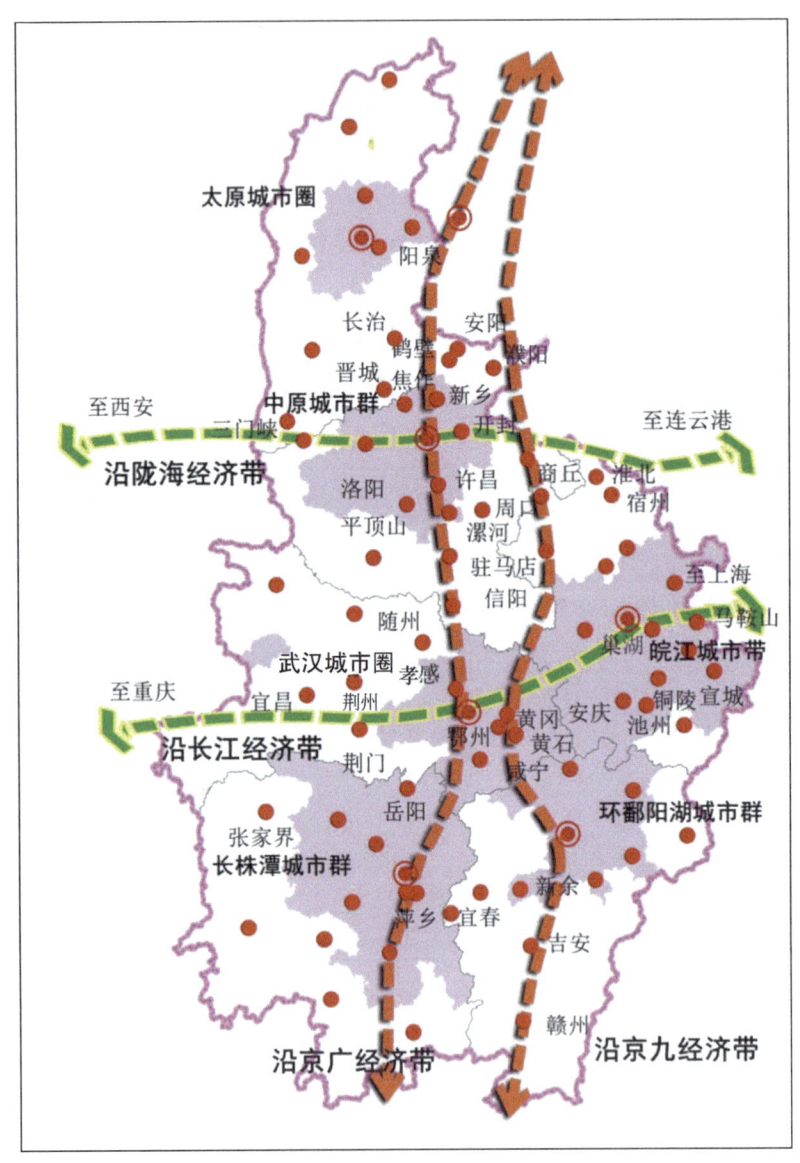

图2-3 中部地区"两横两纵"的经济带

加快沿长江经济带发展。加强中部沿江地区与长三角和长江上游地区的联系,发挥长江水运优势,加快沿江铁路和高速公路建设,构建综合运输体系,提高物流集散能力。以武汉为中心，依托黄金水道，壮大宜昌、荆州、岳阳、鄂州、黄冈、黄石、九江等沿江城市综合经济实力，打造产业集聚走廊。加快马鞍山、芜湖、铜陵、池州、安庆融入长三角地区的进程。

增强沿陇海兰新经济带实力。发挥亚欧大陆桥的优势，加强与沿海和西北地区交流合作，进一步扩大东西双向互动、对内对外开放，发挥郑州区域中心城市的作用，培育形成郑汴洛工业走廊，壮大能源原材料、现代制造业、汽车等支柱产业，实现老工业基地振兴。

提升沿京广经济带水平。提高京广通道综合运输能力，依托沿线的人力资源优势和产业基础，大力发展原材料工业、装备制造业、高技术产业和劳动密集型产业，形成我国重要的制造业基地。进一步巩固加强与京津冀和珠三角地区的经济联系。发挥中心城市的引领和支撑作用，构建沟通南北的经济带。

培育壮大沿京九经济带。加强与京津冀、长三角、珠三角和海峡西岸地区的联系，加快东向交通通道建设，在重要的节点城市推进承接产业转移园区建设。依托交通干线，加快昌九工业走廊建设。立足特色资源优势，在豫东、皖西北、鄂东、赣南等地区形成资源性产品生产和加工基地。壮大商丘、阜阳、吉安、赣州等沿线城市实力，带动革命老区发展。

三、全国综合交通网中长期发展规划

综合交通网骨架由"五纵五横"综合运输大通道和国际区域运输通道组成。五纵，即南北沿海运输大通道、京沪运输大通道、满洲里—港澳台运输大通道、包头—广州运输大通道、临河—防城港运输大通道。五横，即西北北部出海运输大通道、青岛—拉萨运输大通道、陆桥运输大通道、沿江运输大通道、上海—瑞丽运输大通道。涉及中部地区的主要是"三纵五横"，有些地区是部分包含。这八条运输通道，是我国南北联系和东中西联系的重要通道，也是我国国土开发和区域发展的重要骨架。

第四节　中部地区空间经济联系分析

中部地区包括山西、安徽、江西、河南、湖北、湖南六省，地处长江和黄河中下游，2017年土地面积97.73万平方千米，总人口3.69亿人，国内生产总值176 486.6亿元，以占全国10.2%的土地，承载了全国26.5%的人口，创造了全国21.3%的国内生产总值，是我国的人口大区、经济腹地和重要市场，在中国地域分工格局中扮演了重要角色。中部六省地处我国内陆中部，北连京津冀、南接粤港澳、西靠大西部、东望长三角。可谓承东启西，沟通南北，连接了南北地区，融合着东西部，是我国最重要的交通枢纽地区，也是客流和货流的转运中心。全国南北和东西的资源、资金、人才流动起来，中部六省都是必经之地。空间联系可反映中部地区与外界以及区域自身内部在经济活动中产生的相互依存、相互制约的关系，联系的内容既可以是资本、商品和人口等有形的流，也可以是信息、技术和知识等无形的流。流不仅促使不同区域间的物质或非物质的交换，也决定着不同地区间的功能关系，使得区域问题变得更加复杂。在经济全球化的今天，空间联系已成为不可忽视的内容。

信息、技术和知识等无形的流尽管对经济活动起着越来越重要的促进作用，但是相关的数据却较难获得。同样，由于我国省际商品贸易缺乏全行业的统计调查数据，省际全行业的贸易流量数据的获得目前主要也是依赖于基于部分行业的调查数据与引力模型推算的区域间投入产出表。区域间投入产出表反映了地区之间及地区内部的商品贸易流量的来源与去向。通过商品流量的经济联系可以反映地区之间空间联系的强弱，目前区域间投入产出表已经得到了广泛的应用。由于现有最新的区域间投入产出表是中国科学院地理科学与资源研究所和国家统计局核算司编制的2010年中国30个省区市区域间投入产出表，该表将30个省区市的三次产业划分为30个部门。将各省区市的30个部门合并为一个单部门作为总的经济流量，这样考察省区市之间总的经济流量的空间联系，根据地区之间的上下游关系，可以通过投入产出表计算地区之间的前后向联系。

一、地区之间的前向联系

从初始投入来看，一个地区的初始投入反映了地区作为产业链上游的影响，代表了前向联系，首先定义直接分配系数 h^{pq}：

$$h^{pq} = \frac{x^{pq}}{X^p} \quad (p, q=1, 2, \cdots, 30) \tag{2-1}$$

式中，h^{pq} 为在 p 地区的单位经济产出中，p 地区分配到 q 地区的经济流量；x^{pq} 为 p 地区分配到 q 地区总的经济流量；X^p 为 p 地区的总产出。引入直接分配系数矩阵 $\boldsymbol{H} = \{h^{pq}\}_{30 \times 30}$，根据投入产出表列方向的平衡关系，得到完全供给系数矩阵 $\boldsymbol{C} = \{c^{pq}\}_{30 \times 30}$，其中：$\boldsymbol{C} = (\boldsymbol{I} - \boldsymbol{H})^{-1}$，元素 c^{pq} 为 p 地区一个单位的初始投入向 q 地区提供的完全供给量。从地区间功能来看，c^{pq} 反映了 p 地区作为上游地区初始投入对下游 q 地区的完全影响。反过来，q 地区作为上游地区初始投入对下游 p 地区也存在着类似的完全影响，即元素 c^{qp} 表示 q 地区一个单位的初始投入向 p 地区提供的完全供给量。为综合考虑地区之间的前向联系，取其平均值：$F^{pq} = (c^{pq} + c^{qp})/2$，$F^{pq}$ 反映的是从产业链上游角度来看，地区之间的空间联系强度。根据2010年中国30个省区市区域间投入产出表，计算得到中部地区山西、安徽、江西、河南、湖北、湖南六省与其他省区市以及六省之间的联系，如图2-4所示。

由图2-4中前向联系可以看出，中部地区主要与珠三角、长三角和环渤海地区的联系更强，而中部地区内部六省的空间联系相对较弱。作为产业链上游地区而言，中部地区长期以来优势产业集中在采掘业（如能源和金属矿的采掘业），地区内部产业结构单一，同质化严重，缺乏有效的产业合作协同发展。因此，中部地区在未来城市群的建设中有待加强六省的空间联系，必须明确各省的优势产业发展定位，从而有效地实现上下游产业错位发展。

二、地区之间的后向联系

从最终需求来看，一个地区的最终需求反映了地区作为产业链下游的影响，代表了后向联系，首先定义直接消耗系数 a^{pq}：

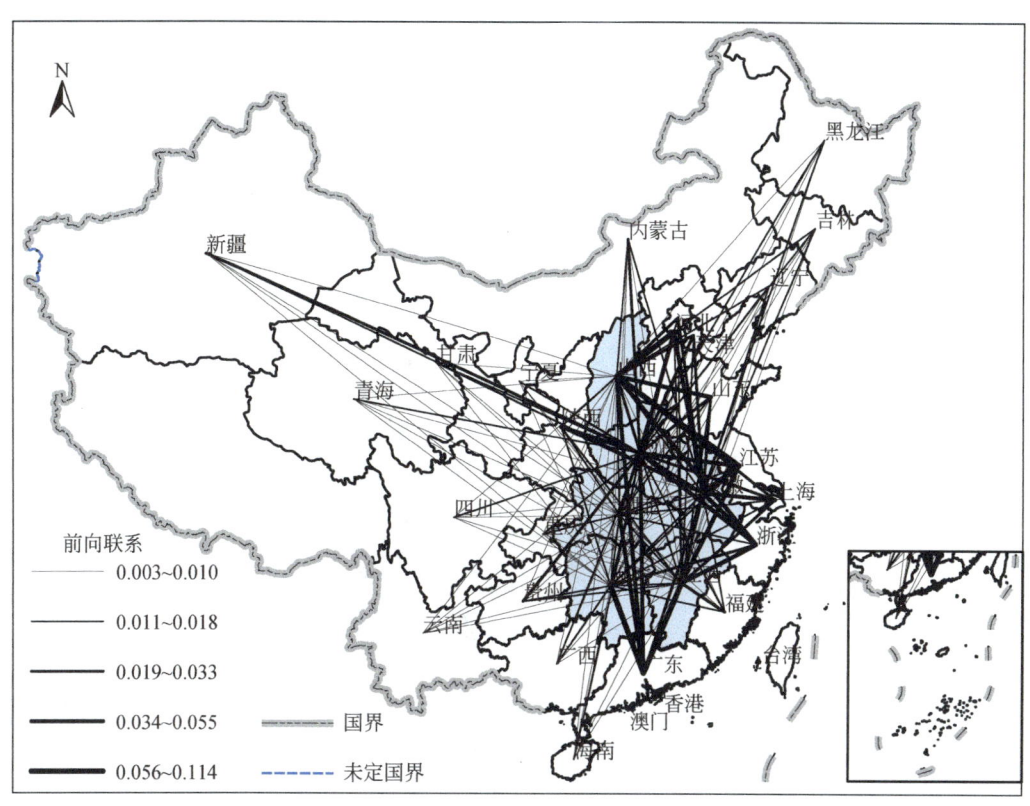

图 2-4　2010 年中部六省与其他省区市及其内部的前向联系

$$a^{pq} = \frac{x^{pq}}{X^q} \quad (p, q=1, 2, \cdots, 30) \tag{2-2}$$

式中，a^{pq} 为在 q 地区单位经济产出中，q 地区消耗掉 p 地区的经济流量；x^{pq} 为 p 地区分配到 q 地区总的经济流量；X^q 为 q 地区的总产出。引入直接消耗系数矩阵 $\boldsymbol{A} = \{a^{pq}\}_{30\times30}$，根据投入产出表行方向的平衡关系，得到完全需求系数矩阵 $\boldsymbol{D} = \{d^{pq}\}_{30\times30}$，其中：$\boldsymbol{D} = (\boldsymbol{I}-\boldsymbol{A})^{-1}$，元素 d^{pq} 表示 q 地区一个单位的最终需求对 p 地区的完全需求量。从地区间功能来看，d^{pq} 反映了 q 地区作为下游地区最终需求对上游 p 地区的完全影响。反过来，p 地区作为下游地区最终需求对上游 q 地区也存在着类似的完全影响，即元素 d^{qp} 表示 p 地区一个单位的最终需求对 q 地区的完全需求量。为综合考虑地区之间的后向联系，取其平均值：$E^{pq} = (d^{pq}+d^{qp})/2$，$E^{pq}$ 反映的是从产业链下游角度来看，地区之间的空间联系强度。计算得到中部地区山西、安徽、江西、河南、湖北、湖南六省与其他省区市以及六省之间的联系，如图 2-5 所示。

由图 2-5 后向联系可以看出，中部地区仍然主要与珠三角、长三角和环渤海地区的联系更强，而中部地区内部六省的空间联系也仍然相对较弱。中部地区都处于工业化中期阶段，生产技术水平与沿海发达地区相比还较为落后。作为产业链下游地区而言，中部地区长期以来的优势产业为依托本地资源的制造业（如电气机械及器材制造业、有色金属冶炼

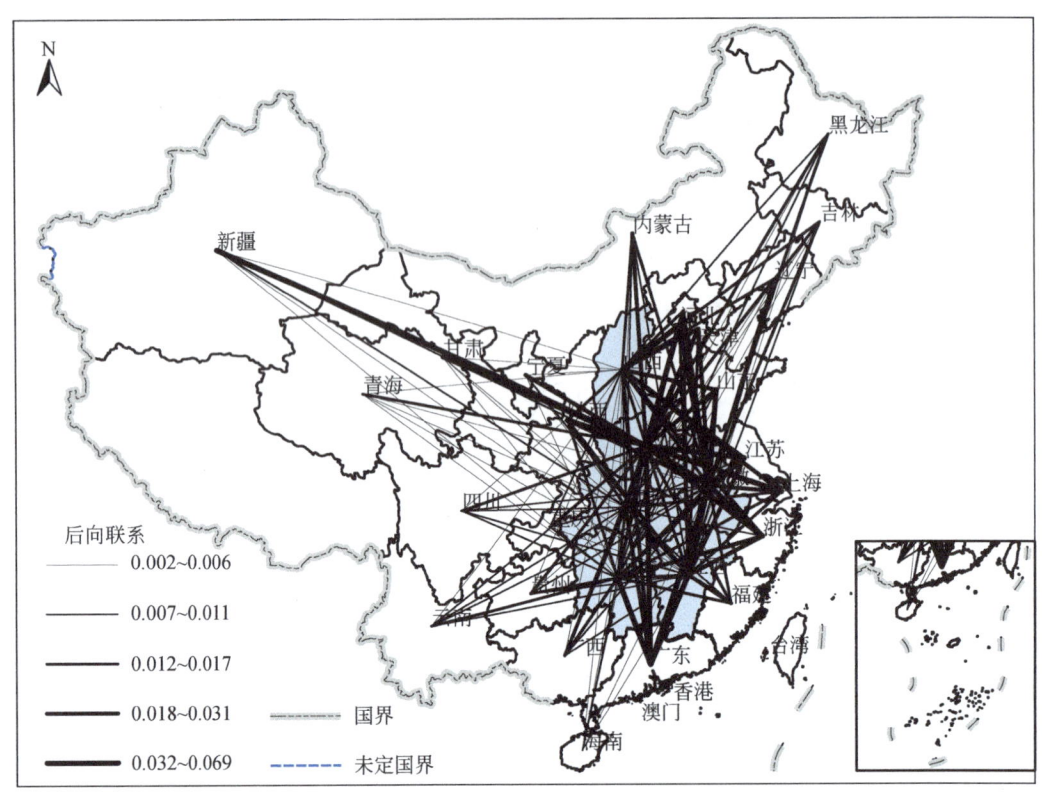

图 2-5 2010 年中部地区六省与其他省区市及其内部的后向联系

及压延加工业、农副食品加工业），但是地区内部由于缺乏生产制造所需的高端电子设备元件，仍然需要向沿海地区引入这些电子设备元件，从而形成较强的后向联系。因此，中部地区还需要进一步提高生产技术水平，才能加大地区内部的空间联系，促进地区的经济整体性（表 2-2）。

表 2-2 2010 年中部地区六省的前向和后向联系前三省份

山西		安徽		江西		河南		湖北		湖南	
前向联系前三省份											
河北	0.11	江苏	0.07	广东	0.08	江苏	0.05	广东	0.04	广东	0.07
江苏	0.06	浙江	0.05	浙江	0.05	浙江	0.04	上海	0.02	浙江	0.03
广东	0.05	上海	0.03	江苏	0.04	广东	0.04	山东	0.02	江西	0.02
后向联系前三省份											
山西		安徽		江西		河南		湖北		湖南	
河北	0.06	江苏	0.07	广东	0.04	陕西	0.04	广东	0.02	广东	0.05
山东	0.03	浙江	0.05	浙江	0.03	江苏	0.04	河南	0.01	浙江	0.02
江苏	0.03	河北	0.04	安徽	0.02	新疆	0.04	河北	0.01	江西	0.02

第五节　空间格局的总体思路与组织

一、"点-轴系统"理论是社会经济空间结构的最佳组织模式

在国家和区域发展过程中，大部分社会经济要素在"点"上集聚，并由线状基础设施联系在一起而形成"轴"。这里的"点"指各级居民点和中心城市，"轴"指由交通、通信干线和能源、水源通道连接起来的"基础设施束"；"轴"对附近区域有很强的经济吸引力和凝聚力。轴线上集中的社会经济设施通过产品、信息、技术、人员、金融等，对附近区域有扩散作用。扩散的物质要素和非物质要素作用于附近区域，与区域生产力要素相结合，形成新的生产力，推动社会经济的发展。在国家和区域的发展中，在"基础设施束"上一定会形成产业聚集带；由于不同国家和地区地理基础及社会经济发展特点的差异，"点-轴系统"形成过程具有不同的内在动力、形式及不同的等级和规模；在不同社会经济发展阶段（水平）情况下，社会经济形成的空间结构也具有不同的特征。这种特征体现为集聚与分散程度及社会经济客体间的相互作用等。随着区域社会经济的进一步发展，"点-轴"必然发展到"点-轴-集聚区"。这里的"集聚区"也是"点"，是规模和对外作用力更大的"点"。"发展轴"具有不同的结构与类型，"点-轴系统"还通过空间可达性和位置级差地租等对区域发展产生影响（图2-6）。

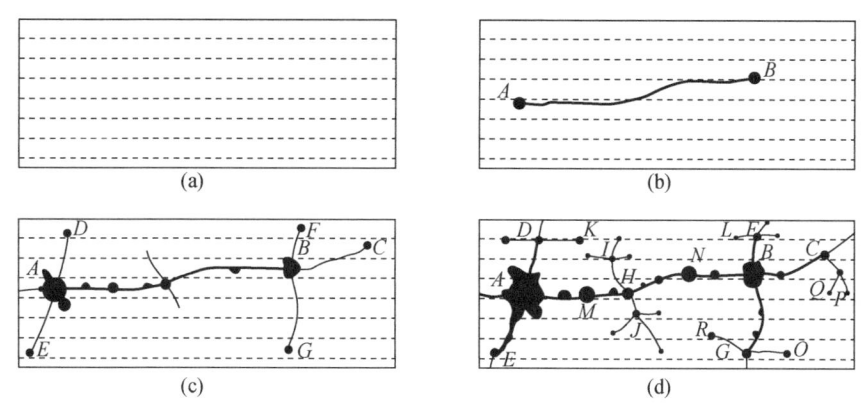

图2-6　"点-轴系统"的形成过程模式
(a) 第一阶段；(b) 第二阶段；(c) 第三阶段；(d) 第四阶段

社会经济的"点-轴系统"的形成有四个主要阶段：第一阶段，"点-轴"形成前的均衡阶段，地表是均质的空间，建立在农业社会之上的社会经济客体（以村镇为主的居民点），虽说呈"有序"状态的分布，但却是空间无组织状态，这种空间无组织状态具有极端的低效率。第二阶段，社会经济客体开始集聚，点、轴同时开始形成，区域局部开始呈现有组织状态，区域资源开发和经济进入较快增长时期。按照社会经济发展阶段衡量，这

种空间结构特征对应于工业化的初期阶段。第三阶段,主要的"点-轴系统"框架形成,社会经济演变迅速,空间结构变动幅度大。这种空间结构特征对应于工业化中期阶段。第四阶段,"点-轴系统"形成,区域进入全面有组织状态,它的形成是社会经济要素长期自组织过程的结果,也是科学的区域发展政策和计划、规划的结果。从宏观角度考察,空间结构重新恢复到"均衡"阶段。在这个阶段,社会组织、经济组织虽然有高效率,但作为社会发展标志的人口增长和经济却并未呈现出高速度特征。这四个阶段的社会经济空间结构体现了各主要国家和地区的一般规律,而且也与社会经济发展的水平和结构特点的阶段差异相一致。

"点-轴系统"理论阐释了以点和轴线空间形态为主体表达的空间结构演化过程及成因机理,配置和改善了生产力的空间结构,刻画了社会经济空间组织发生和发展的客观规律,有效促使国家或区域得到最佳发展。主要效果有:①以"点-轴系统"模式发展和开发可以顺应社会经济发展及其客体必须在空间上集聚成点、发挥集聚效果的客观要求;②以"点-轴系统"模式发展可以充分发挥各级中心城市的作用;③以"点-轴系统"模式发展可实现生产布局与线状基础设施之间最佳的空间结合;④以"点-轴系统"模式发展有利于城市之间、区域之间、城乡之间形成便捷的联系;⑤全国各级区域范围内重点发展轴线的确定,可以使全国战略和地区战略较好地结合起来。"点-轴系统"理论是我国进行各种层次的国土规划所广泛应用的理论工具,同时也是市场条件下的有效空间模式,因而也适用于新时期我国的区域规划工作,是进行空间结构分析和空间规划的重要基础和手段。新中国成立以来,我国进行了大规模的国土开发和区域规划工作,在社会经济发展的空间组织方面,除"三线"建设时期外,客观上基本符合"点-轴系统"空间结构模式的要求。根据这一理论模式,通过分析我国各地区资源、经济潜力分布等因素,东部沿海地带和长江沿岸地带应作为我国国土开发和经济布局的战略重点。这两个一级轴线构成"T"字形。"T"字形结构战略,科学地反映了我国经济发展潜力的空间分布框架。这个战略使我国的生产力布局与交通运输、水土资源、城市依托和国内外市场实现了最佳的空间组合,将这两条一级轴线建设好,可以带动全国的经济社会发展。

二、总体思路

1. 中部地区总体上进入了"点-轴系统"理论的深化发展期——多核网络化阶段

"点-轴系统"理论指导区域发展空间结构演化的基本规律,随着信息革命、网络化时代的来临,以及快速交通技术的进步,区域发展空间结构进入了新时期,点、轴要素轴线不断加强和加密,逐渐形成了多核网络化发展阶段。多核:指中部地区六个省会城市加上一些国家级创新区域、开放区域、国家级新区等区域发展重要的功能性平台。网络化:指的是中部地区形成的"四横两纵"多核网络化空间结构(图2-7)。

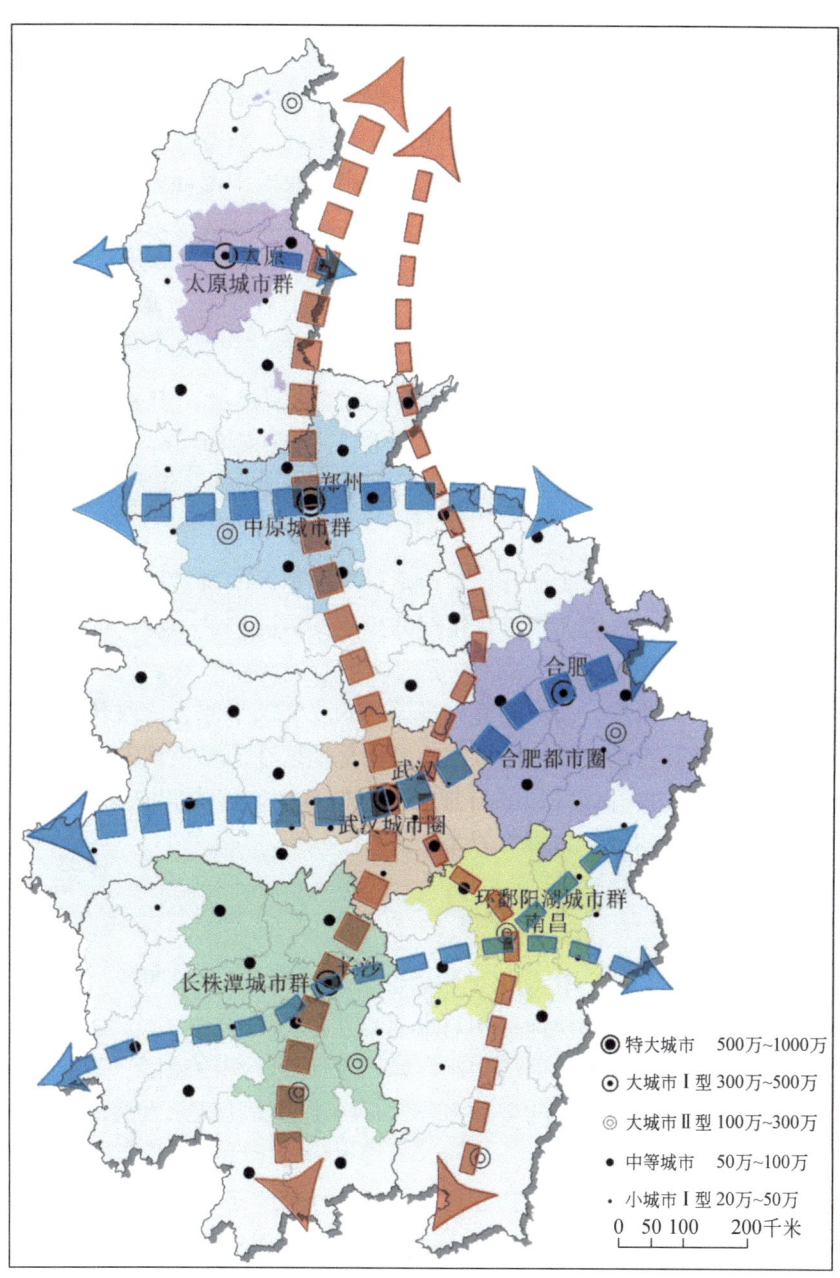

图 2-7 中部地区"四横两纵"多核网络化空间结构

长江经济带：以长江轴线为横向主轴，长江经济带走廊连通长江三角洲、皖江城市群、昌九工业走廊、武汉城市圈、成渝城市圈等人口-产业集聚区。

沿陇海兰新经济带：陇海走廊东起连云港，中连中原城市群，西至新疆，贯通东亚，衔接中亚和欧洲，是欧亚运输通道的重要部分，运输需求旺盛。

闽赣—湘黔轴线：闽赣线是指从福建福州到江西九江，湘黔线是指从湖南长沙，经怀化，到贵阳，向西接贵昆线到昆明。这几条铁路线构成我国中南部横贯东西的大动脉，它把我国经济落后而资源较丰富的西南地区联结起来，对密切这两个地区的经济联系具有重要意义。

鲁晋—陕宁轴线：西连兰州和中卫、陕北，到山西太原，东至青岛，连通我国北方中部地区，也是我国逐步兴起的新发展轴线。

两纵：以京广线、京九线为纵向轴带，连接京津冀城市群、中原城市群、武汉城市圈、合肥都市圈、长株潭城市群和珠江三角洲等人口-产业集聚区。

2. 粮食生产六大核心区

提高粮食综合生产能力、稳步提升粮食产量是中部地区的重要地域功能。基于县域粮食总产量、人均粮食产量、过去5年粮食生产的稳定性情况，进一步识别出中部地区粮食生产核心区的区域范围（图2-8）。

河南东北部、安徽中北部、湖南洞庭湖平原、湖北江汉平原、江西鄱阳湖平原以及山西盆谷地地区是中部地区粮食生产核心区，也是中部地区在国家粮食安全层面发挥重要地域功能的关键区域。切实提升该区域的耕地质量、粮食生产能力和农业可持续发展能力，强化现代农业和粮食生产的"稳压器"功能。

3. 生态环境"两带三屏"核心区

构建中部地区"两带三屏"生态保护与建设格局（图2-9）。"两带"是长江中游湿地保护与水源涵养带、黄河中下游湿地保护与水源涵养带。"三屏"是分别位于中部地区东、中、西部的绿色生态屏障。其中，西缘生态屏障以京津风沙源治理区、黄土高原丘陵沟壑水土流失防治区、太行山水源涵养与生物多样性保护生态功能区、太岳山—中条山水源涵养生态功能区、伏牛山生物多样性生态功能区、秦巴山地生物多样性生态功能区、三峡库区水土保持生态功能区、武陵山区生物多样性及水土保持生态功能区为主。东缘生态屏障以皖南—赣东北山地水源涵养生态功能区、武夷山脉水土保持生态功能区为主。中段生态屏障以幕阜山水源涵养与水土保持生态功能区、罗霄山水源涵养生态功能区和南岭山地森林及生物多样性生态功能区为主。

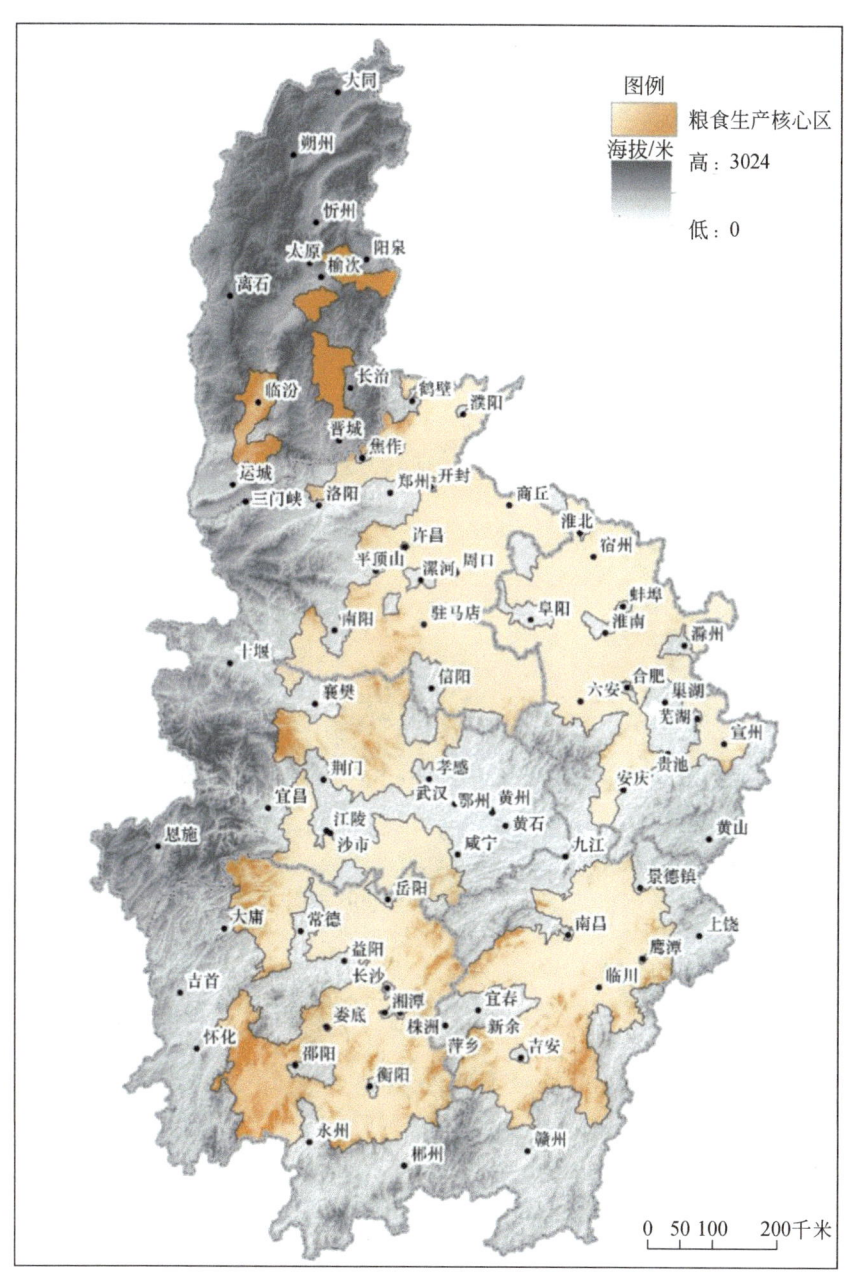

图 2-8　中部地区粮食生产六大核心区

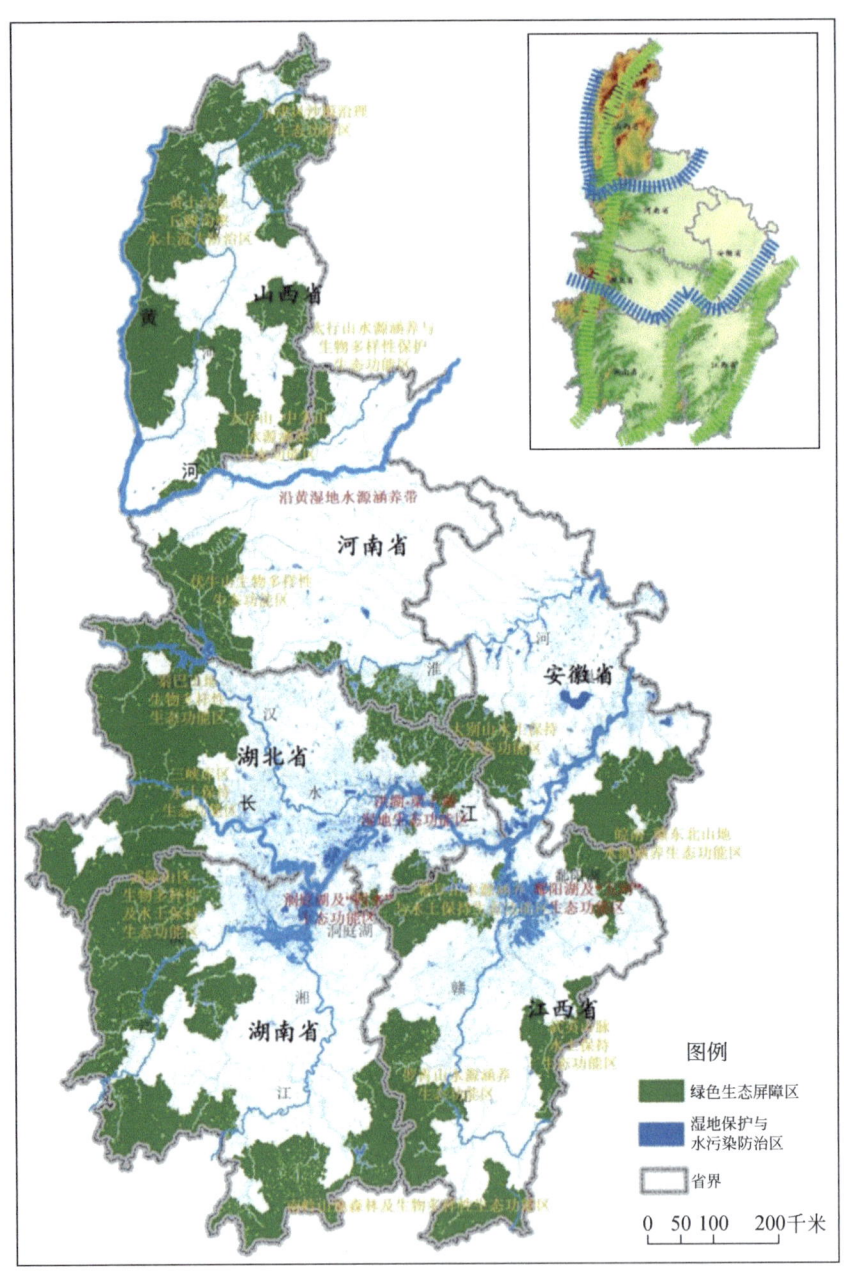

图 2-9 中部地区"两带三屏"生态保护与建设格局

第三章 新型城镇化与乡村振兴融合

第一节 2006年以来城镇化发展现状

一、发展成就

1. 城镇化水平快速提高

城镇人口数量占地区总人口的比例是衡量城镇化发展水平的重要标准,中部地区城镇化水平得到了较大幅度提高。2006年,中部地区城镇化水平仅为38.00%;2017年,城镇化水平上升为54.29%(图3-1)。2006~2017年中部地区城镇化水平提高了16.29个百分点,年均增速达到1.48个百分点(表3-1),这表明中部地区除城镇人口的自然增长外,乡村人口也正在由农村向城镇较大规模地转移。城镇化水平快速提升反映在两个方面:第一,城镇化水平年均增速超过全国平均水平,与全国差距在趋于缩小,从2006年的6.34个百分点降至2017年的4.23个百分点。第二,城镇化水平年均增速超过前一时期水平,2000~2006年中部地区城镇化水平年均增速为1.38个百分点,城镇化水平从29.72%提高到38.00%;2006~2017年城镇化水平年均增速超过2000~2006年0.1个百分点,中部地区的城镇化进程得到进一步推进。

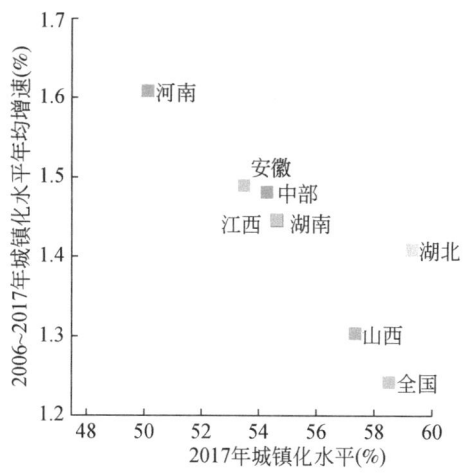

图3-1 中部六省城镇化水平及其年均增速散点图

表 3-1　2006~2017 年中部六省城镇化水平

项目	安徽	山西	湖南	湖北	江西	河南	中部	全国
2006 年	37.10%	43.01%	38.71%	43.80%	38.68%	32.47%	38.00%	44.34%
2017 年	53.49%	57.34%	54.62%	59.30%	54.60%	50.16%	54.29%	58.52%
2006~2017 年城镇化水平年均递增百分点	1.49	1.30	1.45	1.41	1.45	1.61	1.48	1.24

资料来源：2007 年、2018 年《中国统计年鉴》。

从各省的发展来看，中部地区城镇化发展存在明显差异。总的来看湖北城镇化水平最高，是中部地区唯一一个超过全国平均水平的省份，山西次之，湖南、江西、安徽三个沿江省份居中，河南城镇化水平最低，2017 年河南与湖北城镇化水平相差 9.14 个百分点。

2. 城镇人口规模快速增加

随着城镇化快速发展，中部地区城镇人口快速增加。2006~2017 年，中部地区总人口略有增长，从 3.53 亿人增加到 3.69 亿人，增加了 0.16 亿人，总量基本保持稳定。同期中部地区城镇人口却快速增加，从 1.34 亿人增加到 2.0 亿人，增加了 6600 万人，年均新增城镇人口 600 万人，其中，2011 年新增城镇人口最多，达到 719 万人（图 3-2）。从内部差异来看，河南是中部地区城镇人口规模最大的省份，2006~2017 年城镇人口从 3050 万人增加到 4795 万人，新增 1745 万人，占中部地区总新增城镇人口的 1/4 以上。

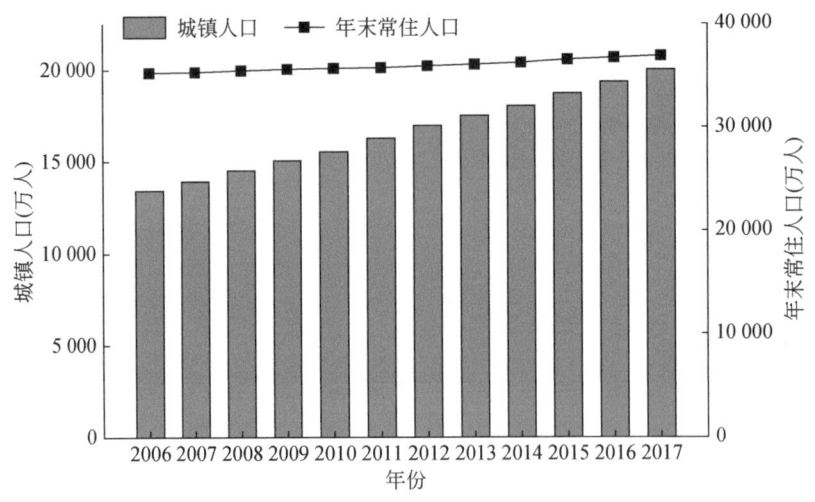

图 3-2　2006~2017 年中部地区城镇人口的增长

3. 农村剩余劳动力转移成效明显

中部地区"三农"问题突出，农村地区存在大量剩余劳动力。从 2006 年中部崛起战略实施以来，农林牧渔业从业人员数快速减少，从 2006 年的 9823 万人下降到 2016 年的

8336万人，成功转移1487万人，农村剩余劳动力转移成效明显。但是从图3-3可以看出，农村剩余劳动力转移速度呈波动变化，2007年转移农村剩余劳动力数量最高，达到283万人，其次为2013年和2015年，年转移农村剩余劳动力均在200万人以上。其中，河南农林牧渔业从业人员数最大，达到2583万人，湖南次之，达到1587万人。

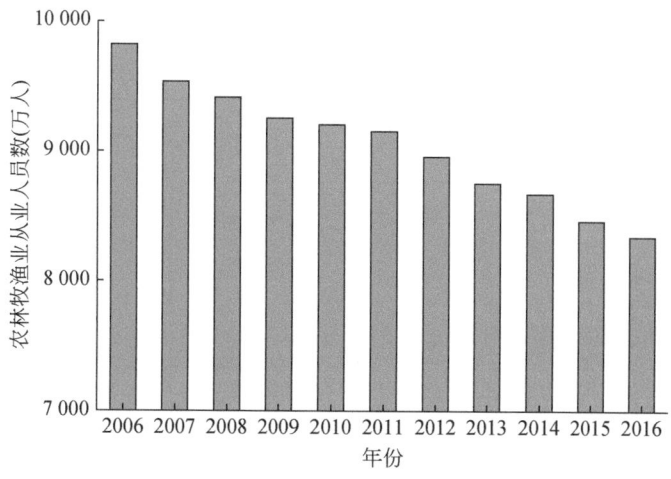

图3-3 2006~2016年中部地区农林牧渔业从业人员数变化

未获取到2017年数据

4. 城市规模等级趋于提高

随着城镇人口规模增加，中部地区城市规模结构也在发生着变化（图3-4）。地级市

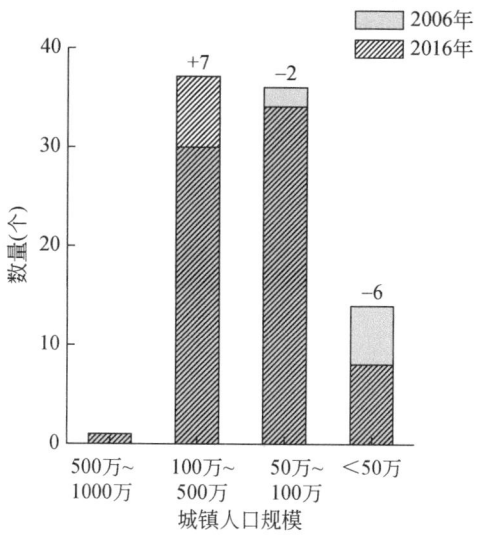

图3-4 中部地区城市规模等级变化

未获取到2017年数据

数量减少1个，2011年撤销了地级的安徽省巢湖市。从各个城市规模等级的城市数量来看，大城市数量增加，小城市和中等城市数量有所减少（图3-4）。2006～2016年，中部地区城镇人口规模在100万～500万的大城市增加了7个，城镇人口规模在50万～100万的中等城市和小于50万的小城市分别减少了2个和6个。但截至2016年底，中部地区尚未出现人口超过1000万的超大城市，城镇人口规模在500万～1000万的特大城市也只有湖北省武汉市（表3-2）。

表3-2 中部地区城市规模发展概况（地级及以上市） （单位：个）

项目	2006年					2016年				
	合计	500万～1000万	100万～500万	50万～100万	<50万	合计	500万～1000万	100万～500万	50万～100万	<50万
中部地区	81	1	30	36	14	80	1	37	34	8
安徽	17	0	8	7	2	16	0	9（+1）	6（-1）	1（-1）
河南	17	0	7	7	3	17	0	11（+4）	6（-1）	0（-3）
江西	11	0	3	5	3	11	0	5（+2）	4（-1）	2（-1）
湖南	13	0	5	5	3	13	0	5	6（+1）	2（-1）
湖北	12	1	5	5	1	12	1	5	5	1
山西	11	0	2	7	2	11	0	2	7	2

资料来源：2007年、2017年《中国城市统计年鉴》

注：统计口径按市辖区年末总人口划分

5. 城市群初具形态和规模

城市群一般是以1个特大城市为核心，由3个以上大城市或都市圈（区）为基本构成单元，依托发达的交通通信等基础设施网络，所形成的空间相对紧凑、经济联系紧密并最终实现同城化和高度一体化的城市群体。《促进中部地区崛起规划》中明确提出要"培育城市群增长极"。经过近几年的发展，城市群初具形态和规模，主要由武汉城市圈、太原城市群、皖江城市群、中原城市群、长株潭城市群和环鄱阳湖城市群组成（图3-5）。

长江中游城市群仍然处于雏形阶段，是依托武汉、长沙、南昌三大城市为中心，以武汉城市群、长株潭城市群、环鄱阳湖城市群为主体形成的大型城市群。随着长江经济带交通基础设施加快建设以及产业发展的联动，未来武汉、长沙和南昌之间的相互联系将更加紧密，长江中游城市群将逐渐形成合力（表3-3）。

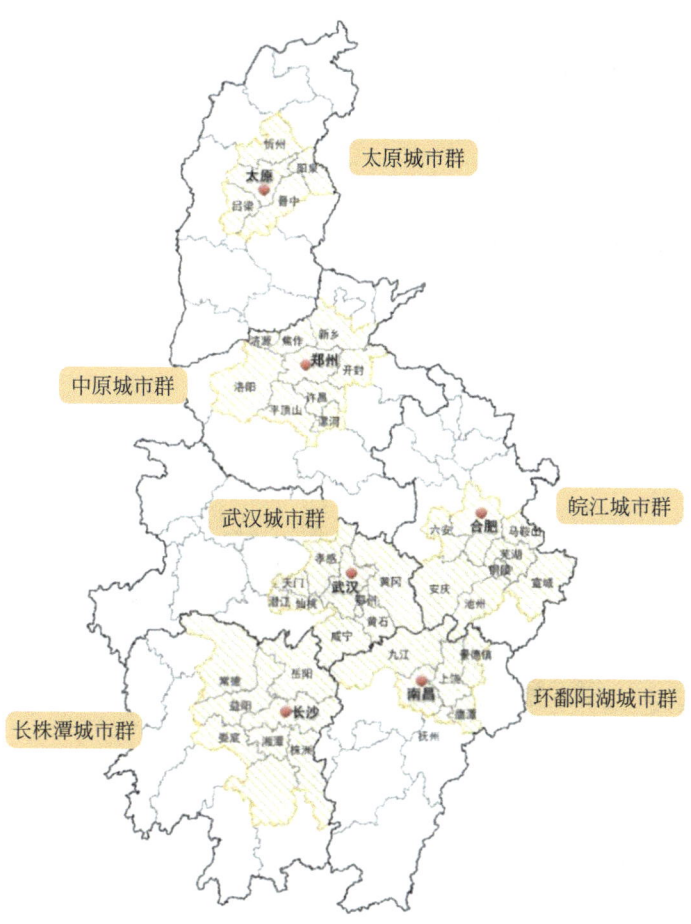

图 3-5　中部地区初具形态和规模的城市群

表 3-3　中部地区的主要城市群

城市群	2017 年城镇化水平	范围
皖江城市群	60.31	合肥、芜湖、马鞍山、安庆、铜陵、池州、宣城七市全市，六安市的金安区、舒城县
中原城市群	57.69	郑州、开封、洛阳、平顶山、新乡、焦作、许昌、漯河、济源九市全市
武汉城市群	62.85	武汉、黄石、鄂州、孝感、黄冈、咸宁、仙桃、潜江、天门九市全市
长株潭城市群	58.94	长沙、株洲、湘潭、衡阳、岳阳、常德、益阳、娄底八市全市
太原城市群	68.18	太原、阳泉两市全市，晋中市的榆次区、寿阳县、太谷县①、祁县、平遥县、介休市，忻州市的忻府区、定襄县、静乐县、原平市，吕梁市的文水县、交城县、孝义市、汾阳市
环鄱阳湖城市群	60.22	南昌、九江、景德镇、鹰潭四市全市，抚州市的东乡区，上饶市的余干县、鄱阳县、万年县

① 2019 年，撤销太谷县，设立晋中市太谷区。

6. 城镇居民生活水平、基础设施与人居环境均得到改善

2006年中部地区城镇居民人均可支配收入为9916元，2014年人均可支配收入达24 733元，增幅超过一倍；2006年中部地区城镇居民人均消费支出为7214元，2014年已经为16 356元，翻了一番有余。这说明中部崛起战略实施以来，中部地区城镇居民在城镇化进程中得到了实惠，人均可支配收入和人均消费支出均有明显提高（图3-6）。

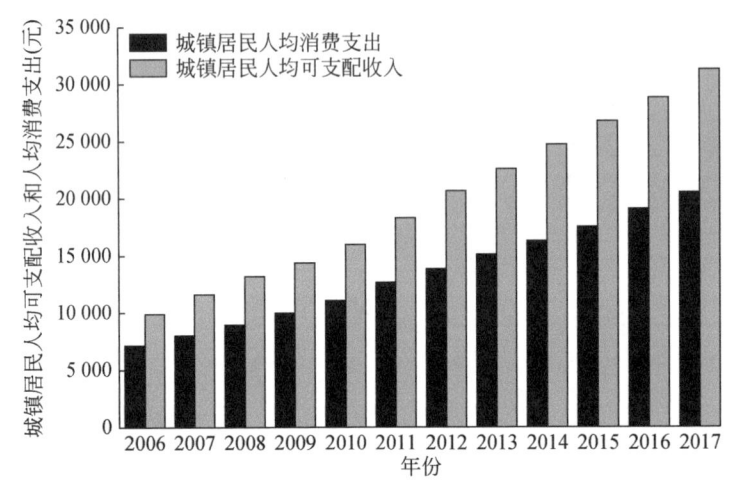

图3-6 中部地区城镇居民人均可支配收入和人均消费支出状况

2013年前城镇居民人均可支配收入和人均消费支出数据来源于独立开展的城镇住户抽样调查，
2013年后改为城乡一体化的居民收入统计数据，前后数据不可比

反映城市基础设施水平的指标主要有：人均城市道路面积、人均公共绿地面积、每万人拥有公共汽车量、城市用水普及率、城市燃气普及率等指标。从表3-4来看，中部地区2006~2017年，反映城市基础设施水平的主要指标都在稳步增长，尤其是人均公共绿地面积从7.49平方米提高到12.30平方米，表明城市发展环境在逐步改善。这些指标的增长，一定程度上既可以反映城市经济增长的活力，又可以代表城市发展环境的改善状况。

表3-4 中部地区城镇基础设施水平变化

年份	城市用水普及率（%）	城市燃气普及率（%）	每万人拥有公共汽车量（标台）	人均城市道路面积（平方米）	人均公共绿地面积（平方米）
2006	89.96	75.13	8.02	10.50	7.49
2017	97.84	96.48	12.50	16.56	12.30

资料来源：2007年、2018年《中国统计年鉴》

二、存在问题

1. 人口城镇化率仍然偏低，与东部地区的地带性差距没有明显改善

将中部地区与全国及其他三大区域进行城镇化率的比较（图3-7）。2006年，中部地区的城镇化水平仅为38.00%,不仅低于城镇化水平领先的东部、东北地区,也低于全国平均水平,与东部地区和全国城镇化率分别相差16.50个百分点、6.34个百分点;2017年,中部地区城镇化水平上升为54.29%,仍然低于同期的东部地区和全国平均水平,分别相差12.66个百分点、4.23个百分点。中部地区城镇化率与东部地区的地带性差距没有明显改善(表3-5)。

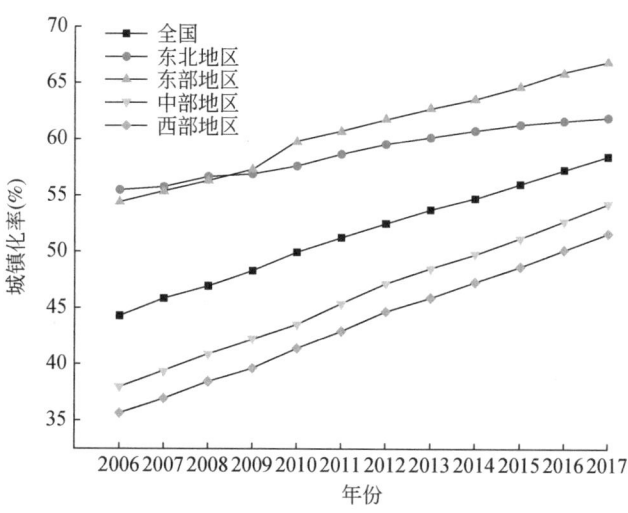

图3-7 中部地区城镇化率与全国比较

表3-5 全国与四大经济区域城镇化率 (单位:%)

年份	全国	东北地区	东部地区	中部地区	西部地区
2006	44.34	55.53	54.50	38.00	35.69
2007	45.89	55.81	55.41	39.41	37.00
2008	46.99	56.69	56.38	40.92	38.48
2009	48.34	56.88	57.35	42.26	39.66
2010	49.95	57.65	59.84	43.58	41.44
2011	51.27	58.74	60.75	45.48	42.99
2012	52.57	59.60	61.86	47.19	44.74
2013	53.73	60.22	62.80	48.49	45.98
2014	54.77	60.82	63.64	49.79	47.37
2015	56.10	61.34	64.75	51.24	48.74
2016	57.35	61.67	65.94	52.77	50.19
2017	58.52	61.96	66.95	54.29	51.65

资料来源:2007~2018年《中国统计年鉴》

2. 劳动力异地流出规模大，农民工市民化任务艰巨

常住人口、户籍人口是城镇人口两种不同的统计口径。由表3-6可看出，2006年、2017年中部六省常住人口与户籍人口的差值。2006年，中部地区人口异地流出规模为2058.24万人，至2017年，人口异地流出规模增加到3075.61万人，除山西外，中部地区其余五省的人口始终保持净流出的状态，且多数省份人口外流态势加剧，是典型的人口输出大区，人口的异地城镇化现象显著。

表3-6 常住人口与户籍人口的差值 （单位：万人）

年份	安徽	山西	湖南	湖北	江西	河南	中部地区
2006	-483.45	35.12	-459.34	-345.38	-18.09	-787.10	-2058.24
2017	-831.00	143.00	-496.81	-271.80	-363.00	-1256.00	-3075.61

资料来源：2007年、2018年《中国统计年鉴》。

中部地区外流的人口在异地被统计为城镇人口，为异地贡献着城镇化率，同时该部分人口多为青壮劳动力，意味着中部地区自身人才的流失，加剧了中部地区农民工市民化的困难，劳动力大规模的异地流出使农民工实现在本省内的市民化任务更加艰巨。

3. 中心城市规模等级偏小，对周边地区辐射带动作用弱

2006~2016年，中部地区城市规模等级虽然得到提升，但城市规模仍较小。由表3-7可知，至2016年，特大城市、大城市、中等城市、小城市占中部地区城市总数的比例分别为1.25%、46.25%、42.50%、10.00%。特大城市比例小，低于东部地区3.40个百分点，区域性中心城市数量不足，难以实现对中部地区发展的网络型极核效应；大城市占比为46.25%，低于东部地区21.19个百分点，缺乏与区域性中心城市比肩的支柱城市；中小城市占比为52.50%，远高于东部地区28.08个百分点，多数中小城市"自上而下"的政府扶持能力有限，"自下而上"的城镇工业化基础薄弱，城市发展的双向动力不足。中部地区城镇整体规模偏小，集聚能力有限，城镇辐射能力弱，区域带动力不强。

表3-7 2016年中部地区城市规模等级概况（地级及以上城市）

城市规模等级	山西	安徽	江西	河南	湖北	湖南	中部地区	东部地区
超大城市	0.00	0.00	0.00	0.00	0.00	0.00	0.00	3.49
特大城市	0.00	0.00	0.00	0.00	8.33	0.00	1.25	4.65
大城市	18.18	56.25	45.45	64.71	41.67	38.46	46.25	67.44
中等城市	63.64	37.50	36.37	35.29	41.67	46.16	42.50	19.77
小城市	18.18	6.25	18.18	0.00	8.33	15.38	10.00	4.65

资料来源：2017年《中国城市统计年鉴》。

4. 资源型城市数量多，且大多面临着可持续发展困境

资源型城市是以本地区矿产、森林等自然资源开采、加工为主导产业的城市，是我国

的能源资源战略保障基地,是国民经济健康发展的重要支撑。中部地区的资源型城市如表3-8所示,中部地区的资源型城市有74个,数量多,分布广,占全国总数的27.86%,且在中部六省均有不同类型的分布。

由于长期不平衡、不协调、不可持续的经济发展模式,产业结构单一、环境不佳的问题使资源型城市发展的动力不足,可持续发展面临严峻挑战。中部地区30.14%的资源型城市资源趋于枯竭,经济发展滞后,民生问题突出,生态环境压力大,是加快转变经济发展方式的重点难点地区。

表3-8 中部地区的资源型城市列表及综合分类(老工业基地)

项目	成长型(4)			成熟型(42)			衰退型(23)			再生型(5)		
	地级市	县级市	县	地级市	县级市	县	地级市	县级市	县	地级市	县级市	县
山西(13)	朔州			阳泉、吕梁、大同、长治、晋城、忻州、晋中、临汾、运城	古交		霍州				孝义	
安徽(11)			颍上	宿州、亳州、淮南、滁州、池州、宣城	巢湖		淮北、铜陵			马鞍山		
江西(11)				赣州、宜春	瑞昌、贵溪、德兴	星子、万年	景德镇、新余、萍乡	大余				
河南(15)		永城、禹州		三门峡、鹤壁、平顶山	登封、新密、巩义、荥阳		焦作、濮阳	灵宝		洛阳、南阳		安阳
湖北(10)				鄂州	应城、宜都	保康、神农架	黄石	钟祥、大冶、松滋、潜江				
湖南(14)				衡阳、郴州、邵阳、娄底	浏阳、临湘		常宁、耒阳、资兴、冷水江、涟源	宁乡、桃江、花垣				

资料来源:《全国资源型城市可持续发展规划(2013—2020年)》

第二节　中部地区新型城镇化的发展思路

一、面临机遇

1. 国家发布《国家新型城镇化规划（2014—2020 年）》，提出引导约 1 亿人在中西部地区就近城镇化

2014 年 3 月，国家发布了《国家新型城镇化规划（2014—2020 年）》，明确了到 2020 年中国城镇化发展的指导思想、主要目标和战略任务。紧紧围绕全面提高城镇化质量，加快转变城镇化发展方式，走以人为本、四化同步、优化布局、生态文明、传承文化的中国特色新型城镇化道路，提出了解决"三个 1 亿人"目标：促进约 1 亿农业转移人口落户城镇，改造约 1 亿人居住的城镇棚户区和城中村，引导约 1 亿人在中西部地区就近城镇化，实现这一目标的期限是 2020 年。按照中西部地区 2013 年人口规模分布以及中部地区占优的资源环境基础来估算，中部地区承担约 6000 万人就近城镇化目标，2014~2020 年年均约 1000 万人目标。当然"3 个 1 亿人"目标，不是约束性目标，是在现有城镇化发展态势基础之上的一个预期性目标。

2. 中部地区是国家新型城镇化发展的重要试点区

根据《国家新型城镇化规划（2014—2020 年）》《关于落实中央经济工作会议和中央城镇化工作会议主要任务的分工方案》要求，国家发展改革委等 11 个部门联合印发了《关于开展国家新型城镇化综合试点工作的通知》（发改规划〔2014〕1229 号），各省（自治区、直辖市）、计划单列市人民政府组织开展了试点申报工作。国家发展改革委会同上述部门和有关专家对申报地区试点工作方案进行了综合评审，将江苏、安徽两省和宁波等 62 个城市（镇）列为国家新型城镇化综合试点区，原则上同意各试点区报送的试点工作方案。为扎实有效地推进试点工作，制定《国家新型城镇化综合试点方案》。在该方案中，中部六省均有分布，说明中部地区在国家未来新型城镇化发展中占有重要位置，安徽作为试点省，武汉和长沙作为试点省会城市，江西鹰潭等 4 个地级市作为试点地级市，山西介休等 8 个县级市等作为试点县级市（表3-9）。

表3-9　国家新型城镇化试点在中部地区的分布

地区	省	计划单列市	省会城市	地级市（县区）	县级市（县区）	建制镇
全国	2	3	7	24	24	2
中部地区	1	0	2	4	8	0
涉及地区	安徽	—	武汉、长沙	江西鹰潭、河南洛阳、湖北孝感、湖南株洲	山西介休、江西樟树、河南禹州、新郑、兰考，湖北仙桃、宜城，湖南资兴	—

国家级新区，是指新区的成立乃至于开发建设上升为国家战略，总体发展目标、发展定位等由国务院统一进行规划和审批，相关特殊优惠政策和权限由国务院直接批复，在辖区内实行更加开放和优惠的特殊政策，鼓励新区进行各项制度改革与创新的探索工作。2015年4月25日，国务院印发《国务院关于同意设立湖南湘江新区的批复》，同意设立湖南湘江新区。这是国家在中部地区设立的第一个国家级新区。设立并建设好湖南湘江新区，是实施国家区域发展总体战略和长江经济带重大国家战略的重要举措，对于促进中部地区崛起、推进长江经济带建设、加快内陆地区开放发展具有重要意义。2016年6月6日，国务院同意设立江西赣江新区，赣江新区成为中部地区第2个、全国第18个国家级新区。2016年10月20日，赣江新区管理机构正式挂牌。设立并建设好江西赣江新区也是实施国家区域发展总体战略和长江经济带重大国家战略的重要举措，将对促进江西经济社会发展和中部地区崛起发挥更大的作用。江西赣江新区的建设将成为促进中部地区崛起和推动长江经济带建设的重要支点。

3. 中部地区的区位优势与交通枢纽中心位置为未来城镇化发展提供了良好基础

中部地区位于我国内陆腹地，具有承东启西、连南通北的区位优势。区域内人口众多，自然、文化资源丰富，科教基础较好，便捷通达的水陆空交通网络初步形成。推动东部沿海的开放优势和中部省份的资源优势有机结合，中部区位和便捷交通有机结合，进一步促进未来该区域城镇化的发展。

二、未来发展趋势

1. 中部地区城镇化进程处于快速阶段，发展速度将快于东部地区

美国城市地理学家诺瑟姆（Ray M. Northam）在对英国、美国等西方国家工业化进程中的城镇化率变化趋势进行分析的基础上，于1979年提出了城镇化发展的一般规律：一个国家或地区城镇化的轨迹为一条稍被拉平的"S"形曲线（即诺瑟姆曲线）。他把城镇化过程大致分为三个阶段：①在工业化初期，城镇发展缓慢，城镇化率低于30%，这是城镇化的起步阶段或初级阶段。②在工业化中期，城镇数量增多、规模扩大，城镇化率高于30%，并以较快的速度向70%攀升，人口和产业向城市集中，这是城镇化的加速阶段。③在工业化后期或成熟期，第三产业蓬勃兴起，成为城镇化进一步发展的主要动力。此时城镇化总水平比较高，城镇化率大于70%，但增长速度趋缓甚至停滞。这是城镇化的后期或稳定发展阶段。其中，第二阶段城镇化率为30%~70%，也不是一直处于加速状态，前半程属于加速阶段，后半程属于减速阶段。当前，我国东部地区城镇化率总体上已经处于第二阶段后期，部分地区已经进入了成熟期，而中部地区2017年城镇化率为54.29%，仍然处于第二阶段中期，因此根据城镇化的客观规律，我国中部地区城镇化率增速将快于东部地区，与东部地区城镇化水平的差距将趋于缩小。

2. 中部地区城镇化试点取得进展，更加重视人的城镇化

中部地区城镇化取得了不小成绩，但问题也很多，主要是城镇化的焦点放在了物的增长上：城市数量增长与城市人口规模扩大、城镇建成区面积增长、城镇住房、交通等基础设施建设有所完善，一些城市"摊大饼"式扩张，过分追求宽马路、大广场，新城新区、开发区和工业园区占地过大，建成区人口密度偏低。一些地方过度依赖土地出让收入和土地抵押融资推进城镇建设，加剧了土地粗放利用，浪费了大量耕地资源，威胁到国家粮食安全和生态安全，也加大了地方政府性债务等财政金融风险。这种以物的建设为主、外延式扩张城镇化道路已经不能继续。未来新型城镇化健康发展的关键是向以人为本型转变，重视质量提升。城镇化不仅是城市数量增长和规模的扩大，城镇化进程的最终目标是人的发展，人的发展才是城镇化进程的核心内容，把最贴近居民生产生活的就业指导、医疗保健、教育文化、环境绿化、社会保障等公共服务纳入工作重点，有序推进农业转移劳动力的市民化，促进人民群众从高速推进的城镇化进程中得到实惠。

3. 城镇人口将进一步向城市群地区集聚

城镇空间分布和规模结构需要与资源环境承载能力匹配。根据世界和东部沿海地区发展经验，城市群占地区GDP总量和人口承载总量的比例均较高。"十二五"以来中部地区城市群初步形成。因此，"十三五"时期要从"努力培育"转向"发育壮大"，在中部城镇体系比较健全、城镇经济比较发达、中心城市辐射带动作用明显的重点开发区域，加快产业集群发展和人口集聚，在优化中部地区城镇化战略格局中发挥更加重要的作用。

三、基本原则

1. 坚持"以人为本"的新型城镇化

新型城镇化进程必须坚持以人为本。城镇化以人为核心，要从根本上改变以往"发展只见物不见人"的弊端，重点是推动农业转移人口市民化。城镇化不仅是城市数量增长和规模的扩大，城镇化进程的最终目标是人的发展，人的发展才是城镇化进程的核心内容。过分强调数量的增长混淆了城镇化进程的"质与量""本与形"的辩证关系。这与科学发展观的精神是一致的。确立人的发展是城镇化进程的核心内容，其具有主导性和长期性。在当下进城务工的农民中，第一代由于年龄等因素，很多人还眷恋老家的土地和田园生活，一般希望在城市打工几年就还乡养老。而更多的新生代农民，已经习惯了城市生活，多数不愿再回到家乡"面朝黄土背朝天"，甚至相当一部分已经不会进行农田耕作。不同类型的农业转移人口市民化均存在各自的困难和障碍。

2. 坚持新型城镇化与新型工业化、农业现代化的协调发展

新型城镇化、新型工业化、农业现代化既是我国社会主义现代化建设的战略任务，也是加快形成新的经济发展方式、促进我国经济持续健康发展的重要动力。因此，应推动工业化与城镇化良性互动，促进新型工业化与新型城镇化的协调发展；推进农业现代化与城镇化相互协调，加大统筹城乡发展力度，着力推动工业反哺农业，促进城乡产业协调发展，形成城乡一体化发展新格局。

3. 坚持以资源环境承载力为发展前提，探索差异化城镇化路径

中部地区是我国大江大河大湖主要流经地，是森林、草原、湿地和湖泊等集中分布区，生态地位十分重要。因此，将生态文明理念融入城镇化过程，坚持以各地区资源环境承载力为发展前提条件。例如，三峡库区、黄土高原区、武陵山区、丹江口库区及上游地区等着重发展区域水土保持工程。加强淮河、海河、巢湖、三峡库区、丹江口库区等重点流域水污染防治，提升长江中下游、黄河中下游、淮河、洞庭湖、鄱阳湖、巢湖等大江大河大湖综合治理能力。中部地区内部各地区之间差异很大，在经济发展水平、历史基础、区位条件、自然和社会资源的配置以及产业结构等方面不尽相同，反映在城镇化水平、增速、城市规模、人口规模等方面，也必然表现出很大的区域差异。以资源环境承载力为前提，注重地区之间的差异，着力发挥地区的优势，科学地制定与资源环境承载力相适应的城镇化发展规划。有的地区重点问题是劳动力就业与就地市民化，有的地区是生态移民，有的地区是集聚发展，有的地区是重点扶持。因此，城镇化进程一定要结合地方实际，选择适合自身特点的城镇化发展模式和路径。

4. 坚持解放思想，在新型城镇化试点中加快先行先试步伐

国家发布了新型城镇化试点方案，安徽和江苏获批成为国家新型城镇化综合试点省，另有其他省区市的 62 个城市（镇）列为国家新型城镇化综合试点地区。按照国家要求，试点工作从 2014 年底开始。试点单位要充分发挥改革试点的先遣队作用，大胆探索、试点先行、寻找规律、凝聚共识，为全国提供可复制、可推广的经验和模式。国家给出明确时间表：到 2017 年各试点任务取得阶段性成果，形成可复制、可推广的经验；2018～2020 年，逐步在全国范围内推广试点地区的成功经验。为实现这一总体目标，建立农业转移人口市民化成本分担机制。将建立健全以合法稳定就业和合法稳定住所为户口迁移基本条件，以经常居住地登记户口为基本形式、城乡统一的新型户籍制度等。

四、发展思路与目标

1. 发展思路

未来 10 年，中部地区城镇化进程抓住"一带一路"倡议、长江经济带等的重大机遇，

主动适应国内外形势发生的深刻变化，以新型城镇化这一主线统领中部地区城镇化发展全局，以新型工业化和农业现代化为重要支撑，以稳步推进农业转移劳动力就地市民化为核心，增强产城融合，把增加当地就业放在突出位置，把改革开放作为促进城镇化发展的强大动力，提高城市群地区综合承载能力，适度引导人口和产业向城市群地区集聚，通过增强核心城市的集聚扩散效应，进一步提升中小城市及小城镇活力，加快城乡统筹步伐，理顺城镇化体制机制，不断提升城镇化的质量和水平。

2. 发展目标

坚持走具有中部地区特色、符合地区实际的城镇化发展道路，以资源环境承载力为基础，以中型城市群为主体形态，进一步增强中心城市的增长极作用，以交通干线为发展轴带，加快对内对外开放步伐，提高城镇经济的外向型水平，持续提高城镇化质量。

——扎实推进新型城镇化与农民工市民化进程。新型城镇化是中部地区发展的必由之路，强调"人的城镇化"，以切实提高人民生活水平为核心，推动城镇化由量的扩张向质的提高转变。中部地区是我国农业人口大区域，农业转移人口的就近市民化是中部地区扎实推进新型城镇化的重要着力点，以扩大当地就业为前提，以推进公共服务均等化为保障，使农民工有能力进入城市生活，享受实质性的市民待遇。

——以就业富民为导向促进城镇的产城融合发展。产城融合是经济社会科学发展的应有之义，东部地区产业的梯度转移为中部地区提供了重要机遇，应加快劳动密集型产业在中部地区转移和集聚，以产兴城，以城聚产，打造经济增长新引擎。突出产业发展，以就业富民为导向，提高非农就业岗位数量、水平和质量，促进城镇居民的就业和增收，以生产发展带动生活改善。

——培育壮大中部地区核心城市与特色城市群。城市群是一种重要的城市空间组织形式，其发展有利于改善由行政区划分割造成的区域经济松散状况。为促进中部地区的整体利益，实现资源的合理配置，各省相继培育壮大核心城市，建立省域城市群，形成"六核六圈"，分别为太原城市群、中原城市群、皖江城市群、环鄱阳湖城市群、武汉城市圈、长株潭城市群，这促进了各省大城市之间的共同建设，提高了中小城市的发展活力。各大城市群利用地区优势，改各自博弈为携手共赢，促进中部区域经济竞争力的崛起。

——建设一批城乡统筹的宜业宜居的重点城镇。按照"形态适宜、产城融合、城乡一体"的思路，因地制宜建设特色小镇，构建宜业宜居的现代城乡新形态。通过重点布局、重点增长，引领区域经济发展、集聚优质资源，为中部地区协同发展注入活力。

——促进城镇化与资源环境绿色协调发展。以中部地区资源环境承载力为基础，因地制宜，形成科学、稳定、适宜的城镇化发展的速度、强度以及空间格局，促进城镇化与资源环境绿色协调发展。

——科学推进新型城镇化的体制机制创新。推进新型城镇化，突出用好新型城镇化综合试点这个抓手，适当倾斜重点项目、重点工程和重点政策，探路新型城镇化，科学推进新型城镇化的体制机制创新。以"试点先行、改革进步、全面深化"的三步思路，稳步完善城镇化健康发展的体制机制。

五、重点任务

1. 结合农业现代化，扎实推进农业转移人口市民化

以农业产业化推动农民居住社区化、农村生活现代化不仅是社会主义新农村建设的归宿，也符合城镇化的内在规律。加快发展现代种业和农业机械化。建立以企业为主体的育种创新体系，推进种业人才、资源、技术向企业流动，做大做强一体化种子企业，以发展现代农业和建设社会主义新农村为重点，支持流动人口返乡就业和创业。

走新型城镇化道路的核心是扎实有序推进农业转移人口市民化。按照"尊重意愿、自主选择，因地制宜、分步推进，存量优先、带动增量"的原则，以农业转移人口为重点，统筹推进户籍制度改革和基本公共服务均等化。

以十八大精神为指引，坚持在"四化"并举进程中，完善政策措施，发挥叠加效应，扎扎实实做好农民工工作，统筹布局和提供居住、教育、医疗等生活条件，在增加农民工收入、扩大农民工参保覆盖面、丰富农民工精神文化生活等方面多措并举取得新成效。同时要更加注重加强和创新社会管理，帮助农民工真正融入城市。

引导中部农民工就近城镇化，涉及接纳东部返乡农民工、本地转移农业劳动力以及外地来迁移打工者，兼顾高校和职业技术院校毕业生、城镇间异地就业人员和城区城郊农业人口。推进农业转移人口享有城镇基本公共服务，主要包括随迁子女平等享有受教育权利、社会保障覆盖面、基本医疗卫生条件以及住房保障水平。

2. 结合新型工业化，促进就业优先、产城融合型的城镇化

新型工业化是城镇化、农业现代化的根本动力。工业向集群化、规模化、集约化方向发展的客观规律，决定了人力资源、资本、生产、消费等向城镇集中的大趋势。而新型工业化过程中所带来的产业竞争力增强、资源与环境的相协调、人力资源的有效开发等，又加快了城镇经济结构的优化和体系的完善，更进一步促进了人与城镇的内在融合和互动。

以扩大就业为前提，实现农民工在城镇稳步就业、充分就业、体面就业。"以工促农、以城带乡"，在城镇化的道路上以产业为先锋。帮扶群众出实效的关键是以生产发展带动生活改善，用引进产业项目"说话"，强化村庄经济自我"造血"的功能和力度。让科技农业项目利用农村资源，发挥群众基础，明晰发展思路。让现代工业和服务业项目留下并吸引劳动力和人才，壮大村庄建设力量。特别要调整产业结构，引入工副业项目，特别是引入劳动密集型产业，如农副产品加工、轻纺制造、农家乐旅游项目等，既可让群众在本乡就业生活、发家致富，又可以解决留守老人儿童等难题，从而在健康的轨道上缓解"三农"问题的压力，实现城乡一体化跨越发展。

3. 进一步提升城市群和大中城市的综合承载能力

中部城市群许多城市是国家老工业基地，传统产业向外转移慢、升级难，经济增长模式转变更难。资源浪费、环境污染、效益低下，是中部城市群产业升级发展的制约因素。转变经济增长模式，摆脱传统路径依赖，是对中部城市群发展的新要求。

在中部省域或省际城市群的集聚性发展进程中，作为极核城市的武汉市、长沙市、郑州市、合肥市、南昌市与太原市，承担着重要的"发动机"功能，尤其是被国家确定为"两型社会"综合改革试验示范区的武汉城市圈与长株潭城市群更是充满着强极核预期的城市群，不仅应在新型工业化与新型城镇化的跨越中加速成长，而且还应在资源节约、环境保育等人居生态的重建中创造经验和引导示范。

应对当前金融危机，实现更长时期、更大规模、更高水平的发展，都必须加快产业集聚区建设，构筑现代产业体系、自主创新体系，促进结构优化和环境保护，转变传统经济增长模式，增强可持续发展能力。挣脱传统经济模式的束缚，成为中部城市群的当务之急。太原城市圈应发挥现有能源、原材料等传统产业的优势，全面强化产业整体竞争力，通过产业转移，重新安排圈内的产业布局，形成有序的新型工业结构，探索出资源型城市群经济发展模式。武汉城市圈与长株潭城市群应细化"两型社会"建设的专项措施，加强重点领域和关键环节的改革突破，推进循环经济建设和生态经济建设，提升传统产业的竞争力，实现传统产业新型化。

4. 按照主体功能定位，推动中部地区城镇化差异化发展路径

重点开发地区。中部地区的长江中游地区、长株潭地区、郑洛汴地区，以及昌九产业走廊、皖江产业走廊、晋中地区等是目前中部地区经济发展具有活力、人口和产业经济得到较快发展的地区，也是未来中部地区引导区域工业化和城镇化，承接限制开发和禁止开发区域的人口转移，支撑区域经济发展和人口集聚的重要空间载体。因此应引导中心城市综合功能提升和都市经济区架构的形成；改变"中心城市过分依赖扩大规模，做大做强"的发展思路；在人口和产业集聚过程中，注意引导产业功能做强与城市综合服务功能提升，以及软硬环境改善的协调发展；在强化处于龙头地位的中心城市对区域经济的组织协调、辐射带动功能的同时，要着力培育次一级中心城市，以及形成合理的都市经济区构架，以增强区域竞争的整体优势。

传统农业限制开发地区。传统农业地区是中部地区农村区域经济中最基本的一类区域，也是"三农"问题较为突出、农业剩余劳动力较多和城镇化难度比较大的地区，如两湖平原农区、豫东平原农区、皖北平原农区、江汉平原农区等。因此，应注意引导城镇化与农业产业化、农村工业化有机结合；依托中小城镇，着力发展近农产业，推动农村产业结构调整和农业剩余劳动力转移。同时要抓住人口和劳动力向大中城市和经济发达地区迁移的契机，逐步缓解人地关系压力，为农村产业结构调整和农业产业化创造条件。应鼓励农村第二和第三产业、农村社会化服务设施和农业剩余劳动力向重点城镇"适度集中"，形成规模效益。重点小城镇的功能定位，也要注意多元化。创新小城镇建设模式，形成政

府主导下的投资多元化的小城镇发展机制,逐步改变"小城镇投资少或少投资,农民城镇农民建"的状况。

生态环境脆弱地区。这类区域涉及豫西北、鄂西、湘西、皖赣、湘赣以及大别山区等生态环境脆弱地区,这类地区的资源环境承载力较弱,难以支撑大规模人口和经济集聚。应本着"据点开发,适度建设"的原则,突出以政府投入为主导的扶持策略,通过积极的政策性生态移民,引导人口向支撑条件较好的城镇转移,疏解资源环境承载的压力。对于发展条件相对较好的城镇,进行据点式开发,以点带面,建设各级中心城市。根据区域生态环境约束的主导因素和生态环境问题,分类调整城镇发展方向和发展模式,并给予相对应的专项政策支持。例如,在水源涵养地区外围地区,应确立绿色环保、生态旅游、商贸产业发展战略等。通过加大财政转移支付力度,完善区域间生态补偿机制,健全公共服务体系,提高城乡居民享受均等化公共服务的水平。

5. 充分利用试点政策,勇于探索新型城镇化的综合配套改革创新

中部地区的新型城镇化试点,要以改革为统领,按照中央统筹规划、地方为主、综合推进、重点突破的要求,紧紧围绕建立农业转移人口市民化成本分担机制与多元化可持续的城镇化投融资机制、改革完善农村宅基地制度、建立创新和低成本的管理模式、推进体制机制改革创新的重点任务,在实践中充分发挥改革试点的"先遣队"作用,并鼓励未列入试点地区主动有为,共同为推进新型城镇化做贡献。

探索建立农业转移人口市民化推进机制。推动户籍制度改革,制定差别化的户口迁移政策,全面实行居住证制度,拓宽居住证的服务保障功能。加强劳动就业培训,采取政府购买服务方式,扩大培训覆盖面。完善住房供应体系,认真落实廉租住房、公共租赁住房并轨运行政策,引导社会资本参与棚户区改造。

建立多元化可持续城镇化投融资机制。发挥金融机构的重要作用。加强与国家开发银行等金融机构合作,探索棚户区改造和开发区产城一体化融资新模式,健全地方债券发行管理制度,创新市场化融资模式。

综合推进体制机制改革创新。鼓励试点地区从推进新型城镇化实际出发,在城乡发展一体化体制机制、城乡规划编制和管理体制机制、农业现代化体制机制、城市"多规融合"制度、城市生态文明制度、城市社会治理体系,以及新型城镇化标准体系建设和创新城市、智慧城市、低碳城市、人文城市建设等方面开展形式多样、富有特色的改革探索。

建立行政管理创新和行政成本降低的新型城市行政管理模式。有序推进行政区划调整。适时适度调整行政区划,优化区域中心城市布局,推进县改市、改区,扩大市区和县城关镇及重点建制镇管辖范围。探索建立行政管理创新和行政成本降低的新型城市行政管理模式。推广经济发达镇行政体制改革试点经验,赋予吸纳人口多、经济实力强的镇同人口和经济规模相适应的管理权。

第三节　中部崛起城镇发展空间布局

一、地级尺度城市中心性评价

1. 城市中心性指标选取的原则、评价方法与评价结果

原则有三个：一是可比性原则，可以以人均指标、相对指标为主。二是可获取性原则，要求选择的指标能够直接获得或通过计算获得。理论上认为科学合理且必需的指标，如果现有统计数据库无法保证其量化时，应将其从指标体系中剔除。三是中心区原则，为了更真实地反映中心城市的集聚和扩散功能，进而更准确地选择中心城市，在指标选取过程中更多地采用市区指标和建成区指标，而非市域指标，避免市域范围过大导致中心城市选择的失效性。

借鉴已有的城市中心性评价方法，具体方法与步骤如下：一是确定指标体系，以中部地区的80个地级市单位（包括城市各区合并为城区）为基础，选取全市人口、市区人口、市区GDP总量、货运总量（包括市辖县）、客运总量（包括市辖县）、市区经济产出密度、市区社会消费品零售额、市区人均GDP、人均邮电业务总量共9个影响城市中心性较强的指标（表3-10）。二是对各级指标在城市中心性评价中所起的重要性进行度量。将数据标准化后用熵权法对数据进行分析，结合专家打分法，得出各指标的权重。三是对各城市标准化后的数据进行加权求和，得出城市中心性的得分。四是进行分类，得出中部地区中心城市的等级划分初步方案（表3-11）。

表3-10　中部地区地级城市综合评价指标及其权重

指标体系	指标名称	单位	权重系数
城市中心性	全市人口	万人	0.053
	市区人口	万人	0.071
	市区GDP总量	万元	0.220
	货运总量	万吨	0.086
	客运总量	万人	0.073
	市区经济产出密度	万元/千米^2	0.145
	市区社会消费品零售额	万元	0.221
	市区人均GDP	元	0.074
	人均邮电业务总量	元	0.057

表 3-11 中部地区地级城市的综合评价

省	地区	分项得分			总得分	省	地区	分项得分			总得分
		人口发展	经济发展	社会发展				人口发展	经济发展	社会发展	
山西	太原市	3.13	13.40	14.83	31.36	江西	赣州市	2.72	3.71	5.92	12.35
	大同市	1.92	4.27	5.50	11.69		吉安市	1.29	2.70	3.31	7.30
	阳泉市	0.84	3.40	4.10	8.34		宜春市	1.99	2.05	4.63	8.67
	长治市	1.21	6.23	4.94	12.38		抚州市	1.64	2.52	3.93	8.09
	晋城市	0.70	9.67	4.14	14.51		上饶市	2.50	3.85	5.57	11.92
	朔州市	0.86	3.98	2.21	7.05	河南	郑州市	4.43	26.72	23.24	54.39
	晋中市	1.09	2.22	2.89	6.20		开封市	2.41	4.16	4.80	11.37
	运城市	1.49	2.45	5.10	9.04		洛阳市	2.90	11.23	11.98	26.11
	忻州市	0.98	1.19	3.06	5.23		平顶山市	1.90	7.09	5.85	14.84
	临汾市	1.42	2.39	5.17	8.98		安阳市	2.05	6.85	5.33	14.23
	吕梁市	0.92	1.42	2.36	4.70		鹤壁市	0.84	3.51	2.18	6.53
安徽	合肥市	3.44	22.19	21.72	47.35		新乡市	1.99	9.09	6.83	17.91
	芜湖市	1.93	9.66	8.55	20.14		焦作市	1.49	6.40	3.75	11.64
	蚌埠市	1.63	6.24	7.24	15.11		濮阳市	1.33	8.26	3.61	13.20
	淮南市	2.27	3.28	5.74	11.29		许昌市	2.01	5.58	4.11	11.70
	马鞍山市	1.10	7.20	4.62	12.92		漯河市	1.63	4.30	3.53	9.46
	淮北市	1.28	3.99	3.80	9.07		三门峡市	0.95	3.11	2.73	6.79
	铜陵市	0.93	5.82	3.41	10.16		南阳市	3.61	4.82	7.97	16.40
	安庆市	1.51	4.63	5.02	11.16		商丘市	3.20	3.23	6.21	12.64
	黄山市	0.64	2.15	3.17	5.96		信阳市	2.77	3.20	4.87	10.84
	滁州市	1.22	3.51	6.33	11.06		周口市	2.59	8.59	4.10	15.28
	阜阳市	3.70	2.89	9.76	16.35		驻马店市	2.37	3.34	5.50	11.21
	宿州市	2.74	3.15	5.12	11.01	湖北	武汉市	5.94	44.32	43.88	94.14
	六安市	2.88	2.44	6.67	11.99		黄石市	1.19	9.34	4.84	15.37
	亳州市	2.51	2.17	5.95	10.63		十堰市	1.77	4.83	5.28	11.88
	池州市	0.86	2.24	2.76	5.86		宜昌市	1.78	8.54	9.25	19.57
	宣城市	1.23	2.10	4.47	7.80		襄阳市	3.01	9.17	10.03	22.21
江西	南昌市	3.52	15.02	15.62	34.16		鄂州市	1.11	4.69	3.65	9.45
	景德镇市	0.70	5.21	2.82	8.73		荆门市	1.02	3.81	3.27	8.10
	萍乡市	1.11	4.31	3.91	9.33		孝感市	1.72	3.23	3.48	8.43
	九江市	1.43	7.98	5.52	14.93		荆州市	1.96	4.02	6.03	12.01
	新余市	1.00	5.15	5.44	11.59		黄冈市	1.53	6.76	4.47	12.76
	鹰潭市	0.42	7.95	2.14	10.51		咸宁市	1.04	9.18	3.49	13.71

续表

省	地区	分项得分			总得分	省	地区	分项得分			总得分
		人口发展	经济发展	社会发展				人口发展	经济发展	社会	
湖北	随州市	0.87	3.15	3.31	7.33	湖南	常德市	2.24	8.17	6.92	17.33
湖南	长沙市	3.98	28.95	30.18	63.11		张家界市	0.75	1.45	2.87	5.07
	株洲市	1.52	8.92	6.43	16.87		益阳市	2.00	3.96	5.11	11.07
	湘潭市	1.24	8.90	4.88	15.02		郴州市	1.53	4.73	6.64	12.90
	衡阳市	2.18	8.64	7.53	18.35		永州市	2.08	2.86	4.18	9.12
	邵阳市	1.97	5.60	7.05	14.62		怀化市	1.19	3.87	6.07	11.13
	岳阳市	1.90	8.61	9.60	20.11		娄底市	1.17	6.31	3.42	10.90

数据来源：数据来源于2017年《中国城市统计年鉴》，经过整理计算，个别原始统计数据有误进行了调整；人口发展是全市人口、市区人口两项指标得分，经济发展是市区GDP总量、市区人均GDP、市区经济产出密度3项指标得分，社会发展是其余4项指标得分

2. 中心城市等级结构

根据以上综合评判指数进行分类分析，得出城市等级划分方案。将全省城市按功能和辐射范围分为四级，即区域性中心城市、省域中心城市、省域次中心城市、地区中心城市。区域性中心城市指在中部地区具有重要意义的、有跨省影响力的一级中心城市；省域中心城市指具有全省性的或跨省影响力的二级中心城市；省域次中心城市指省内具有跨地区性影响力的三级中心城市；地区中心城市指辐射本地市域或对周边有一定影响力的四级中心城市（表3-12）。需要指出的是，这里的城市中心性仅是从数据计算得出，未考虑其他因素，如城市行政职能，在同等城市中心性数据情况下，不同行政职能（省会城市、副省级城市和一般城市）的城市中心性和辐射力有很大的不同，所以在区域发展实践中还需要具体分析。

表3-12 中部地区地级城市中心性等级结构

城市等级	区域地位	综合评判指数	数量（个）
一级	区域性中心城市	>30	6
二级	省域中心城市	15~30	15
三级	省域次中心城市	11~15	29
四级	地区中心城市	<11	30

一级中心城市包括：武汉市、长沙市、郑州市、合肥市、南昌市、太原市。

二级中心城市包括：洛阳市、襄阳市、芜湖市、岳阳市、宜昌市、衡阳市、新乡市、常德市、株洲市、南阳市、阜阳市、黄石市、周口市、蚌埠市、湘潭市。

三级中心城市包括：九江市、平顶山市、邵阳市、晋城市、安阳市、咸宁市、濮阳市、马鞍山市、郴州市、黄冈市、商丘市、长治市、赣州市、荆州市、六安市、上饶市、十堰市、许昌市、大同市、焦作市、新余市、开封市、淮南市、驻马店市、安庆市、怀化

市、益阳市、滁州市、宿州市。

四级中心城市包括：娄底市、信阳市、亳州市、鹰潭市、铜陵市、漯河市、鄂州市、萍乡市、永州市、淮北市、运城市、临汾市、景德镇市、宜春市、孝感市、阳泉市、荆门市、抚州市、宣城市、随州市、吉安市、朔州市、三门峡市、鹤壁市、晋中市、黄山市、池州市、忻州市、张家界市、吕梁市（表3-13）。

表3-13　2016年中部地区地级市各等级规模城市数量

城市等级	山西		安徽		河南		湖北		江西		湖南	
	数量（个）	占比（%）	数量（个）	占比（%）	数量（个）	占比（%）	数量（个）	占比（%）	数量（个）	占比（%）	数量（个）	占比（%）
一级	1	9.09	1	6.25	1	5.88	1	8.33	1	9.09	1	7.69
二级	0	0.00	3	18.75	4	23.53	3	25.00	0	0.00	5	38.46
三级	3	27.27	6	37.50	8	47.06	4	33.33	4	36.36	4	30.77
四级	7	63.64	6	37.50	4	23.53	4	33.33	6	54.55	3	23.08

由图3-8可以看出：中部地区地级城市发展水平差距较大，区域差异明显，和自然地理条件关系密切；逐步形成了以省会城市为核心，以临近的中小城市为骨干的网络化城市等级结构，为中部城市群的发展壮大提供了基础。

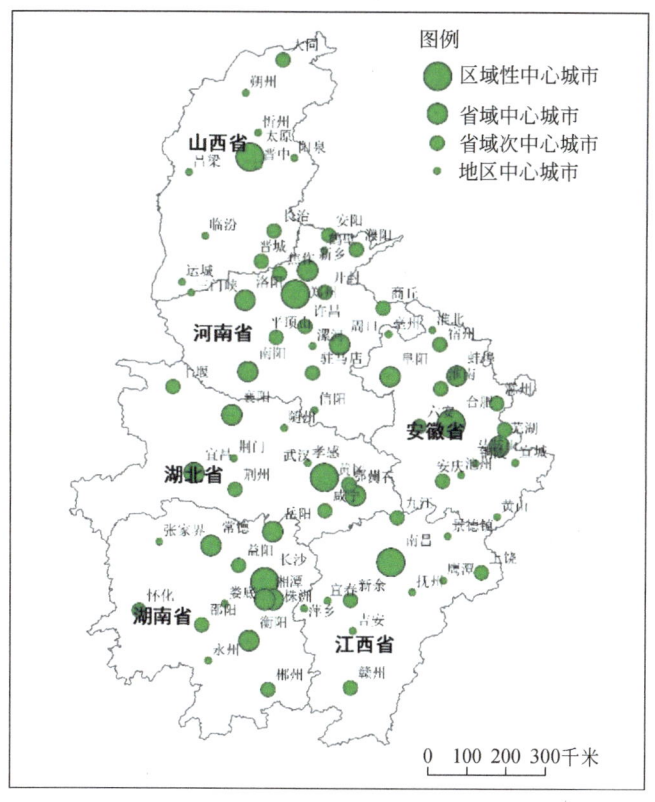

图3-8　2016年中部地区地级市中心性评价

二、新时期城镇发展布局

六核：武汉、郑州、长沙、合肥、南昌、太原。

六群：武汉城市群、中原城市群、长株潭城市群、皖江城市群、环鄱阳湖城市群、太原城市群。

网络化：不同等级城市形成交错的城市网络，随着交通运输条件改善，城市间可达性提高，形成了日益联系紧密的网络化发展模式（图3-9）。

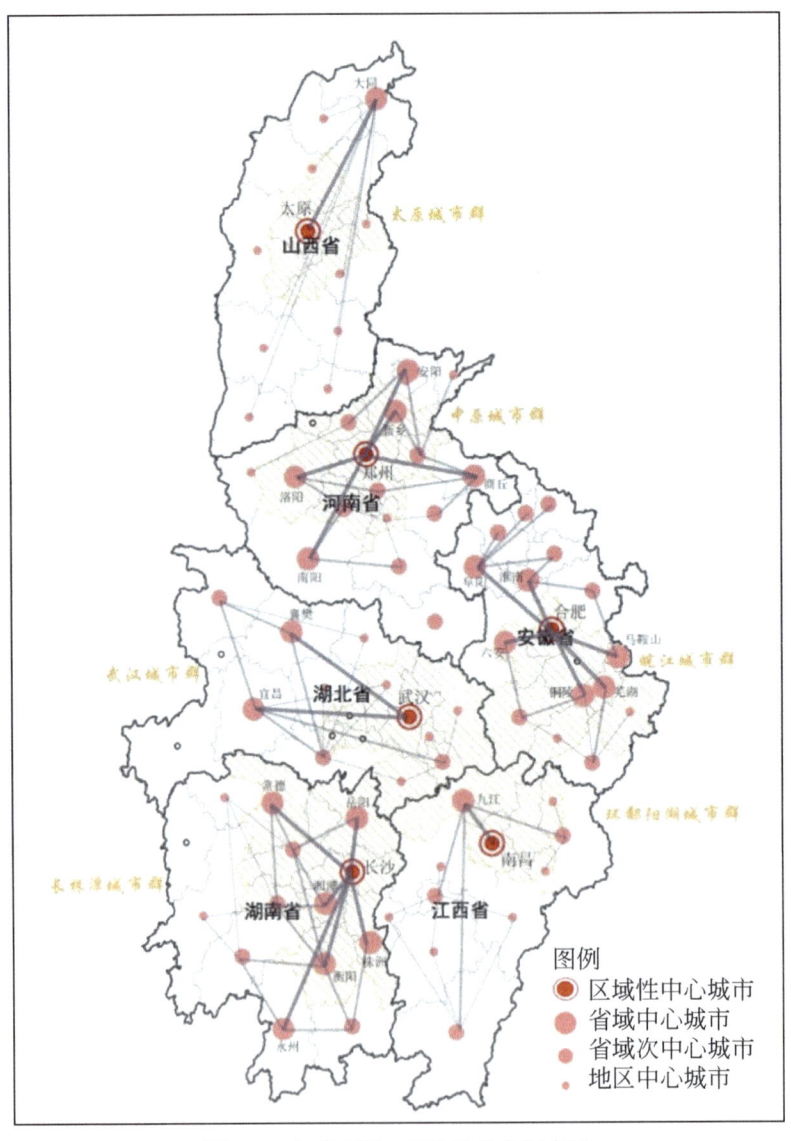

图3-9　六核六群、网络化的空间布局

三、主要城市群的发展方向

加快武汉、郑州、长沙、合肥、南昌、太原的产业集聚和结构升级，完善城市功能，增强辐射带动作用。强化城市群一体化发展机制，加大政策支持力度，集约节约利用土地，加快形成产业和人口高度集聚、充满活力的城市群，成为推动中部地区经济社会加快发展的重要增长极。

——武汉城市群。把武汉城市圈建设成为宜居的生态城市圈，重要的先进装备制造业基地、高技术产业基地、优质农产品生产加工基地、现代服务业中心和综合交通运输枢纽，充满活力的区域性经济中心，全国"两型社会"建设的典型示范区。

——中原城市群。提升区域整体竞争力和辐射带动力，把中原城市群建设成为沿陇海兰新经济带的核心区域和重要的城镇密集区、先进装备制造业基地、农产品生产加工基地及综合交通运输枢纽。

——长株潭城市群。把长株潭城市群建设成为先进装备制造业基地、电子信息产业基地、文化创意产业基地和高效率、高品质的组合型城市地区，为全国"两型社会"建设提供示范。

——皖江城市群。推动沿江城市跨江合作和联动发展，加快形成产业密集区。积极参与泛长三角区域发展分工，加强与长三角地区在基础设施建设、产业布局、市场体系建设、生态环境保护、体制机制创新等领域的对接和合作，将皖江城市带建设成为重要的现代制造业基地和承接产业转移示范区。

——环鄱阳湖城市群。加快发展资源节约环境友好的特色生态产业，保护好"一湖清水"，建设生态城镇、绿色家园，努力把鄱阳湖地区建设成为全国大湖流域综合开发示范区、长江中下游水生态安全保障区和国际生态经济合作重要平台。

——太原城市群。以太（原）榆（次）为中心，稳步推进公交、电信、金融、市政设施等领域"同城化"发展，建立城市间协商协作机制，强化城市间的经济联系和功能分工。将太原城市圈建设成为全国重要的清洁能源生产与技术创新基地、山西省对外开放的主要平台、具有浓郁地方文化特色和较强辐射作用的现代化城市圈。

第四节　新型城镇化与乡村振兴融合

2017年，党的十九大将乡村振兴战略作为全面建成小康社会决胜期的七大战略之一，明确指出要坚持农业农村优先发展，按照产业兴旺、生态宜居、乡风文明、治理有效、生活富裕的总要求，建立健全城乡融合发展体制机制和政策体系，加快推进农业农村现代化。新型城镇化与乡村振兴战略均强调城乡间的协调融合发展。

一、新型城镇化为乡村振兴创造条件

1. 为农村剩余劳动力创造更广阔的增收空间

改革开放以来，我国的城镇化水平显著提高。随着城镇化的发展，越来越多的农业人口向城镇转移，并在城镇获得相较农村而言更高的收入和更多的发展机会。第一产业就业人员占全部就业人员的比例从1978年的70.5%下降到2017年的27.0%。国家统计局发布的《2017年农民工监测调查报告》显示，截至2017年，来自中部地区的农民工高达9450万人，比上年增加171万人，增长1.8%，占农民工总量的33%；在中部地区务工的农民工5912万人，比上年增加166万人，增长2.9%，占农民工总量的20.6%，城镇化过程吸纳了大量的农村剩余劳动力。从收入水平上看，在中部地区务工的农民工月均收入3331元，比上年增加199元，增长6.4%，进城务工人员的平均收入也有所提高。与此同时，城镇化缓解了农村人多地少的矛盾，使得大量闲置的农用地有机会集中到个别专业农户手中，有助于实现土地的规模化经营及农业的规模化生产，提高农业生产效率，缩小其与非农产业劳动生产率的差距，进而为农村剩余劳动力创造更广阔的增收空间，提高农村居民的收入水平。

2. 通过城镇经济反哺农村经济

城镇化的发展提高了社会经济水平。2017年，我国国内生产总值达到82.7万亿元，是仅次于美国的世界第二大经济体。其中，第二、第三产业生产总值占国内生产总值的比例高达95.1%，是拉动经济增长的主要力量。中部地区生产总值为17.6万亿元，占全国国内生产总值的20.8%，其中第二、第三产业生产总值占中部地区生产总值的91.05%。城镇是某一区域的政治、经济、文化、科技中心，聚集了人才、技术、资金等资源，在区域经济发展中起到带动和引领作用。一方面，城镇经济的增长提高了城镇居民的消费水平，进而增加了其对农产品的需求，为农产品拓宽了市场；另一方面，城镇经济的增长也使得国家有更多的财力投入农业农村建设中，并吸引社会资本和生产要素向农村流动，实现城乡产业资源要素的流动、交换和融合，从而起到反哺农村经济的作用，为乡村振兴创造良好条件。

3. 提升农民的福利水平

新型城镇化强调"人的城镇化"，努力实现城乡基础设施、基本公共服务和生态环境等方面的全面协调发展，保障发展成果惠及全体人民，促进社会和谐稳定。从2006年起，中国全面取消了农业税，减轻了农民的负担。2006年，《关于加快推进新型农村合作医疗试点工作的通知》出台，要求"2010年实现新型农村合作医疗制度基本覆盖农村居民的目标"。此后，各级财政对新型农村合作医疗的人均补助标准不断提高。2009年，我国进一步试行了新型农村社会养老保险制度，以解决农民的养老问题。2013年，习近平同志到湖南湘西考察时首次提出了"精准扶贫"的重要思想。2017年，习近平在十九大报告中指出，"要动员全党全国全社会力量，坚持精准扶贫、精准脱贫""确保到二〇二〇年我国现行标准下农村贫困人口实现脱贫"。所有这些政策的实施，离不开国家财政收入实力的增强。此外，城镇的教育、医疗、文化、科技等公共资源向农村开放，为村民提供了良好的学习机会和医疗条件，提升了农民的福利水平，改善了农民的生活方式。这些均为乡村振兴战略的实施奠定了良好的基础。

二、乡村振兴为新型城镇化提供持续支撑

1. 为新型城镇化提供人力支撑和生产要素支持

城镇化的发展离不开资源、技术、资金等要素的支持，而乡村是人力和生产资源的重要提供地之一。近年来，中国农村发展虽然取得了一定成效，但依然存在农业生产效率低、农民人均收入少、农村自我发展能力弱等问题。2017年，中部地区农村居民人均可支配收入为12 805.8元，尚未达到中部地区城镇居民人均可支配收入的一半（41%）。实施乡村振兴战略有助于解决上述问题，进一步提升劳动力、生产要素等资源对城镇建设的支持力度。一方面，乡村振兴战略的实施有助于提高农业生产效率，增加农民收入，解放更多的农村剩余劳动力，促使这些农村剩余劳动力向城镇转移，并使其有能力选择在城镇定居，进而为新型城镇化的发展提供人力支持。另一方面，乡村振兴有助于提升农产品产量，促进农业发展，进而保障城镇居民的生活需要和工业的原材料需求，为城镇化的发展提供充足的生产要素。由此可见，农业的发展是城镇化的重要推力。

2. 提高城镇化质量，助力城镇化健康发展

新型城镇化注重城镇化质量的提升，讲求城乡互补、协调发展。2018年，国家发改委印发《国家发展改革委关于实施2018年推进新型城镇化建设重点任务的通知》，将加快农业转移人口市民化、提高城市群建设质量、提高城市发展质量、加快推动城乡融合发展和深化城镇化制度改革作为2018年新型城镇化建设的五大重点任务。乡村振兴战略也强调"建立健全城乡融合发展体制机制和政策体系，加快推进农业农村现代化"。促进农村三次产业整体融合发展，形成一个完善的产业发展体系，对于实现农村产业兴旺具有十分重要的推动作用。此外，乡村振兴要求农村建设的生态宜居，这就要求农村在发展过程中逐步淘汰高污染、高能耗的生产生活方式，依靠自身优势创造新的产业，如文化产业、特色旅游业等，在一定程度上促进了农村的健康发展，同时也有助于推动城镇化的健康发展。

3. 推进新型城镇化进程的就地城镇化

就地城镇化指的是农村人口在原居住地实现城镇化的过程。江苏省的华西村、河南省的刘庄、天津市的大邱庄等村庄都是就地城镇化的典型案例。这些村庄的农民大部分不再从事农业生产，以从事第二、第三产业居多，并且教育、医疗、养老等社会保障日趋完

善，基本实现了农村工业化、农业现代化、生活城镇化。就地城镇化是新型城镇化中提倡的一种城镇化方式，符合农民工的流动意愿，既可以缓解大中城市的人口压力，又有助于解决目前农村普遍存在的空心村等社会问题，对我国城镇化的合理布局和均衡发展具有十分重要的现实意义。

就地城镇化的实现需要农村产业的支撑，而乡村振兴的基础就是产业兴旺，这是逐步实现农村就地城镇化和就近城镇化的重要因素。党的十九大报告指出：构建现代农业产业体系、生产体系、经营体系，完善农业支持保护制度，发展多种形式适度规模经营，培育新型农业经营主体，健全农业社会化服务体系，实现小农户和现代农业发展有机衔接。这一论述为乡村振兴指明了方向。随着乡村振兴战略的发展，新型农业和现代农业都有可能成为就地城镇化的产业支撑。从这一点上看，乡村振兴战略在推动农业农村发展的同时，也为实现农村就地城镇化提供了可能。

三、推进新型城镇化与乡村振兴的协同发展

1. 推进城乡产业融合发展

目前，我国城乡产业的关联性不强，城乡二元经济结构根深蒂固。农业的经济效益相对较低，国民收入分配向城市产业倾斜，导致我国城乡在经济、社会、文化方面存在较大差距。产业融合能够打破城乡产业界限，通过城乡产业的优势互补创造出具有城乡交叉特性的新的产业类型，进而更大限度地激发城镇产业和乡村产业的发展活力，形成新的经济增长点。一方面，通过农业与工业、服务业的互补性融合，形成集生产、加工、销售、服务于一体的农业产业链，并通过农业和农村产业的技术改造，优化升级农业产业结构，加快农业现代化进程。另一方面，随着城乡产业的融合发展，城乡间的经济联系逐步加强，统一产业链上的各个环节会在空间上形成新的聚集点，进而促进大中小城市和小城镇的协调发展以及产业的合理布局。

此外，城乡产业融合还可以使城乡产业形成利益共同体，有利于资源在城乡间的统筹整合，改变传统的资源配置方式，使资源在区域间综合发挥效益，有效提升农业在经济发展中的弱势地位，进一步提高全社会的发展水平。因此，推进城乡产业融合发展，对优化升级产业结构、增强城乡产业联系、缩小城乡收入差距、促进城乡协调发展意义重大。

2. 推进城乡要素双向流动

乡村的劳动力、资金、土地等生产要素向城市单向流动是乡村落后于城市的关键因素。长期以来，乡村向城镇输出了大量的劳动力、资本和土地等要素，极大地支援了城镇建设，促进了城镇的快速发展。而从城市流向农村的要素却很少，导致农村发展动力不足，城乡差距加大，在不少乡村地区甚至出现了空心村、留守儿童、空巢老人等"乡村病"现象，极大地影响了乡村社会的和谐稳定。因此，推进城乡要素的双向自由流动至关重要，它是解决"三农"问题、促进城乡融合发展的重要途径。

在城乡要素双向流动的过程中，乡村要素要流向城镇，城镇要素也要流向乡村，利用二者的优势互补，共同促进经济社会的全面发展。一方面，乡村的劳动力、资金、农产品、土地等要素要继续向城镇流动，为新型城镇化建设提供人力、财力和物力支持。另一方面，城镇的资金、技术、人才等要素也要向乡村地区流动，为乡村发展提供新动能。从乡村角度上看，既要吸引城镇要素流入，又要面向城镇进行要素输出。与过去资源单向流入城镇相比，双向流动模式使乡村对城镇的依赖程度大大降低，有助于乡村自我发展能力的提高。而且乡村发展能力越强，越能够吸引优秀的生产要素流入，从而进一步提高乡村的发展水平，逐渐形成良性循环。

3. 推进城乡基本公共服务均等化

推进城乡基本公共服务均等化，对保障和改善民生、维护社会公平具有重要意义。继 2006 年《中华人民共和国经济和社会发展第十一个五年规划纲要》中提出"逐步推进基本公共服务均等化"后，党的十八大提出"完善促进基本公共服务均等化和主体功能区建设的公共财政体系"，党的十九大又进一步提出了"加快推进基本公共服务均等化"的战略部署。由此可见，随着以人为本的科学发展理念的不断深入，我国对基本公共服务均等化的重视程度越来越高。

近年来，中部六省加大了对基本公共服务的财政投入。2017 年，中部地区地方一般公共预算支出达 36 957.9 亿元，比上年增加 3172.8 亿元，占全国一般公共预算支出的 21.3%，较上年增加 0.27 个百分点，公共服务供给水平有所提高。但是，中部地区一般公共预算支出占全国比例仍小于其人口占比（26.6%）。在这些支出中，用于交通运输、城市扩建等基础设施建设方面的投入较多，而用于教育、医疗、社会保障、住房保障等方面的投入相对较少。中部不同地区，尤其是城乡之间，基本公共服务水平仍存在较大差距，公共服务资源多集中投向城镇地区，部分农村居民难以获得基本的公共服务。农村公共服务水平低，是制约农村发展的重要因素。一方面，水、电、交通运输等公共服务水平低会限制农产品、工业制品的生产以及向外运输；另一方面，教育、医疗、住房等公共服务水平低，也难以吸引人才。针对城乡基本公共服务发展不均衡的现状，中部地区应进一步完善教育、医疗、社会保障等方面的社会政策，推进城乡基本公共服务均等化，促进城乡协同发展。

4. 推进城乡生态环境综合治理

2014 年，《国家新型城镇化规划（2014—2020 年）》提出将生态文明理念全面融入城镇化进程中。2017 年，党的十九大首次提出乡村振兴战略，并将生态宜居作为实施乡村振兴的五大总要求之一。因此，实现新型城镇化与乡村振兴的融合发展，需要推进城乡生态环境综合治理。特别是小城镇和乡村地区，生态环境基础设施薄弱，环保自律意识差，生态环境治理难度较大，必须加紧推进城乡环境综合治理工作。以垃圾倾倒为例，2017 年 10 月 12 日，长江安徽段铜陵市境内的上江村江滩发生了一起工业固体废物跨省非法倾倒事件（10·12 长江跨省倾倒危废案），严重威胁了长江水域的生态环境。

中部六省肩负着促进中部崛起的历史使命，面临着加快转型升级、促进绿色发展的共同任务。推进中部地区城乡环境综合治理，有助于改善中部地区人居环境、提高生活质量、激发城乡发展新活力。这是一项长久工程，需要持续推进和长远谋划。一是要完善城乡废水、废气、固体废弃物等污染物处理设施建设，严格规范污染物的排放标准。二是要针对生态环境脆弱区和卫生薄弱区开展专项整治，因地制宜地提高各地区的生态环境质量，打造舒适、宜居的城乡环境，提高当地居民的幸福感。

第四章 农业现代化与三次产业融合

第一节 发展现状与特点

一、相关规划对中部地区农业发展的定位与要求

1. 促进中部地区崛起的相关意见与规划

《中共中央国务院关于促进中部地区崛起的若干意见》（中发〔2006〕10号）中明确指出，中部地区要"建设全国重要的粮食生产基地、能源原材料基地、现代装备制造及高技术产业基地和综合交通运输枢纽，在发挥承东启西和产业发展优势中崛起，实现中部地区经济社会全面协调可持续发展，为全面建设小康社会做出新贡献"。"建设全国重要的粮食生产基地"是"三基地一枢纽"定位中的首项定位要求，凸显了中部地区粮食生产在确保国家粮食安全中的重要作用。关于"加快建设全国重要粮食生产基地，扎实稳步推进社会主义新农村建设"，该意见明确指出：要加大对粮食生产的支持力度，完善扶持粮食生产的各项政策；加大农业基础设施投放，改善生产生活条件；加强农村劳动力技能培训，促进富余劳动力转移；大力发展农业产业化经营，推进农村结构调整；加大金融支农力度，深化农村信用社改革；加快发展农村教育、卫生、文化事业，提高农村公共服务水平。这为中部地区农业和农村发展提出了明确要求，并指明了主攻方向。

2009年国务院批复并发布《促进中部地区崛起规划》，该规划明确指出中部地区要发挥区域比较优势，巩固和提升粮食、能源原材料、现代装备制造和高技术产业基地地位。在农业和农村发展方面，中部地区要以加强粮食生产基地建设为重点，积极发展现代农业，加快农业结构调整，大力推进农业产业化经营，加强农业农村基础设施建设，不断提高农业综合生产能力，持续增加农民收入，切实改变农村面貌。特别地，该规划要求中部地区的粮食综合生产能力要在2015年达到1.68亿吨（据统计，2015年中部地区粮食产量达到1.87亿吨），到2020年力争使中部地区粮食产量达到全国粮食总产量的1/3，这对中部地区粮食生产发展提出了较为明确的目标要求。《促进中部地区崛起规划》对中部地区农业和农村发展的主要要求见表4-1。总体来看，该规划对中部地区的农业和农村发展做了全面部署，对于中部地区的农业现代化发展具有重要指导价值。

表 4-1 《促进中部地区崛起规划》对中部地区农业和农村发展的主要要求

主要任务	目标与要求
提高粮食综合生产能力	❖着力加强农业基础，切实改善农村面貌，加快推进农业现代化，促进城乡一体化发展，着力把中部地区打造成为高产稳产的粮食生产基地。加强粮食生产重大工程建设，稳定粮食播种面积，提高粮食生产的科技贡献率，构建现代粮食物流中心 ❖粮食综合生产能力（万吨）要在 2015 年达到 1.68 亿吨；到 2020 年力争使中部地区粮食产量达到全国粮食总产量的 1/3
加快农业结构调整	❖大力发展棉花、油料等经济作物生产。稳定棉花播种面积，促进棉花生产向优势区域集中。继续支持长江中游"双低"油菜带建设，实现规模化、标准化、优质化生产。因地制宜地发展水果、蔬菜、花卉、茶叶、蚕桑、苎麻等经济作物和特色农产品生产，积极发展花生、芝麻、胡麻、油葵、小杂粮等作物生产，培育以油茶、核桃为主的木本粮油产业 ❖加快发展畜牧水产业。加强畜禽标准化规模养殖场（小区）和良种繁育体系建设，积极发展节粮型畜牧业，积极推行秸秆养畜和种草养畜，充分利用长江和淮河流域丰富的水域资源，建设现代渔业生产基地。积极发展湖泊、水库等大水面生态养殖，科学发展稻田和庭院水产养殖，合理开发低洼地水产养殖
提升农业产业化经营水平	❖大力发展粮油、畜禽产品、水产品、果蔬及特色农产品深加工，强化质量和品牌建设 ❖发展农业产业化经营，扶持农业产业化龙头企业，引导大型和特大型龙头企业向优势农副产品产区集聚，加快培育和发展农民专业合作社，引导龙头企业与农户建立利益联结机制，提高农业经营的组织化程度
完善农村基础设施	❖加快实施农村安全饮水工程，到 2013 年基本解决中部地区农村饮水安全的问题 ❖支持农村公路建设，到 2015 年中部地区所有具备条件的建制村通达沥青水泥路 ❖加强农村能源建设，2015 年前解决无电地区居民用电问题 ❖改善农村人居环境，合理安排农村生产、生活、生态用地，稳步推进农村土地整治

2012 年，国务院进一步发布了《国务院关于大力实施促进中部地区崛起战略的若干意见》（国发〔2012〕43 号），指出中部地区是全国"三农"问题最为突出的区域，是推进新一轮工业化和城镇化的重点区域，是内需增长极具潜力的区域，在新时期国家区域发展格局中占有举足轻重的战略地位。该意见要求巩固粮食生产基地地位。毫不松懈抓好粮食生产，结合实施全国新增 1000 亿斤粮食生产能力规划，稳定粮食播种面积，充分挖掘增产潜力，到 2020 年中部地区粮食生产能力达到 3600 亿斤以上，占全国粮食总产量的比例进一步提高，提升在全国粮食生产中的重要地位。加大对中部地区农业基础设施建设和农业科技推广的支持力度。统筹实施粮食生产重大工程，加快农田水利建设，大规模改造中低产田，建设高标准基本农田。加大农作物优良品种选育和推广力度，提高农业生产科技含量。不断完善粮食直补和农资综合补贴政策，继续实施良种补贴，加大农机具购置补贴力度，建立农业关键技术补贴制度。全面推进农业机械化。加快农业结构调整，推进农业产业化经营，积极发展现代农业。在黄淮海平原、江汉平原、鄱阳湖和洞庭湖地区、山西中南部等农产品优势产区规划建设一批现代农业示范区，着力发展高产、优质、高效、生态、安全农业，力争使中部地区走在全国农业现代化前列。

2. 全国农业和农村经济发展"五年规划"

2011年8月，由农业部发布的《全国农业和农村经济发展第十二个五年规划》中提出，加快构建"七区二十三带"农业战略格局，进一步调整优化农业产业布局，做大做强主导产业，促进生产要素在空间和产业上的优化配置，不断提高农业效益和竞争力。同时提出，按照稳定面积、优化结构、建设主产区、提高单产的思路，进一步加强粮食生产能力建设，确保95%以上的自给率。

在构建农业战略格局方面，黄淮海平原主产区重点建设以优质强筋、中强筋和中筋小麦为主的优质专用小麦产业带，优质棉花产业带，以籽粒与青贮兼用和专用玉米为主的专用玉米产业带，以高蛋白大豆为主的大豆产业带，以肉牛、肉羊、奶牛、生猪、家禽为主的畜产品产业带。长江流域主产区重点建设以双季稻为主的优质水稻产业带，以优质弱筋和中筋小麦为主的优质专用小麦产业带，优质棉花产业带，"双低"优质油菜产业带，以生猪、家禽为主的畜产品产业带，以淡水鱼类、河蟹为主的水产品产业带。沿渭平原主产区重点建设以优质强筋、中筋小麦为主的优质专用小麦产业带，以籽粒与青贮兼用型玉米为主的专用玉米产业带。

在优化农业布局方面，种植业优势品种上重点建设东北、长江流域和东南沿海3个水稻优势区，推进东北"旱改水"、江淮适宜区"籼改粳"，扩大粳稻生产；提升黄淮海、长江中下游、西南、西北和东北5个小麦优势区生产能力；加强东北春玉米区和黄淮海夏玉米区的优势地位，积极挖掘西南、华北和西北地区生产潜力；推进东北、华北、西北、西南和南方5个马铃薯优势区建设；以长江流域油菜优势产业带和北方油菜优势区为重点，积极发展冀鲁豫及东北农牧交错区花生生产；稳定黄河流域和长江流域棉区发展；稳定提高大中城市城郊菜园子发展水平，着力建设华南、长江上中游冬春蔬菜、黄土高原和云贵高原夏秋蔬菜、黄淮海、环渤海设施蔬菜五大优势区域蔬菜基地；加快渤海湾、黄土高原两大苹果优势区产业化发展进程；加快长江上中游等柑橘优势区产业化发展进程。

在加快发展畜牧业优势品种方面，重点建设东北、中部、西南和沿海地区生猪优势区；加强东北、西北、南方和中原肉牛优势区建设；加强中原、中东部农牧交错带、西北和西南等肉羊优势区建设；巩固中原、东北等蛋禽主产区生产，推进蛋鸡养殖区域南移。

在加快发展渔业优势品种方面，加强黄渤海、东南沿海和长江流域"两带一区"出口水产品优势区建设；加强长江中上游、长江中下游、华南和"三北"四个大宗淡水鱼类优势产区建设；加强沿海海水鱼类、东中部名优淡水鱼类、"三北"和西南冷水性鱼类、长江中下游和珠三角淡水虾类优势产区建设。

在加快发展各类农产品加工业方面，在东北平原、黄淮海平原、长江流域等粮食优势区，大力发展粮食产地初加工、精深加工及仓储物流业，打造现代化国家级口粮、工业用粮和饲料用粮加工基地，提高产品附加值；在黄河流域、长江流域等经济作物优势区，大力发展棉籽、油料、糖料、柑橘、苹果等经济作物产品加工业；在中原、东北、西北、沿海等养殖产品优势区，积极发展肉品、乳品、水产品加工业，推进传统特色养殖品工业化生产，健全产业链，完善质量控制体系和追溯体系，保障养殖产品食用安全。

在加快发展主要农垦经济区方面，中东部垦区突出发展小麦、水稻、生猪等种业，优化高水平良种生产基地建设，积极培育现代种业企业，大力促进育繁推一体化发展，进一步挖掘特色种植、养殖等产业优势，提升市场竞争能力。

综上可见，《全国农业和农村经济发展第十二个五年规划》所列农业生产相关优化布局方案大多涉及扶持和推进中部地区农业与粮食生产发展，并对中部地区重点农业产业的布局提出了导向性方案。

3. 全国优势农产品区域布局规划

推进优势农产品区域布局是优化资源配置、保障农产品基本供给、增强农产品竞争力、夯实主产区新农村建设产业基础的有效手段。2008年9月，农业部发布了《全国优势农产品区域布局规划（2008—2015年）》，该规划对16类优势农产品的区域布局提出了明确方案。从规划中可以看出除甘蔗、天然橡胶外，其余14类优势农产品在中部地区均有布局。特别地，从水稻、玉米、大豆、马铃薯、棉花、油菜、肉牛等优势农产品的区域布局来看，中部地区占据重要地位。该规划还提出继续加大对农民的直接补贴力度，逐步增加粮食直补、良种补贴、农机具购置补贴和农资综合直补，全面落实对粮食、油料、生猪、奶牛等生产的各项扶持政策，加大对生产大县的奖励补助，逐步形成稳定规范的制度。完善水稻、小麦、玉米、大豆、棉花、油菜、生猪、奶牛等现有农产品补贴政策，地方政府也要根据当地实际情况，确定地方性补贴品种，增加补贴额度。该规划还提出，"加强科学技术研发与推广应用，提高优势农产品科技含量""完善农业设施装备，强化优势农产品生产基础支撑""推行标准化生产，提升优势农产品质量安全水平""加快优势区域内农民专业合作组织和产业化经营发展步伐，提高农业组织化程度""加大市场和信息体系建设力度，促进优势区域农产品产销连接""巩固、完善、强化强农惠农政策体系，加大优势区域扶持力度"。中部地区是我国重要的粮食生产区和养殖业基地，上述政策的支持有利于该地区充分发挥粮食生产基地的作用，从而为保障我国粮食安全做出贡献。

二、近年中部地区农业生产发展态势与基本特征

1. 农业生产经营主体日趋多元化

（1）新型农业生产经营主体不断涌现

新型农业经营主体是指在家庭承包经营制度下，经营规模大、集约化程度高、市场竞争力强的农业经营组织。创新农业经营主体是现代化大农业发展的趋势，也是发展农村经济、改善农民生活的重要途径。近年来，在农村青壮年劳动力大量外出务工的同时，中部地区许多地方把培育和壮大农业生产新型经营主体作为推进现代农业建设的核心和基础，通过适时推进土地流转、规模经营，一批种养大户、农业企业、农业专业合作社、家庭农场等新型农业生产经营主体不断涌现，助推了传统农业的转型升级。

农业专业合作社发展迅速。据安徽省农业委员会统计，截至2017年底，全省经工商部门登记注册的农民合作社88 012家，较上年底增加14.3%，示范合作社达8709家，其中国家级361家、省级538家，去年新评定131个省示范合作社。另外，截至2017年，河南省共有各类新型农业经营主体21.8万家。其中，农民合作社13.8万家，居全国第二位；国家级示范社507家，省级示范社520家。

家庭农场快速发展。家庭农场是以家庭为单位，以家庭成员为主要劳动力，从事适度规模化、集约化、商品化农业生产经营，并以农业收入为家庭主要收入来源的新型农业经营主体。家庭农场的可持续发展对于农业的专业化、规模化、产业化发展具有积极意义。据江西省委农业和农村体制改革专项小组的统计，截至2014年底，江西省家庭农场已增至1.67万家。山西省在全国首家自主研发了"山西省家庭农场信息管理系统"，实现了家庭农场信息录入、审核、认定、查询、统计、汇总等信息化管理。2014年底，山西省已经对9032家家庭农场进行入网登记，初步形成认证体系。湖南省农业农村厅和财政厅联合发文扶持家庭农场，精准识别出2907户家庭农场符合财政补贴家庭农场的申报条件，并对符合条件的家庭农场给予每亩地100元的补贴。据安徽省农业委员会提供的资料，全省经工商部门登记注册的家庭农场72 181家，较上年底增加32.5%，家庭农场数量位居全国第一；2017年全省各级示范家庭农场达9106家，其中省级1298家。

（2）单个经营主体的生产规模逐渐增大，规模效益显现

经验研究表明，结合我国各地的资源禀赋和当前工农就业收益，一年两熟地区户均耕种50~60亩，一年一熟地区户均耕地100~120亩，就有明显的规模效益。在新型经营主体带动下，农业经营组织化和规模化水平不断提高。农业生产规模效益逐渐显现。2014年，安徽省土地流转面积达3161.83万亩。其中，耕地2314.41万亩，比2013年增加302万亩，约占全省耕地总面积的37.6%。国家统计局河南调查总队2014年发布的一份有关家庭农场典型调查显示，河南省注册家庭农场已达15 538家，耕种总面积达到287万亩，平均规模接近200亩。不同类型家庭农场收益差距明显，以亩均收益测算，其中经营经济作物或养殖是纯粮种植的5倍。而据湖南省家庭农场粮食生产情况的统计，2000多家家庭农场的粮食亩产超过460千克，较全省粮食平均单产高12%。

（3）农业生产的社会化服务日益普及

微观主体层面的垂直专业化分工和中观区域层面的全产业链经营，对于提高生产经营效率、增强农业竞争力、增加农业附加值具有积极意义，是现代农业发展的必然趋势。近年来，中部地区农业生产的社会化服务日益普及，服务水平逐步提高。专业化的播种队、收割队以及农业经纪人的数量、业务规模不断增大。各级政府高度重视农业生产全程社会化服务工作。例如，为进一步提高粮食生产组织化和规模化水平，河南省选择有一定规模的服务组织，积极开展农业生产全程社会化服务试点工作，以此来引导和促进全省农业生产服务从小规模经营服务向大规模整建制服务转变，服务组织从兼业化经营向专业化、职业化经营管理转变，生产方式从传统农业向现代生产方式转变。2015年8月，河南省财政拨付农业生产全程社会化服务试点资金6500万元，支持兰考、邓州等10个试点县市充分发挥市场竞争机制，发展农业生产全程社会化服务。

2. 农业生产现代化水平不断提高

中部地区农业机械化水平不断提高。2007~2017 年，中部地区农业机械总动力由 24 436.6 万千瓦增加到 30 627 万千瓦，增幅达 25.33%，接近 28.98% 的全国平均增幅（图 4-1）。小麦、玉米等主要旱地作物可以实现机械播种、机械收割，机械收割面积、机械播种面积明显增加。水稻的机械化插秧和机械化收割也取得一定进展。

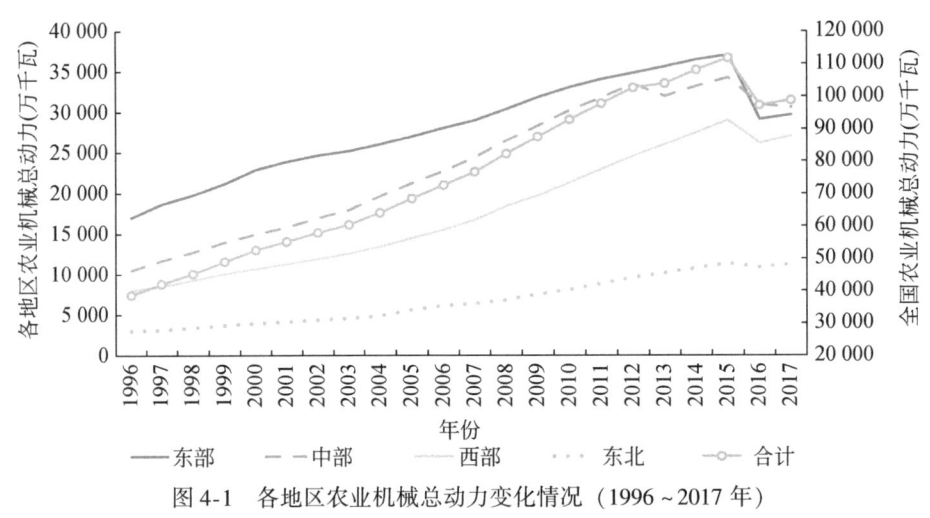

图 4-1　各地区农业机械总动力变化情况（1996~2017 年）

灌溉保障水平进一步提升，抵御自然灾害的能力有所增强。近年来，各型农田水利工程在中部地区得到较好的推进，进一步改善了中部地区的农业基础设施。水库库容由 2006 年的 1556.40 亿立方米增加到 2013 年的 2863.85 亿立方米，增幅达 84%；有效灌溉面积由 2006 年的 1603 万公顷增加到 2014 年的 1880 万公顷，增幅达 17.28%；农作物成灾面积由 2006 年的 522 万公顷减少到 2013 年的 456 万公顷，减幅达 12.64%。

国家现代农业示范区建设稳步推进。农业现代化是"四化"协同发展的关键环节，也是中部地区农业发展的基本方向。山西省地处黄土高原地区，河南省地处黄淮平原，湖南、湖北地处长江中游，江西、安徽既有长江过境又有大量山区，这种多样的区域地理格局决定了中部地区农业发展的多样性，该区域内不同类型区的转型发展可为我国同类型地区的农业发展提供参考。2010 年以来，农业部先后认定了三个批次的国家现代农业示范区。中部地区各市、县、区积极响应和推动了现代农业示范区的建设。从三个批次的认定情况来看（表 4-2），中部地区示范区数量不断增加，占全国的比例也不断提高，由第一批的 11 个（21.57%），增加到第二批的 23 个（22.77%）、第三批的 42 个（26.75%）。国家现代农业示范区的稳步推进将为中部地区的农业转型发展积累经验，具有积极意义。

表 4-2　国家现代农业示范区建设情况

地区	第一批（2010年）		第二批（2012年）		第三批（2015年）		合计（未合并重合县市）	
	数量（个）	占比（%）	数量（个）	占比（%）	数量（个）	占比（%）	数量（个）	占比（%）
东部	16	31.37	36	35.65	51	32.48	103	33.33
中部	11	21.57	23	22.77	42	26.75	76	24.60
西部	16	31.37	27	26.73	41	26.12	84	27.18
东北	8	15.69	15	14.85	23	14.65	46	14.89
全国	51	100.00	101	100.00	157	100.00	309	100.00

注：根据农业部关于认定国家现代农业示范区的相关通知整理

3. 主要农产品综合生产能力稳步提升

粮食产量持续增长，但占全国的比例略有下降。2004~2014年中部地区粮食产量实现"十连增"，于2011年达到1.73亿吨，超过《促进中部地区崛起规划》所预设的2015年粮食产量达到1.68亿吨的目标。2015年中部地区粮食产量达到历史最高的1.87亿吨（图4-2）。但是，近年由于东北地区粮食产量快速增加，中部地区粮食产量在全国所占份额自2007年以来基本呈现下降态势（图4-3）。2006年中部地区粮食产量占全国的比例为31.59%，为1996年以来的最高水平，2017年时已下降到29.87%，仍居全国四大板块首位。

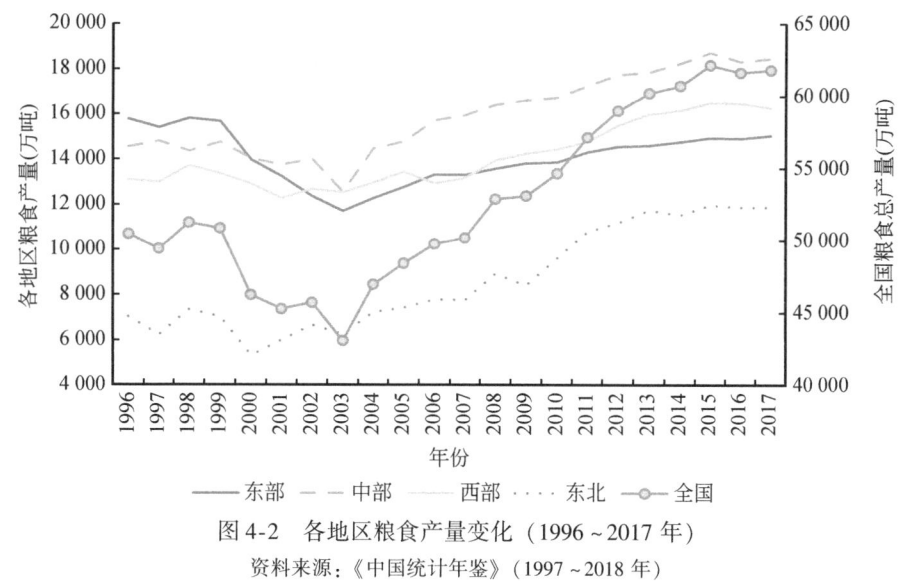

图 4-2　各地区粮食产量变化（1996~2017年）

资料来源：《中国统计年鉴》（1997~2018年）

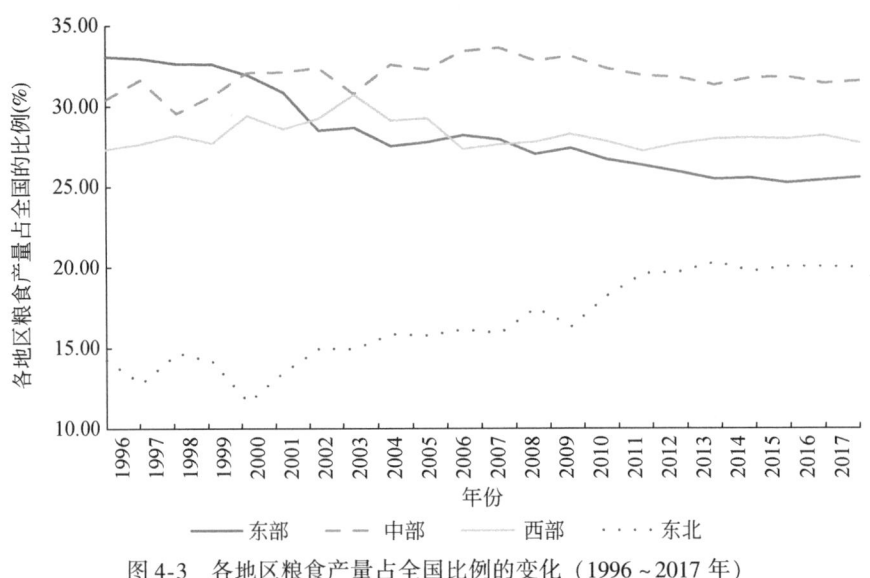

图 4-3 各地区粮食产量占全国比例的变化（1996～2017 年）
资料来源：《中国统计年鉴》（1997～2018 年）

棉花产量和占全国的比例呈"双下降"态势（图 4-4）。中部地区棉花产量在 2007 年达到近年最高的 216.8 万吨，随后受比较优势、竞争格局及结构调整的影响，棉花产量进入快速下降阶段，到 2017 年时仅 53.3 万吨。棉花产量占全国的比例由 2007 年的 28.45% 下降到 2017 年的 9.43%。

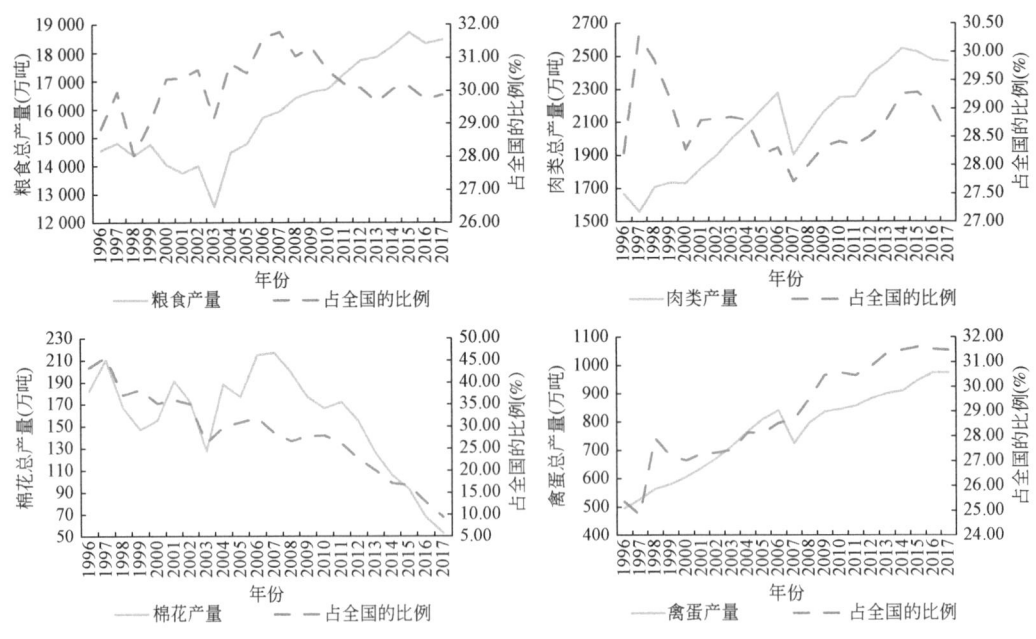

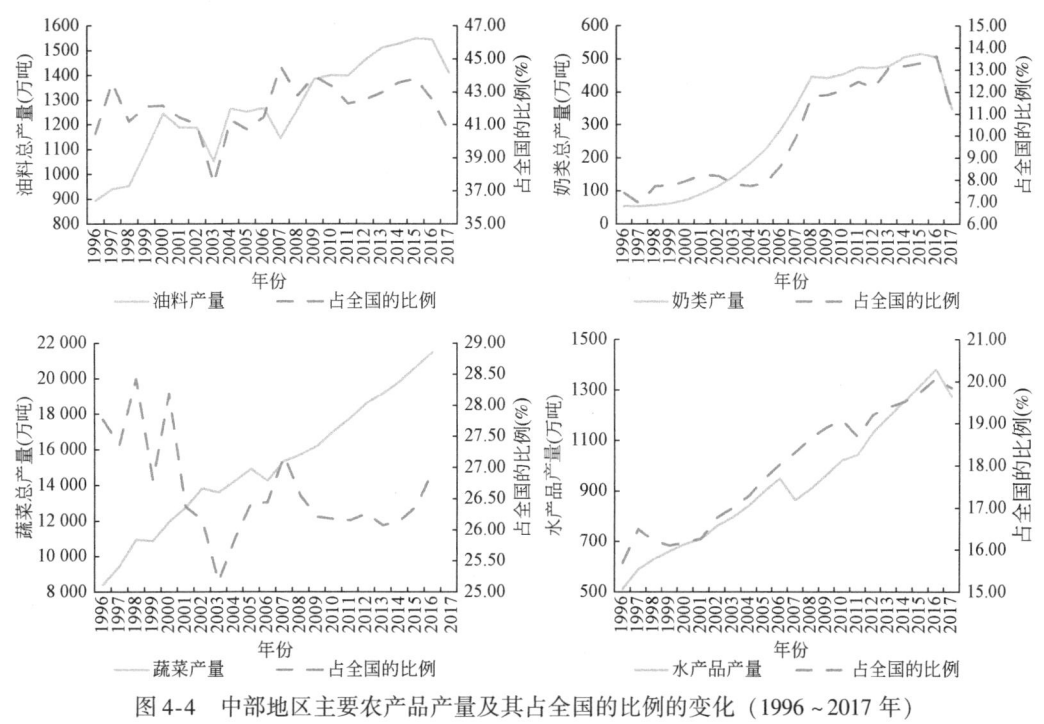

图 4-4 中部地区主要农产品产量及其占全国的比例的变化（1996~2017 年）

资料来源：《中国统计年鉴》（1997~2018 年）

油料产量在波动中增加，占全国的比例稳中有降。2006 年中部地区油料产量为 1268.0 万吨，占全国的 41.44%；2017 年产量增至 1411.1 万吨，占全国的 40.60%。

肉类产量自 2007 年开始持续增长，占全国的比例稳中有升。2006 年中部地区肉类产量为 2278.7 万吨，占全国的 28.30%；2017 年产量达到 2469.0 万吨，占全国的 28.53%。

禽蛋产量除 2007 年和 2008 年略有震荡外，呈持续增长态势，占全国的比例也逐年提高。2006 年中部地区禽蛋产量为 840.1 万吨，占全国的 28.52%；2017 年产量增至 974.9 万吨，占全国的 31.48%。

奶类产量和占全国的比例稳步增长。2006 年奶类产量为 285.4 万吨，占全国的 8.64%；2017 年产量增至 349.2 万吨，占全国的 11.09%。

蔬菜产量稳定增长，但自 2007 年开始蔬菜产量占比逐渐下降，目前基本保持在全国的 26% 左右。2006 年蔬菜产量为 14 265 万吨，占全国的 26.44%；2016 年产量增至 21 495.1 万吨，占全国的 26.94%。

水产品产量快速增长，占全国的比例稳步提升。2006 年水产品产量为 949 万吨，占全国的 18.03%；2017 年产量增至 1276 万吨，占全国的 19.85%。

总体来看，2006 年来中部地区主要农产品产量除棉花外均有明显增长，按产量增幅排序，分别是粮食（27.53%）、奶类（22.35%）、禽蛋（16.03%）、油料（11.28%）、肉类（8.36%）和棉花（-75.19%）；占全国的比例除棉花外均有所提高，按比例的增量排序，分别是禽蛋（2.96 个百分点）、奶类（2.45 个百分点）、肉类（0.23 个百分点）、油料（-0.84个百分点）、粮食（-1.71个百分点）、棉花（-22.41个百分点）。

从中部各省的情况来看，各省粮食产量的普遍增加合力促成中部地区粮食产量"十一连增"，并仍稳居全国四大政策区域的首位（表4-3）。2006~2017年，粮食产量增长排序依次为河南（1514.2万吨）、安徽（1159.0万吨）、湖北（636.0万吨）、湖南（367.4万吨）、江西（367.2万吨）、山西（281.8万吨）。从目前的增长态势来看，中部地区若要在2020年实现粮食产量占全国1/3的规划目标有一定难度，需要采取更为有效和有力的粮食综合生产能力提增措施。

表4-3 2006~2017年中部各省主要农产品产量变化　　（单位：万吨）

地区	年份	粮食	棉花	油料	肉类	禽蛋	奶类
山西	2006年	1 073.3	11.8	19.2	72.5	52.4	83.4
	2010年	1 085.1	6.9	17.6	72.4	70.5	74.9
	2017年	1 355.1	0.4	15.0	93.3	101.9	78.1
	2006~2010年增量	11.8	-4.9	-1.6	-0.1	18.1	-8.5
	2010~2017年增量	270.0	-6.5	-2.6	20.9	31.4	3.2
	2006~2017年增量	281.8	-11.4	-4.2	20.8	49.5	-5.3
安徽	2006年	2 860.7	40.8	261.6	353.8	123.6	12.8
	2010年	3 080.5	31.6	227.6	376.9	119.0	20.5
	2017年	4 019.7	8.6	154.7	415.2	154.7	29.8
	2006~2010年增量	219.8	-9.2	-34.0	23.1	-4.5	7.7
	2010~2017年增量	939.2	-23.0	-72.9	38.3	35.7	9.3
	2006~2017年增量	1 159.0	-32.2	-106.9	61.4	31.1	17.0
江西	2006年	1 854.5	9.5	78.0	249.1	43.3	13.9
	2010年	1 954.7	13.1	107.6	289.9	42.0	11.9
	2017年	2 221.7	10.5	120.6	326.1	45.7	9.5
	2006~2010年增量	100.2	3.6	29.6	40.8	-1.3	-2.0
	2010~2017年增量	267.0	-2.6	13.0	36.2	3.7	-2.4
	2006~2017年增量	367.2	1.0	42.6	77.0	2.4	-4.4
河南	2006年	5 010.0	83.0	480.0	736.5	400.8	154.1
	2010年	5 437.1	44.7	540.7	638.4	388.6	307.9
	2017年	6 524.2	4.4	586.9	655.8	401.2	212.9
	2006~2010年增量	427.1	-38.3	60.7	-98.1	-12.2	153.8
	2010~2017年增量	1 087.2	-40.3	46.2	17.4	12.6	-95.0
	2006~2017年增量	1 514.2	-78.6	106.9	-80.7	0.4	58.8

续表

地区	年份	粮食	棉花	油料	肉类	禽蛋	奶类
湖北	2006 年	2 210.1	44.9	279.8	326.9	124.8	13.9
	2010 年	2 315.8	47.2	311.8	379.3	132.6	30.4
	2017 年	2 846.1	18.4	307.7	435.3	168.2	12.8
	2006~2010 年增量	105.7	2.3	32.0	52.4	7.8	16.5
	2010~2017 年增量	530.3	-28.8	-4.1	56.0	35.6	-17.6
	2006~2017 年增量	636.0	-26.5	27.9	108.4	43.4	-1.1
湖南	2006 年	2 706.2	24.8	149.4	539.7	95.3	7.3
	2010 年	2 847.5	22.7	195.3	494.8	91.7	7.8
	2017 年	3 073.6	11.0	226.1	543.3	103.2	6.1
	2006~2010 年增量	141.3	-2.1	45.9	-44.9	-3.6	0.5
	2010~2017 年增量	226.1	-11.7	30.8	48.5	11.5	-1.7
	2006~2017 年增量	367.4	-13.8	76.7	3.6	7.9	-1.2
中部合计	2006 年	15 714.8	214.8	1 268.0	2 278.5	840.2	285.4
	2010 年	16 720.7	166.2	1 400.6	2 251.7	844.4	453.4
	2017 年	20 040.4	53.3	1 411.1	2 469.0	974.9	349.2
	2006~2010 年增量	1 005.9	-48.6	132.6	-26.8	4.3	168.0
	2010~2017 年增量	3 319.8	-112.9	10.4	217.3	130.5	-104.2
	2006~2017 年增量	4 325.6	-161.5	143.0	190.5	134.7	63.8

资料来源：2006~2017 年《中国统计年鉴》

4. 农业产业化发展水平不断提高

农产品精深加工是提高农业综合竞争力、增加农业生产附加值的重要途径。近年来，中部地区农产品加工业快速发展（图4-5），加工业总产值由2006年的3312亿元增加到2013年的13 731亿元，增长了314.58%，高于同期的东部地区（208.64%）和全国平均水平（249.51%）。但略低于西部地区（323.38%），远低于东北地区（789.87%）。

农业企业是农业产业化发展的重要载体，而龙头企业在农业产业化发展中更是能起到"发展极"的作用。农业产业化龙头企业的地区分布可在一定程度上反映地区农业产业化发展状况，也显著影响到农业与其他诸多领域的联系强度。我国分别于2000年、2002年、2004年、2008年和2011年进行了5个批次的农业产业化国家重点龙头企业认定工作，当前已累计认定农业产业化国家重点龙头企业1200余家（1267家）。在这5次认定中，中部地区分别有33家、42家、42家、71家和88家企业被认定为农业产业化国家重点龙头企业，分别占同期全国认定总量的21.85%、17.87%、20.00%、22.76%和24.51%（表4-4）。当前，中部地区的农业产业化国家重点龙头企业总数已经达到276家，占全国的21.78%。而且，从企业主营业务来看，中部地区农业产业化国家重点龙头企业具有明显的地域特色，粮油、禽蛋、农副食品加工等相关龙头企业较多，这对区域大宗农产品的产业化发展、附加值提升起到了重要作用。

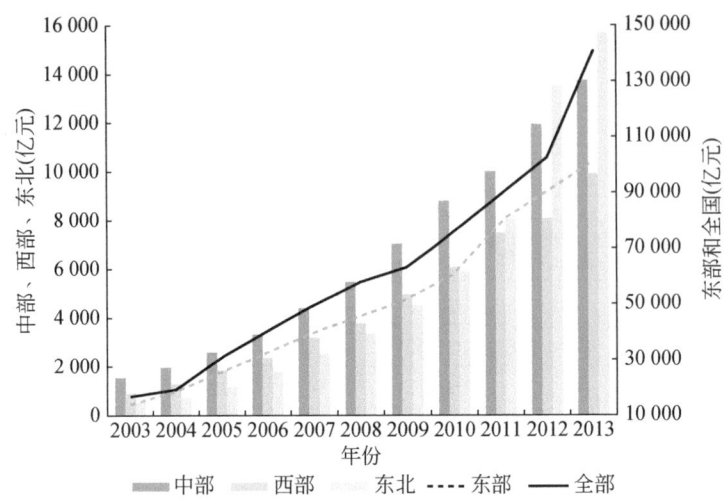

图 4-5　各地区农产品加工业产值变化（2003～2013 年）
资料来源：《中国乡镇企业及农产品加工业年鉴》（2004～2014 年）

表 4-4　农业产业化国家重点龙头企业的地区分布

地区	数量（家）						占比（%）					
	第一批（2000 年）	第二批（2002 年）	第三批（2004 年）	第四批（2008 年）	第五批（2011 年）	合计	第一批（2000 年）	第二批（2002 年）	第三批（2004 年）	第四批（2008 年）	第五批（2011 年）	合计
北京	6	11	8	6	8	39	3.97	4.68	3.81	1.92	2.23	3.08
天津	2	5	3	4	5	19	1.32	2.13	1.43	1.28	1.39	1.50
河北	6	8	8	11	14	47	3.97	3.40	3.81	3.53	3.90	3.71
山西	4	5	4	9	10	32	2.65	2.13	1.90	2.88	2.79	2.53
内蒙古	4	8	6	11	9	38	2.65	3.40	2.86	3.53	2.51	3.00
辽宁	6	11	10	13	16	56	3.97	4.68	4.76	4.17	4.46	4.42
吉林	5	9	6	14	13	47	3.31	3.83	2.86	4.49	3.62	3.71
黑龙江	9	11	6	13	14	53	5.96	4.68	2.86	4.17	3.90	4.18
上海	3	4	4	4	5	20	1.99	1.70	1.90	1.28	1.39	1.58
江苏	6	10	12	15	18	61	3.97	4.26	5.71	4.81	5.01	4.81
浙江	8	10	11	14	14	57	5.30	4.26	5.24	4.49	3.90	4.50
安徽	6	7	7	12	17	49	3.97	2.98	3.33	3.85	4.74	3.87
福建	6	8	9	12	17	52	3.97	3.40	4.29	3.85	4.74	4.10
江西	4	5	6	12	13	40	2.65	2.13	2.86	3.85	3.62	3.16
山东	13	18	15	21	23	90	8.61	7.66	7.14	6.73	6.41	7.10
河南	6	8	9	16	21	60	3.97	3.40	4.29	5.13	5.85	4.74

续表

地区	数量（家）						占比（%）					
	第一批（2000年）	第二批（2002年）	第三批（2004年）	第四批（2008年）	第五批（2011年）	合计	第一批（2000年）	第二批（2002年）	第三批（2004年）	第四批（2008年）	第五批（2011年）	合计
湖北	6	8	8	11	15	48	3.97	3.40	3.81	3.53	4.18	3.79
湖南	7	9	8	11	12	47	4.64	3.83	3.81	3.53	3.34	3.71
广东	6	13	10	13	14	56	3.97	5.53	4.76	4.17	3.90	4.42
广西	2	4	6	9	10	31	1.32	1.70	2.86	2.88	2.79	2.45
海南	3	5	4	6	3	21	1.99	2.13	1.90	1.92	0.84	1.66
重庆	6	8	5	5	8	32	3.97	3.40	2.38	1.60	2.23	2.53
四川	6	11	8	15	21	61	3.97	4.68	3.81	4.81	5.85	4.81
贵州	3	6	4	8	6	27	1.99	2.55	1.90	2.56	1.67	2.13
云南	4	4	5	6	7	26	2.65	1.70	2.38	1.92	1.95	2.05
西藏	0	1	2	4	1	8	0.00	0.43	0.95	1.28	0.28	0.63
陕西	5	6	5	10	12	38	3.31	2.55	2.38	3.21	3.34	3.00
甘肃	3	5	5	7	7	27	1.99	2.13	2.38	2.24	1.95	2.13
青海	1	3	3	5	6	18	0.66	1.28	1.43	1.60	1.67	1.42
宁夏	2	3	3	5	6	19	1.32	1.28	1.43	1.60	1.67	1.50
新疆	3	11	10	10	14	48	1.99	4.68	4.76	3.21	3.90	3.79
东部	59	92	84	106	121	462	39.07	39.15	40.00	33.97	33.70	36.47
东北	20	31	22	40	43	156	13.25	13.19	10.48	12.82	11.98	12.31
中部	33	42	42	71	88	276	21.85	17.87	20.00	22.76	24.51	21.78
西部	39	70	62	95	107	373	25.83	29.79	29.52	30.45	29.81	29.44
全国	151	235	210	312	359	1267	100.00	100.00	100.00	100.00	100.00	100.00

注：东部地区包括北京、天津、河北、江苏、山东、上海、浙江、广东、福建、海南，中部地区包括河南、湖北、湖南、江西、山西、安徽，西部地区包括陕西、宁夏、甘肃、四川、重庆、贵州、广西、云南、西藏、青海、新疆、内蒙古，东北地区包括黑龙江、辽宁、吉林。另外，表中数据未包含港澳台地区。

5. 农产品国际贸易发展迅速

经济全球化进程中，我国的改革开放日益深入，农业生产加工水平逐渐提高，农产品国际贸易快速发展，特别是加入 WTO 之后，农产品国际贸易的深度和广度均有所增加。当前，我国已经和全球约 200 个国家和地区有农产品国际贸易往来。中部地区是我国大宗农产品加工出口的重要区域，近年农产品国际贸易发展迅猛。山西的畜禽产品、干鲜果等出口欧美、日韩；河南的烟草、茶叶、果树、中草药出口欧美、东盟；湖南的粮油食品、肉禽蛋、果蔬、茶叶出口日本、东盟和美国；湖北的水产品、食用菌、蔬菜、蜂产品出口欧美、俄罗斯等；安徽的粮油、蔬菜、肉禽出口欧盟和美国；江西的活猪、粮食、果蔬、茶叶、水产品出口欧美、东南亚等国家和地区。

据商务部发布的《中国进出口月度统计报告（农产品）》，我国中部地区农产品出口总额在 2005 年、2010 年和 2017 年分别为 14.98 亿美元、34.48 亿美元和 72.07 亿美元，占全国的比例分别为 5.51%、7.05% 和 9.59%，呈现良好的递增态势，是四大板块区域中成长性最好的（表4-5）。当然，中部地区农产品国际贸易的总体规模与其农业生产在全国的地位仍很不相称，还有较大的提升空间。

表 4-5 各省区农产品出口总额及其变化

地区	出口总额（亿美元）			占全国的比例（%）			增量变化（%）		
	2005 年	2010 年	2017 年	2005 年	2010 年	2017 年	2005~2010 年增量	2010~2017 年增量	2005~2017 年增量
北京	11.72	10.56	12.71	4.31	2.16	1.69	-2.15	-0.47	-2.62
天津	5.20	9.19	8.59	1.91	1.88	1.14	-0.03	-0.74	-0.77
河北	7.80	12.30	15.00	2.87	2.52	2.00	-0.35	-0.52	-0.87
山西	0.38	0.83	1.04	0.14	0.17	0.14	0.03	-0.03	0.00
内蒙古	2.89	2.94	8.26	1.06	0.60	1.10	-0.46	0.50	0.04
辽宁	21.65	35.90	49.03	7.96	7.34	6.53	-0.62	-0.81	-1.43
吉林	8.58	10.35	11.79	3.16	2.12	1.57	-1.04	-0.55	-1.59
黑龙江	6.18	6.96	8.63	2.27	1.42	1.15	-0.85	-0.27	-1.12
上海	8.90	14.89	19.14	3.27	3.05	2.55	-0.22	-0.50	-0.72
江苏	10.42	25.22	38.28	3.83	5.16	5.09	1.33	-0.06	1.26
浙江	24.51	36.67	51.33	9.02	7.50	6.83	-1.52	-0.67	-2.19
安徽	3.33	6.89	12.47	1.23	1.41	1.66	0.18	0.25	0.43
福建	19.62	49.58	88.96	7.22	10.14	11.84	2.92	1.70	4.62
江西	1.31	2.58	5.77	0.48	0.53	0.77	0.05	0.24	0.29
山东	68.98	127.05	170.09	25.37	25.99	22.64	0.62	-3.35	-2.74
河南	4.10	7.92	22.09	1.51	1.62	2.94	0.11	1.32	1.43
湖北	3.08	10.85	18.98	1.13	2.22	2.53	1.09	0.31	1.40
湖南	2.78	5.41	11.72	1.02	1.11	1.56	0.09	0.45	0.54
广东	35.76	56.72	94.79	13.15	11.60	12.62	-1.55	1.02	-0.53
广西	3.24	9.58	20.03	1.19	1.96	2.67	0.77	0.71	1.48
海南	1.48	4.65	5.27	0.54	0.95	0.70	0.41	-0.25	0.16
重庆	1.17	1.70	2.08	0.43	0.35	0.28	-0.08	-0.07	-0.15

续表

地区	出口总额（亿美元）			占全国的比例（%）			增量变化（%）		
	2005年	2010年	2017年	2005年	2010年	2017年	2005~2010年增量	2010~2017年增量	2005~2017年增量
四川	4.43	6.82	6.58	1.63	1.40	0.88	-0.23	-0.51	-0.75
贵州	0.69	1.85	5.44	0.25	0.38	0.72	0.13	0.34	0.47
云南	4.83	13.07	42.98	1.78	2.67	5.72	0.89	3.05	3.94
西藏	0.34	0.59	0.38	0.12	0.12	0.05	0.00	-0.07	-0.07
陕西	2.69	5.58	6.28	0.99	1.14	0.84	0.15	-0.30	-0.15
甘肃	1.58	2.77	3.23	0.58	0.57	0.43	-0.01	-0.14	-0.15
青海	0.06	0.18	0.35	0.02	0.04	0.05	0.02	0.01	0.03
宁夏	0.18	0.68	1.39	0.07	0.14	0.18	0.08	0.05	0.13
新疆	4.00	8.52	8.71	1.47	1.74	1.16	0.27	-0.58	-0.31
东部	194.39	346.83	504.16	71.50	70.96	67.10	-0.55	-3.85	-4.40
东北	36.41	53.21	69.45	13.39	10.89	9.24	-2.50	-1.65	-4.15
中部	14.98	34.48	72.07	5.51	7.05	9.59	1.55	2.53	4.08
西部	26.10	54.28	105.71	9.60	11.10	14.07	1.51	2.96	4.47
全国	271.88	488.80	751.39	100.00	100.00	100.00	—	—	—

资料来源：《中国进出口月度统计报告（农产品）》（2005年12月、2010年12月、2017年12月）

注：表中数据未包含港澳台地区

6. 工资性收入成为农民收入的主体和动力源

近年，中部地区农村居民家庭人均纯收入稳步增长，2017年分省人均纯收入自高到低分别为湖北13 813元、江西13 242元、湖南12 936元、安徽12 758元、河南12 718元、山西10 787元。从中部地区农民收入与全国的比较来看，2017年中部六省农民人均纯收入除湖北外均低于13 432元的全国平均水平，这相对于2006年六省均低于全国平均水平的情况有所好转。但是，也可以看出在过去的中部崛起过程中，农民收入尚未实现赶超增长。未来十年应采取更为有效的措施进行重点突破。

从近年中部地区农村居民家庭纯收入结构来看，工资性收入成为农村居民家庭纯收入的主体和动力源（表4-6和表4-7）。2006~2017年，中部地区各省份的工资性收入增幅明显高于家庭经营纯收入。2017年，除湖北和安徽外，中部地区其他4个省份的工资性收入均已超过其家庭经营纯收入。但是家庭经营纯收入依然是农村居民家庭纯收入的主要组成部分。特别地，家庭经营纯收入的稳定增长对于发展能力相对较弱的低收入群体而言依然是十分重要的，仍应引起足够重视。

表 4-6 中部地区农村居民家庭人均纯收入情况

地区	年份	纯收入（元）	工资性收入（元）	家庭经营纯收入（元）	财产性收入（元）	转移性收入（元）
山西	2006 年	3 181	1 374	1 623	75	109
	2010 年	4 736	2 109	2 028	214	385
	2017 年	10 787	5 462	2 824	164	2 337
	2006~2010 年增幅（%）	48.88	53.49	24.95	185.33	253.21
	2010~2017 年增幅（%）	127.77	158.99	39.25	-23.36	507.01
	2006~2017 年增幅（%）	239.11	297.53	74.00	118.67	2 044.04
安徽	2006 年	2 969	1 184	1 618	53	114
	2010 年	5 285	2 204	2 626	142	313
	2017 年	12 758	4 624	5 026	219	2 889
	2006~2010 年增幅（%）	78.01	86.15	62.30	168.92	174.56
	2010~2017 年增幅（%）	141.40	109.80	91.39	54.23	823.00
	2006~2017 年增幅（%）	329.71	290.54	210.63	313.21	2 434.21
江西	2006 年	3 460	1 441	1 864	35	120
	2010 年	5 788	2 395	2 919	100	374
	2017 年	13 242	5 609	4 869	214	2 550
	2006~2010 年增幅（%）	67.28	66.20	56.60	185.71	211.67
	2010~2017 年增幅（%）	128.78	134.20	66.80	114.00	581.82
	2006~2017 年增幅（%）	282.72	289.24	161.21	511.43	2 025.00
河南	2006 年	3 261	1 023	2 108	40	90
	2010 年	5 523	1 944	3 240	59	280
	2017 年	12 718	4 770	4 747	199	3 002
	2006~2010 年增幅（%）	69.37	90.03	53.70	47.50	211.11
	2010~2017 年增幅（%）	130.27	145.37	46.51	237.29	972.14
	2006~2017 年增幅（%）	290.03	366.28	125.19	397.50	3 235.56
湖北	2006 年	3 419	1 199	2 095	26	99
	2010 年	5 832	2 186	3 235	107	304
	2017 年	13 813	4 390	5 964	166	3 293
	2006~2010 年增幅（%）	70.58	82.32	54.42	311.54	207.07
	2010~2017 年增幅（%）	136.85	100.82	84.36	55.14	983.22
	2006~2017 年增幅（%）	304.01	266.14	184.68	538.46	3226.26

续表

地区	年份	纯收入（元）	工资性收入（元）	家庭经营纯收入（元）	财产性收入（元）	转移性收入（元）
湖南	2006 年	3 389	1 450	1 743	42	154
	2010 年	5 623	2 656	2 464	102	401
	2017 年	12 936	5 341	4 369	148	3 078
	2006~2010 年增幅（%）	65.92	83.17	41.37	142.86	160.39
	2010~2017 年增幅（%）	130.06	101.09	77.31	45.10	667.58
	2006~2017 年增幅（%）	281.71	268.34	150.66	252.38	1 898.70

资料来源：《中国统计年鉴》（2007 年、2011 年和 2018 年）

表 4-7 2017 中年部农村居民家庭纯收入结构

地区	纯收入 数值（元）	工资性收入			家庭经营纯收入			财产性收入			转移性收入		
		数值（元）	比例（%）	与2006年相比的比例变化（%）	数值（元）	比例（%）	与2006年相比的比例变化（%）	数值（元）	比例（%）	与2006年相比的比例变化（%）	数值（元）	比例（%）	与2006年相比的比例变化（%）
山西	10 787	5 462	50.64	7.45	2 824	26.18	-24.84	164	1.52	-0.84	2 337	21.67	18.24
安徽	12 758	4 624	36.24	-3.64	5 026	39.40	-15.10	219	1.72	-0.07	2 889	22.64	18.80
江西	13 242	5 609	42.36	0.71	4 869	36.77	-17.10	214	1.62	0.61	2 550	19.26	15.79
河南	12 718	4 770	37.51	6.14	4 747	37.33	-27.32	199	1.56	0.33	3 002	23.60	20.84
湖北	13 813	4 390	31.78	-3.29	5964	43.18	-18.10	166	1.20	0.44	3 293	23.84	20.94
湖南	12 936	5 341	41.29	-1.50	4 369	33.77	-17.66	148	1.14	-0.10	3 078	23.79	19.25

资料来源：《中国统计年鉴》（2007 年和 2018 年）

三、近年中部地区农业综合生产能力评价与分析

1. 农业综合生产能力评价技术方法

根据农业综合生产能力含义及其构成，分别从自然资源保障能力、固定资本拥有能力、可变要素供给能力、实际经营产出能力四个维度选择适宜指标，构建全国分省农业综合生产能力评价指标体系（表 4-8）。基于专家打分法获得各项指标及各维度的权重。收集整理全国分省相应统计数据，进行极差标准化，然后加权汇总得到各省区、四大区域不同维度、不同时期的农业综合生产能力指数。该指标体系能较好地反映各省区农业自然资源、固定资本情况，识别可变要素供给能力，以及主要农产品产出能力，可从较为全面、综合的角度反映区域农业综合生产能力。

表 4-8 农业综合生产能力评价指标体系

维度及权重	指标	单位	方向	权重
自然资源保障能力 （0.263）	农作物总播种面积	10^3 公顷	+	0.372
	水产养殖面积	10^3 公顷	+	0.149
	自然灾害成灾率	%	-	0.213
	有效灌溉率	%	+	0.266
固定资本拥有能力 （0.189）	农业固定资产原值	元/户	+	0.386
	水库总库容量	亿立方米	+	0.177
	农业机械总动力	万千瓦	+	0.284
	大牲畜年底头数	万	+	0.153
可变要素供给能力 （0.246）	化肥施用量	万吨	+	0.147
	农药施用量	吨	+	0.135
	农膜使用量	吨	+	0.158
	农业劳动力	万人	+	0.264
	农业科技人员数	人	+	0.296
实际经营产出能力 （0.302）	粮食总产量	万吨	+	0.265
	油料总产量	吨	+	0.112
	肉类总产量	万吨	+	0.223
	禽蛋总产量	万吨	+	0.122
	奶类总产量	万吨	+	0.121
	蔬菜总产量	吨	+	0.157

2. 中部地区农业综合生产能力变化

中部地区农业综合生产能力变化的总体特征是综合指数呈增长态势，但占全国的比例有所下降（图 4-6）。中部地区农业综合生产能力指数呈稳步增长态势，2006~2013 年年

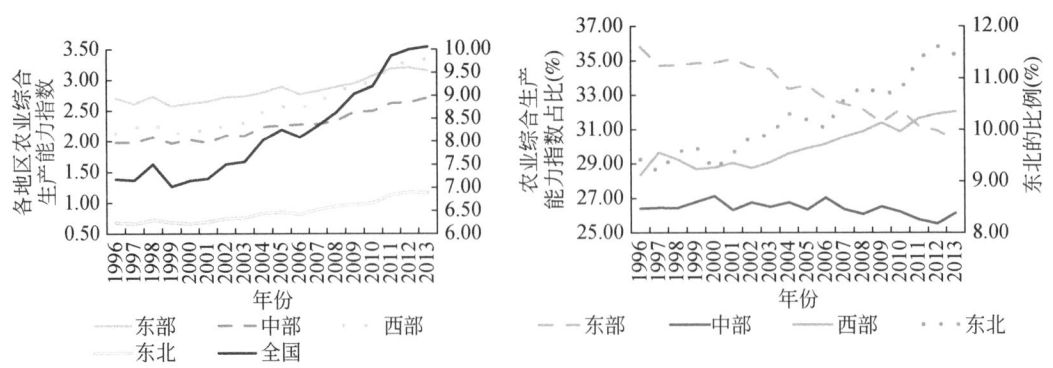

图 4-6 各地区农业综合生产能力指数加权数值及其占全国比例的变化

均增幅达 18.86%，增幅小于东北的 40.50% 和西部的 30.69%，但大于东部的 13.79%；从各地区农业综合生产能力指数占全国的比例来看，中部地区的比例有所下降，由 2006 年的 27.03% 下降到 2012 年谷底的 25.53%，2013 年回升到 26.14%。

3. 中部地区农业综合生产能力分解

固定资本拥有能力和自然资源保障能力的增速偏低是中部地区农业综合生产能力提升的主要制约因素。将农业综合生产能力进行分解可见，2006 年以来中部地区四个维度的生产能力指数均呈现上升态势，但增速不同，占全国的比例也有所不同（图 4-7）。具体地，2006~2013 年，自然资源保障能力、固定资本拥有能力、可变要素供给能力、实际经营产出能力的综合指数分别增加了 19.98%、42.90%、9.77% 和 16.73%，但相应指数的全国合计值则分别增加了 25.85%、55.23%、10.39% 和 16.09%，以致除实际经营产出能力占全国的比例增加了 0.16 个百分点以外，其余三项占全国的比例分别减少了 1.26 个百分点、1.83 个百分点、0.15 个百分点。总体来看，可变要素供给能力和实际经营产出能力的增速与全国基本同步，占全国的比例基本稳定；固定资本拥有能力和自然资源保障能力的增速相对偏低，制约了中部地区农业综合生产能力的提升。由此，中部地区仍有必要加强农田防灾减灾能力建设、农田水利建设、骨干水利工程建设，进一步提高农业机械化水平，进而稳步提升农业综合生产能力。

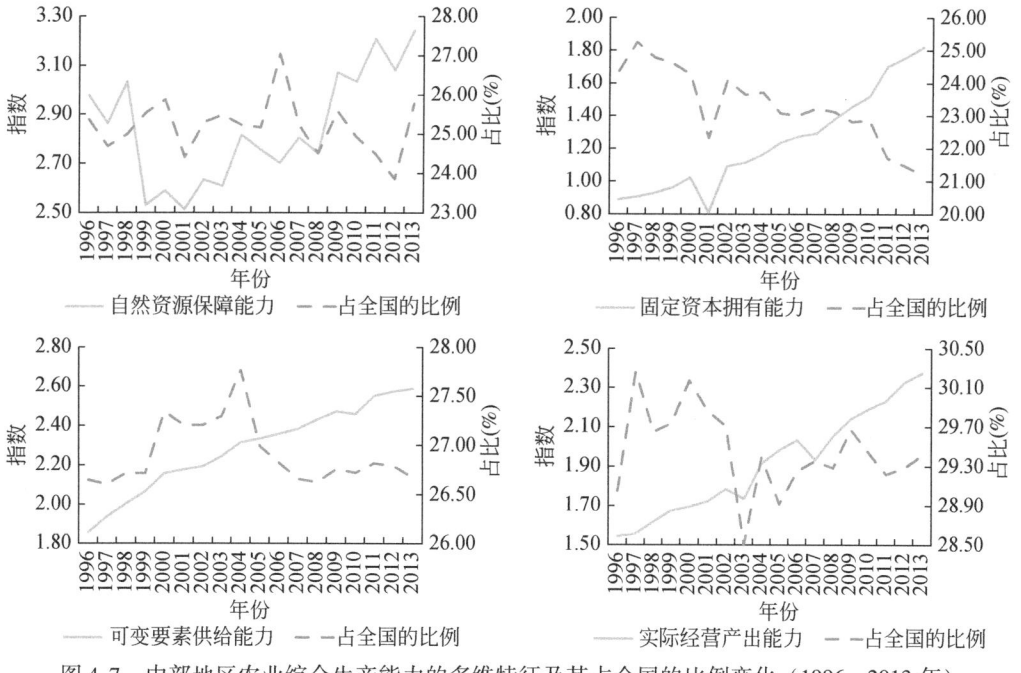

图 4-7 中部地区农业综合生产能力的多维特征及其占全国的比例变化（1996~2013 年）

四、近年中部地区农业生产发展状况的整体评价

2006年以来，中部地区农业发展取得显著成就。农业生产主体日趋多元化，农业生产规模化、装备机械化、服务社会化、经营组织化程度明显提高，农业现代化、产业化发展水平不断提高，农产品国际贸易稳步发展，农业综合生产能力不断增强。粮食、油料、肉类、禽蛋、奶类、蔬菜、水产品等主要农产品产量稳步提高；作为重要粮食生产基地的地域主导功能得到持续发挥，在东北地区粮食产量迅猛增长的情况下，中部地区粮食总产量仍居四大板块之首。

过去近十年的中部崛起过程中，农村居民家庭人均纯收入尚未实现赶超增长。与2006年一样，2017年多数省区的农村居民家庭人均纯收入仍低于全国平均水平。从近年中部地区农村居民家庭人均纯收入及其结构、变化来看，工资性收入数值及其增幅普遍超过了家庭经营纯收入，财产性收入和转移性收入也有明显增加。工资性收入逐渐取代家庭经营纯收入成为农民收入的主体和动力源。但是，家庭经营纯收入依然是农村居民家庭人均纯收入的主要组成部分。特别地，家庭经营纯收入的稳定增长对于发展能力相对较弱的低收入群体而言依然十分重要，仍应引起足够重视。

对接中部崛起相关上位规划及其目标可见，中部地区2011年粮食产量达到1.73亿吨，提前4年完成《促进中部地区崛起规划》预计的"2015年粮食总产量达到1.68亿吨"的目标。2013年耕地保有量3060.4万公顷，基本完成《促进中部地区崛起规划》提出的"2015年耕地保有量2900万公顷"的目标。

鉴于中部地区在2015年粮食产量为1.87亿吨，已实现《促进中部地区崛起规划》预计的"2020年粮食总产量达到1.8亿吨"的目标，而从中部地区目前粮食产量增长的速度来看，到2020年，实现粮食总产量1.8亿吨的目标应当不难。但是，如果东北和西部地区粮食产量依旧保持目前的高速增长态势，中部地区要实现2020年粮食产量占全国1/3的目标有相当难度。

第二节 主要问题与挑战

一、资源与环境约束

1. 耕地面积不断减少，中低产田比例较高

中部地区在近20年的工业化、城镇化进程中，非农建设大量占用耕地，以致耕地面积不断减少；耕地总量"占补平衡"过程中"占优补劣"的问题依然存在，以致中低产田面积比例较高。据自然资源部的农用地分等定级资料，中部地区以自然等计算的中低产田占比达31.19%，按利用等计算的中低产田占比达48.20%（表4-9）。耕地面积减少、

中低产田占比高对农业生产形成硬约束,制约农业生产能力、效率和效益的提升。

表4-9 中低产田占耕地面积的比例 （单位:%）

地区	按自然等计算的中低产田占比	按利用等计算的中低产田占比	地区	按自然等计算的中低产田占比	按利用等计算的中低产田占比
北京	48.08	39.37	广东	0.07	1.56
天津	66.64	100.00	广西	42.95	43.99
河北	63.10	76.16	海南	41.95	41.79
山西	82.21	97.55	重庆	84.20	84.71
内蒙古	99.99	99.90	四川	62.17	58.41
辽宁	91.21	99.37	贵州	99.86	98.95
吉林	91.09	98.90	云南	96.98	93.58
黑龙江	99.87	99.90	西藏	100.00	100.00
上海	0.00	0.00	陕西	74.57	79.85
江苏	0.00	0.00	甘肃	99.90	99.84
浙江	22.98	44.26	青海	100.00	100.00
安徽	27.93	57.16	宁夏	86.70	87.24
福建	22.22	83.46	新疆	96.54	99.21
江西	74.96	25.77	东部	23.06	43.73
山东	8.99	42.76	中部	31.19	48.20
河南	6.99	20.71	西部	85.23	85.02
湖北	17.51	17.22	东北	95.82	99.52
湖南	9.73	45.02	合计	60.46	68.87

2. 环境污染问题突出,产地环境存在隐忧

由于农业生产经营分散、监管力量薄弱,加之工矿、城乡污染排放导致土壤污染问题凸显,产地环境质量问题频现,农产品质量安全仍然存在较大隐忧。据《全国土壤污染状况调查公报》,全国土壤环境状况总体不容乐观,部分地区土壤污染较重,耕地土壤环境质量堪忧,工矿业废弃地土壤环境问题突出。工矿业、农业等人为活动以及土壤环境背景值高是土壤污染或超标的主要原因。中部地区同样存在该问题。2017年,中部六省的工业增加值占全国的22.50%,但排放了全国22.08%的废水、25.42%的化学需氧量、24.41%的氨氮、23.00%的总氮、24.43%的总磷、17.05%的石油类、17.95%的挥发酚,以及31.46%的铅、25.19%的汞、51.43%的镉、47.59%的六价铬、29.92%的总铬、47.42%的砷（表4-10）。整体来看,中部地区单位工业增加值排放的废水及废水中的污染物数量全部高于全国平均水平。

表4-10 每亿元工业增加值的废水及废水中主要污染物排放量（2017年）

污染物	东部	中部	西部	东北	合计
废水排放量（万吨）	20.63	22.70	29.65	29.81	102.79
化学需氧量（吨）	24.15	40.31	53.58	40.51	158.55
氨氮（吨）	3.53	5.35	6.48	6.56	21.92
总氮（吨）	5.90	7.61	9.69	9.89	33.09
总磷（吨）	0.29	0.43	0.68	0.36	1.76
石油类（吨）	0.0121	0.0172	0.0233	0.0483	0.1009
挥发酚（吨）	0.0004	0.0007	0.0018	0.0010	0.0039
铅（千克）	0.0439	0.1858	0.3434	0.0175	0.5906
汞（千克）	0.0014	0.0033	0.0078	0.0006	0.0131
镉（千克）	0.0049	0.0574	0.0441	0.0052	0.1116
六价铬（千克）	0.0879	0.1479	0.0549	0.0201	0.3108
总铬（千克）	0.3992	0.3206	0.1910	0.1607	1.0715
砷（千克）	0.0137	0.2879	0.2038	0.1017	0.6071

注：根据《中国统计年鉴》（2018年）的有关数据计算

农业生产往往需要一定量的化学投入品。在传统农业向现代农业转型过程中，适当的化学投入品使用对于减少病虫害、提高单产具有重要作用。但如果化学投入品使用过量，累积性因素可能带来环境污染，甚至影响食物安全。从主要化学投入品的强度来看（图4-8），中部地区单位面积耕地的塑料薄膜用量、地膜用量相对较少，因此塑料薄膜留存土壤造成的白色污染可能相对较少。但农药施用量、化肥施用量相对较高，除山西外均远高于全国平均水平。目前，中部地区单位面积农用化肥施用量、单位面积农药施用量均已经十分接近东部地区的水平，分别是东部地区的97.79%和88.99%。另据有关研究整理（龚胜生等，2013），当前我国有各类癌症村351个，其中中部六省合计达115个，占全国的32.76%，这从侧面反映出中部地区环境质量的问题。据《湖南省第二次土地调查主要数据成果》，长株潭地区、湘南地区有部分耕地受到中、重度污染，不宜耕种。在山西，随着煤、焦、铁等资源型产业持续发展，耕地、水、植被等资源又遭到一定程度的破坏或污染，更加剧了农业生态环境的恶化。土壤污染问题日益突出，由此引发的食品安全事件时有发生，土壤污染防治刻不容缓，有必要开展针对性的土壤污染修复、休耕。

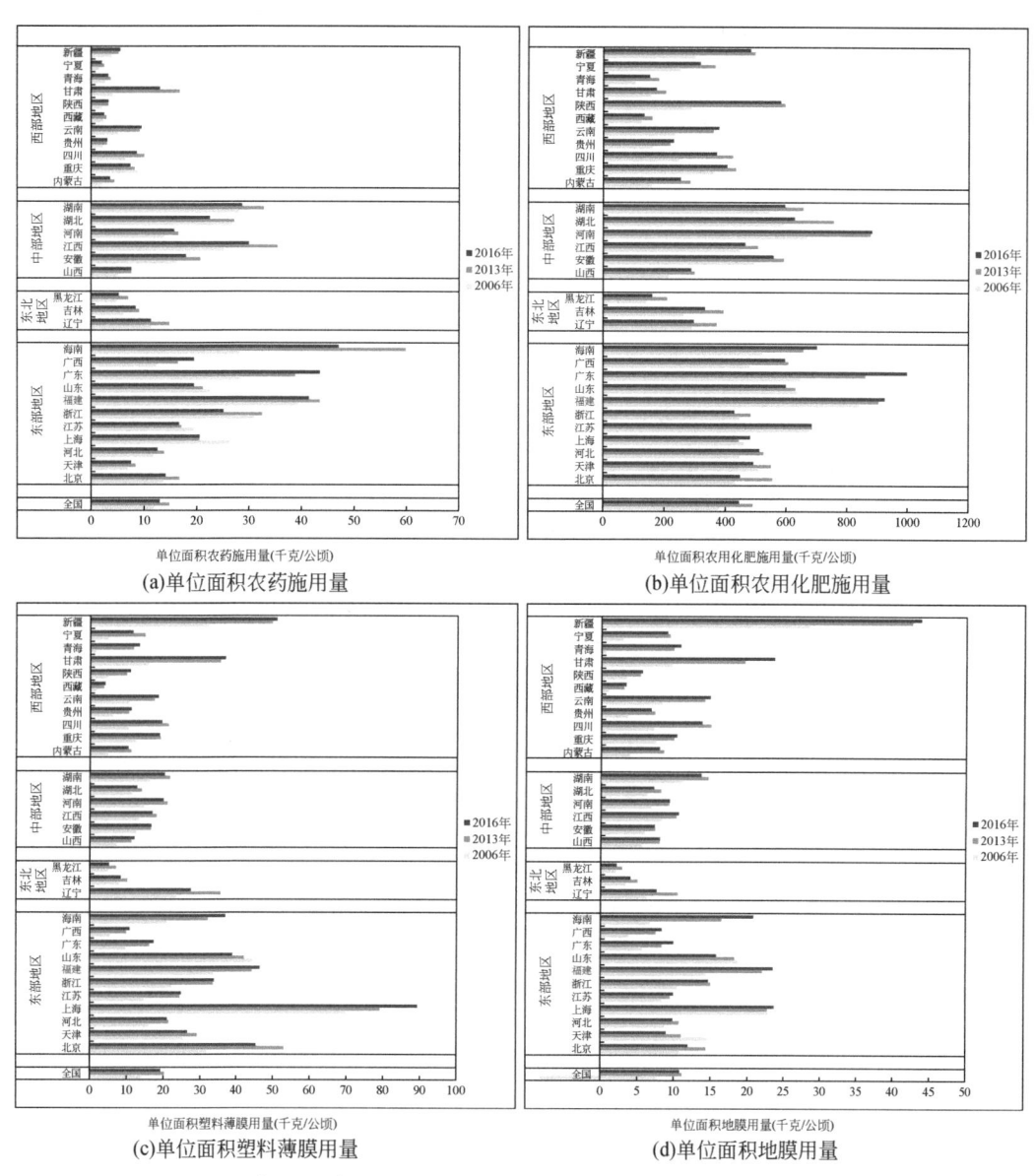

图 4-8 各地区单位面积耕地主要化学投入品使用量（2016~2016 年）

3. "老三农"问题有缓解，但"新三农"问题加剧

中部地区是我国"三农"问题最为突出的地区，中部崛起的战略目标能否实现，关键取决于"三农"问题的解决程度。虽然近年来，由于国家对"三农"工作的日益重视和中部各省的不懈努力，中部地区的"三农"问题有所缓解，但从目前实际来看，"三农"问题依然突出，集中表现为农民的收入增长缓慢、农业的比较效益偏低。当前中部六省的农民人均纯收入全部低于全国平均水平。更为严峻的是，随着中部地区工业化、城镇化进程的不断加快，"老三农"问题又衍生出诸如失地农民、污染农田、空心农村等"新三农"问题，给中

部地区的转型发展带来巨大挑战。同时,由于高素质农村人口向城镇大量转移,中部地区一些地方"三缺"(农业生产缺人手、新农村建设缺人才、抗灾救灾缺人力)现象凸显、"三化"(农业兼业化、农村空心化、农民老龄化)趋势明显、"三留守"(农村留守儿童、留守妇女、留守老人)问题突出,这些都加大了未来十年中部转型、创新、崛起的难度。

二、供给与需求错位

1. 产品品质仍难以满足中高端市场需求

农产品质量直接关系到食物安全和营养健康。随着生活水平的不断提高,城乡居民和国际市场对农产品的需求标准也越来越高。特色、优质、新奇农产品的需求越来越大,常规的、低品质的农产品的市场空间、附加值越来越小。这对中部地区传统农业生产发展提出了新的要求。目前,由于种养、加工、包装、储运等环节的质量控制体系仍不完善,产品质量控制能力仍然较弱,产品品质仍难以满足中高端市场的需求。

2. 农产品精深加工能力不足的短板凸显

中部地区的农业种养能力较好,但加工能力较低,产品附加值不高。农产品加工业的产业规模和竞争力,从全国层面来看仍有待提升。将农产品加工业产值与农业总产值的比值作为衡量区域农产品加工业发展规模与水平的指示指标,进行相关计算,并比较中部地区与其他三大区域和全国平均水平的差异。经测算(图4-9),2006年中部地区农产品加

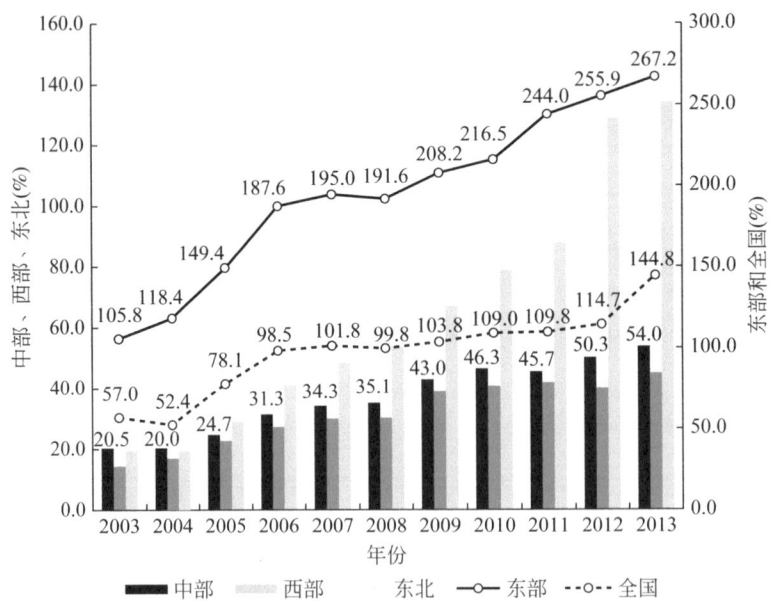

图4-9 各地区农产品加工业产值与农业总产值之比的变化(2003~2013年)
农产品加工业总产值数据来自《中国乡镇企业及农产品加工业年鉴》(2004~2014年),
农业总产值数据来自《中国统计年鉴》(2004~2014年)

工业产值与农业总产值的比值为0.313，远低于东部地区的1.876，以及0.985的全国平均水平；2013年，中部地区农产品加工业产值与农业总产值的比值增加到0.54，提高了74.19%，但仍远低于东部地区的2.672和全国平均的1.448。特别地，东北地区该比值在2003年时仅为0.19，低于中部地区的0.205，而到2004年即超过了中部地区，随后进入快速增长阶段，2006~2013年增长了224%，增幅为四大区域之最。这说明只要战略、措施得当，农产品加工业是可以实现跨越式发展的。中部地区作为我国农业的核心区，尤其有必要加快农产品加工业的发展，实现农业大区向农业强区的转型。

三、增产与增收两难

中部地区以全国22.64%的耕地生产了全国30.06%的粮食、43.56%的油料、29.26%的肉类，其农业和粮食生产对国家的贡献巨大。但是受耕地保护制度、粮食生产约束等政策性限制对区域发展权益的剥夺，加之相关政策对于解决其农村发展深层次矛盾与问题仍存在局限性，中部地区作为我国重要的粮食主产区，"粮食大县，工业弱县，财政穷县"的局面依然没有明显改观。一方面，表现为农业生产的比较效益低下，使得农户家庭经营收入增长乏力、增速过缓，并逐渐被工资性收入取代，成为收入的主体和增长的动力源；另一方面还表现为制约了区域社会经济系统的发展。

中部六省近500个有资料的县市，人均粮食产量与人均财政收入的相关系数为-0.212（$P<0.01$）。在河南省，这一问题更为突出，对有资料的108个县市进行分析发现，人均粮食产量与人均工业增加值、人均GDP、人均财政收入、农民人均纯收入的相关系数分别为-0.510、-0.521、-0.622、-0.334，均通过了0.01的显著性检验。由散点图可见，人均粮食产量与前述社会经济主要指标的负相关关系仍显著存在（图4-10）。这表明，在当

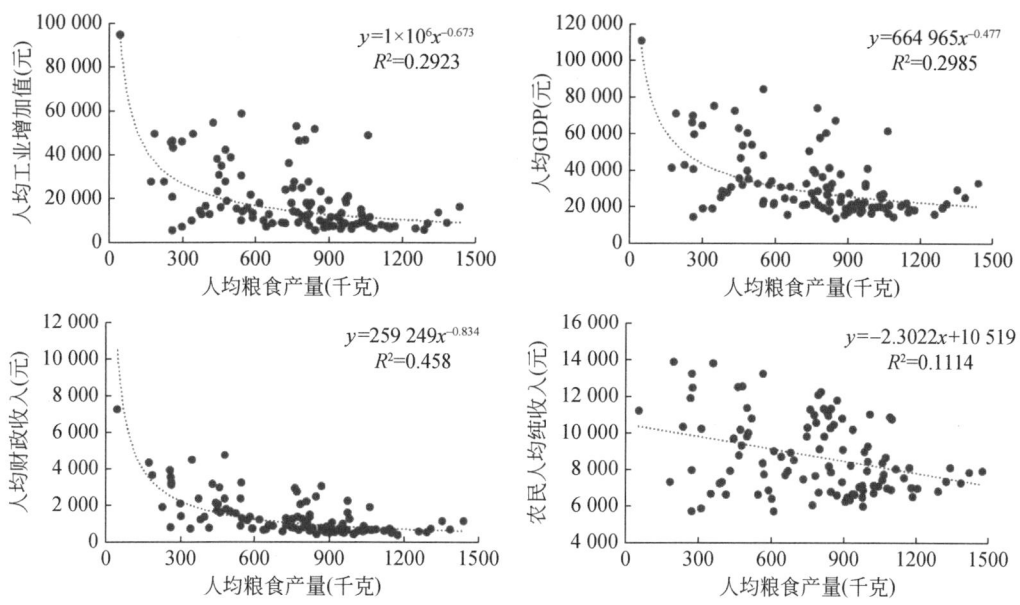

图4-10 河南省县域人均粮食产量与主要社会经济指标的负相关性

前阶段中部地区粮食生产贡献巨大与社会经济发展滞后的强烈反差依然存在。

第三节　发展潜力与机遇

一、全面深化改革为中部地区农业农村发展带来机遇

农业的发展与农村发展相关体制机制密不可分，特别是农村土地管理与土地利用、农村金融与信贷、农村社会保障等。长期以来的城乡二元制度体系下，我国农业农村发展面临较多体制障碍。十八大以来相继推出的城乡发展体制机制创新将对我国农业农村发展产生重大影响。就中部地区农业与农村的发展而言，当前和未来一段时期的城乡发展体制机制创新带来的制度与政策环境变化，将可能带来红利。特别是农村家庭联产承包经营权的进一步确立和巩固、集体经营性建设用地上市流转与宅基地退出机制的完善，以及农村产权流转交易市场的逐步建立，将为中部农业在土地流转与规模经营、产权流转与入市交易、农民权益保障方面提供更加完善的制度与政策环境。

特别地，针对当前我国经济发展进入新常态，农业发展面临农产品价格"天花板"封顶、生产成本"地板"抬升、资源环境"硬约束"加剧等新挑战，2015年8月，国务院办公厅出台了《国务院办公厅关于加快转变农业发展方式的意见》（国办发〔2015〕59号），发布了《关于开展农村承包土地的经营权和农民住房财产权抵押贷款试点的指导意见》。提出赋予农村承包土地的经营权和农民住房财产权（简称"两权"）抵押融资功能，推进农村金融产品和服务方式创新，建立抵押物处置机制等措施，维护农民土地权益。在防范风险、遵守有关法律法规和农村土地制度改革等政策基础上，稳妥有序开展"两权"抵押贷款试点。这些新举措的出台和试点，有助于让农民因此拥有更多财产权利，有助于有效盘活农村资源、资金、资产、深化农村金融改革创新，有助于农民增收致富。

二、技术进步与重大工程有助于挖掘中部农业发展潜力

1. 挖掘良种的增产潜力

由于品种退化、不适宜、抗逆性不行，中部地区许多区域的农业单产仍然较低。通过推广农业新品种，如高产品种、抗逆性品种等，可以挖掘良种的增产潜力。

2. 开发良田的稳产潜力

据农用地分等定级成果，中部地区中低产田占比接近50%，总量超过2亿亩。现有实践表明，扎实推进农村土地整治重大工程，有助于增加耕地、提升产能，提高农业抵御自然风险的能力。在中部地区，通过实施中低产田改造、高标准基本农田建设等重大工程，可有效提升产能。据国土资源部的测算，2011年土地整治后的耕地质量平均提升1~2个

等级,粮食产能普遍提高10%~20%。在中部地区,如果中低产田按2亿亩计,保守估计整治后平均每亩增产粮食10%,约50千克,合计将达100亿千克,折合0.1亿吨。这对于实现2020年粮食产量1.8亿吨,特别是要实现占全国粮食总产量1/3的目标将是巨大的支撑。

3. 强化良法的增效潜力

中部地区的农业机械化水平已有明显改善,但仍具有较大的提升空间。从作物上看,虽然小麦生产基本实现了耕种收机械化,但其他作物的综合机械化水平仍然偏低;从环节上看,虽然耕整地环节机械化水平较高,但部分作物的播种、植保、收获、烘干、秸秆处理等环节机械化水平仍然滞后;从区域上看,虽然河南等省装备水平和农机作业水平较高,但其他省区相对落后。加快推进主要农作物生产全程机械化,有利于充分发挥农业机械集成技术、节本增效、推动规模经营的重要作用,有利于提升农业生产效率、降低生产成本,有利于促进农业发展方式转变,破解我国农业生产面临的"谁来种地、怎么种地"的难题,不断提高农业的综合生产能力和市场竞争力,具有巨大的增效潜力。

三、全球化和内需刚性决定国内外市场潜力依然较大

1. "一带一路"倡议背景下农产品国际贸易潜力还能进一步挖掘

随着改革开放的不断深入,中部地区越来越多地参与到经济全球化进程中。在农产品国际贸易方面,中部地区的劳动密集型农产品具有出口优势,而山西黄土高原、湘西武陵山区、江西罗霄山等地优质特色农产品出口潜力也较大,农产品进出口规模不断增大。由表4-11可见,2005年、2010年、2017年,我国农产品出口额快速增加,不过进口额的增速更大,贸易逆差由2005年的14.64亿美元增加到2010年的230.23亿美元,并进一步增加到2017年的495.42亿美元。贸易逆差的急速增加预示着我国农产品国际贸易收支状况有所恶化。但从贸易逆差的区域格局看,中部地区的形势相对较好,贸易逆差较小,湖南、湖北、江西均为持续顺差,总体呈顺差态势,在四大区域中是表现最稳定的。从这个角度而言,说明近年中部地区的外向型农业发展还是有一定基础和竞争力的。中部地区应以"一带一路"倡议、长江经济带建设等国家重大战略为依托,充分把握好经济全球化带来的全球化大市场机遇,进一步优化出口产品结构、提升出口产品质量、增强市场开拓意识、完善贸易促进体系,将资源优势更有效地转化为产品优势和竞争优势,以外向型农业的发展带动传统农业转型和农民收入增长。

表4-11 2005~2017年我国农产品进出口及其差额 (单位:亿美元)

地区	出口额			进口额			出口额减进口额		
	2005年	2010年	2017年	2005年	2010年	2017年	2005年	2010年	2017年
北京	11.72	10.56	12.71	51.44	83.05	152.02	-39.72	-72.49	-139.31

续表

地区	出口额			进口额			出口额减进口额		
	2005年	2010年	2017年	2005年	2010年	2017年	2005年	2010年	2017年
天津	5.20	9.19	8.59	11.13	34.28	39.19	-5.93	-25.09	-30.60
河北	7.80	12.30	15.00	7.31	21.62	34.76	0.49	-9.32	-19.76
山西	0.38	0.83	1.04	0.02	0.15	0.71	0.36	0.68	0.33
内蒙古	2.89	2.94	8.26	0.61	2.32	5.97	2.28	0.62	2.29
辽宁	21.65	35.90	49.03	15.09	30.19	54.47	6.56	5.71	-5.44
吉林	8.58	10.35	11.79	2.42	6.87	5.22	6.16	3.48	6.57
黑龙江	6.18	6.96	8.63	1.84	12.55	11.40	4.34	-5.59	-2.77
上海	8.90	14.89	19.14	28.59	77.60	194.25	-19.69	-62.71	-175.11
江苏	10.42	25.22	38.28	31.07	91.20	134.61	-20.65	-65.98	-96.33
浙江	24.51	36.67	51.33	15.06	41.73	65.28	9.45	-5.06	-13.95
安徽	3.33	6.89	12.47	1.63	5.64	24.05	1.70	1.25	-11.58
福建	19.62	49.58	88.96	12.13	32.74	75.85	7.49	16.84	13.11
江西	1.31	2.58	5.77	0.16	0.20	1.43	1.15	2.38	4.34
山东	68.98	127.05	170.09	50.22	123.63	140.84	18.76	3.42	29.25
河南	4.10	7.92	22.09	4.31	11.22	15.61	-0.21	-3.30	6.48
湖北	3.08	10.85	18.98	0.96	2.33	5.16	2.12	8.52	13.82
湖南	2.78	5.41	11.72	1.70	1.87	9.37	1.08	3.54	2.35
广东	35.76	56.72	94.79	38.82	97.90	181.15	-3.06	-41.18	-86.36
广西	3.24	9.58	20.03	6.71	18.68	57.31	-3.47	-9.10	-37.28
海南	1.48	4.65	5.27	0.32	0.76	2.27	1.16	3.89	3.00
重庆	1.17	1.70	2.08	1.39	2.78	9.78	-0.22	-1.08	-7.70
四川	4.43	6.82	6.58	0.99	2.90	6.66	3.44	3.92	-0.08
贵州	0.69	1.85	5.44	0.01	0.01	0.14	0.68	1.84	5.30
云南	4.83	13.07	42.98	0.81	10.85	10.14	4.02	2.22	32.84
西藏	0.34	0.59	0.38	0.04	0.00	0.09	0.30	0.59	0.29
陕西	2.69	5.58	6.28	0.28	1.09	3.49	2.41	4.49	2.79
甘肃	1.58	2.77	3.23	0.04	0.13	0.28	1.54	2.64	2.95
青海	0.06	0.18	0.35	0.00	0.00	0.13	0.06	0.18	0.22
宁夏	0.18	0.68	1.39	0.05	0.01	0.36	0.13	0.67	1.03
新疆	4.00	8.52	8.71	1.33	4.73	4.80	2.67	3.79	3.91
东部	194.39	346.83	504.16	246.09	604.51	1020.23	-51.70	-257.68	-516.07
东北	36.41	53.21	69.45	19.35	49.61	71.09	17.06	3.60	-1.64
中部	14.98	34.48	72.07	8.78	21.41	56.33	6.20	13.07	15.74

续表

地区	出口额			进口额			出口额减进口额		
	2005年	2010年	2017年	2005年	2010年	2017年	2005年	2010年	2017年
西部	26.10	54.28	105.71	12.26	43.50	99.16	13.84	10.78	6.55
全国	271.88	488.80	751.39	286.48	719.03	1246.79	-14.60	-230.23	-495.42

资料来源:《中国进出口月度统计报告(农产品)》(2005年12月、2010年12月、2017年12月)

2. 城乡居民膳食结构改善与消费需求转型为中部农业带来机遇

快速城镇化进程中,国内居民的膳食结构不断改善、消费能力不断提升,带来食物消费需求转型、农产品及农业服务业的需求转型。由表4-12~表4-14可见:近年来,城镇居民家庭人均全年购买的主要食物中,粮食、酒的数量逐渐下降,鲜菜、食用植物油、肉类、鲜蛋的数量基本稳定,水产品、鲜奶、鲜瓜果的数量稳步增加;农村居民对粮食、蔬菜的消费量略有下降,而对食用油、肉类、蛋及制品、奶及制品、水产品、食糖、酒、瓜果及制品、坚果及制品等食品的消费数量有所增加;从主要农产品需求量的城乡差异来看,城镇居民肉类、蛋类、奶类、瓜果类的消费量明显高于农村居民。由此可以预计,在进一步的人口城镇化进程中,此类食物的需求还将进一步增加。此外,随着城乡居民收入水平的提高,对集实体产品生产、历史文化传承、农业景观维系、观光休闲旅游、传统农事体验等于一体的多功能农业的需求也将越来越大。

中部地区拥有黄土高原、黄淮平原、高寒山区、低山丘陵等多种自然地理类型,拥有丰富、多样、特色的农业资源和基础,只要经营得当,可以较好地满足城乡居民对农业多种功能的多样化、高级化需求。整体地,新型城镇化进程中,城乡居民膳食结构的持续改善和消费需求转型可为中部农业发展带来强劲的国内市场需求,这势必为中部农业发展带来机遇。

表4-12 1990~2017年城镇居民家庭人均全年购买主要食物量 (单位:千克)

指标	1990年	1995年	2000年	2005年	2010年	2015年	2017年
粮食(原粮)	130.72	97.00	82.31	76.98	81.53	112.61	109.75
鲜菜	138.70	116.47	114.74	118.58	116.11	100.24	102.48
食用植物油	6.40	7.11	8.16	9.25	8.84	10.67	10.28
猪肉	18.46	17.24	16.73	20.15	20.73	20.74	20.62
牛羊肉	3.28	2.44	3.33	3.71	3.78	3.86	4.22
禽类	3.42	3.97	5.44	8.97	10.21	9.45	9.74
鲜蛋	7.25	9.74	11.21	10.40	10.00	10.48	10.91
水产品	7.69	9.20	11.74	12.55	15.21	14.71	14.81
鲜奶	4.63	4.62	9.94	17.92	13.98	17.15	16.48
鲜瓜果	41.11	44.96	57.48	56.69	54.23	49.90	54.30
酒	9.25	9.93	10.01	8.85	7.02		

资料来源:《中国统计年鉴》(2006年、2011年、2016年、2018年)

表4-13 1990~2017年农村居民家庭人均主要食品消费量　（单位：千克）

指标	1990年	1995年	2000年	2005年	2010年	2015年	2017年
粮食（原粮）	262.08	256.07	250.23	208.85	181.44	159.51	154.64
#小麦	80.03	81.49	80.27	68.44	57.52		
#稻谷	134.99	129.25	126.82	113.36	101.91		
#大豆		2.28	2.53	1.91	1.61	6.60	7.10
蔬菜	134.00	104.62	106.74	102.28	93.28	90.34	90.19
食用油	5.17	5.80	7.06	6.01	6.31	10.07	10.11
#植物油	3.54	4.25	5.45	4.90	5.52	9.19	9.24
肉禽及制品	12.59	13.56	18.30	22.42	22.15	28.30	29.34
#猪肉	10.54	10.58	13.28	15.62	14.40	19.45	19.49
#牛肉	0.40	0.36	0.52	0.64	0.63	0.84	0.94
#羊肉	0.40	0.35	0.61	0.83	0.80	0.90	1.04
#禽类	1.25	1.83	2.81	3.67	4.17	7.11	7.87
蛋及制品	2.41	3.22	4.77	4.71	5.12	8.30	8.94
奶及制品	1.10	0.60	1.06	2.86	3.55	6.33	6.90
水产品	2.13	3.36	3.92	4.94	5.15	7.15	7.42
食糖	1.50	1.28	1.28	1.13	1.03	1.32	1.37
酒	6.14	6.53	7.02	9.59	9.74		
瓜果及制品	5.89	13.01	18.31	17.18	19.64	29.72	35.13
坚果及制品		0.13	0.74	0.81	0.96	2.11	2.63

资料来源：《中国统计年鉴》(2006年、2011年、2016年、2018年)
注：#表示下分的细类

表4-14 2013~2017年城乡居民主要食品消费量　（单位：千克）

指标	2013年		2017年	
	农村居民	城镇居民	农村居民	城镇居民
粮食（原粮）	178.51	121.33	154.64	109.75
谷物	169.75	110.59	144.77	98.63
薯类	2.71	1.90	2.77	2.34
豆类	6.05	8.84	7.10	8.78
食用油	14.34	11.19	10.11	10.67
#食用植物油	13.39	10.77	9.24	10.29
蔬菜及食用菌	90.63	103.85	90.19	106.67
#鲜菜	89.19	100.09	88.45	102.48
肉类	22.42	28.45	23.61	29.21

续表

指标	2013 年		2017 年	
	农村居民	城镇居民	农村居民	城镇居民
#猪肉	19.07	20.43	19.49	20.62
牛肉	0.76	2.20	0.94	2.64
羊肉	0.71	1.15	1.04	1.58
禽类	6.16	8.13	7.87	9.74
水产品	6.56	13.96	7.42	14.81
蛋类	6.96	9.43	8.94	10.91
奶类	5.71	17.13	6.90	16.48
干鲜瓜果类	29.53	51.05	38.37	59.90
#鲜瓜果	27.06	47.64	35.13	54.30
坚果类	2.46	3.41	2.63	4.27
食糖	1.19	1.28	1.37	1.30

资料来源：《中国统计年鉴》（2014 年、2018 年）

四、生产经营的模式创新可为中部农业升级增加动力

1. "大众创业、万众创新"可助力中部农业升级

中部地区拥有高原、山地、平原、丘陵等多样的地理类型，既是我国重要的粮食生产基地，也在特色农业发展方面具有较好的生产能力和发展潜力。但长期以来，受制于精深加工能力不强、现代网络营销受阻、仓储物流效率不高等因素，优质特色农产品往往只能就近销售，"走出去"的能力薄弱，难以有效开拓国内外中高端市场，制约了农业的发展和农民的增收。目前全社会正在倡导的"大众创业、万众创新""互联网+"等可为中部地区积极探索生产经营新模式提供先进的理念和技术支撑。借助电商、微商等创新营销方式，可让消费者更好地了解和购买到中部地区的特色农产品，可以更好地助力中部农业转型升级。

2. "资本下乡"可为中部地区农业发展带来机遇

实施工业反哺农业、城市带动农村战略，是实现农业现代化的普遍选择。随着中国经济进入"新常态"，越来越多的工商企业资本尝试转向农村寻求投资机遇。事实上，工商企业资本向农业进军，是现代农业发展的必然趋势。工商业"资本下乡"有利于促进人才、管理、技术、资金等生产要素向农业回归，发挥要素之间的组合优势，为农业发展注入生机和活力，推动传统农业向现代农业转型。近年来，工商资本进入农业领域的步伐明显加快，参与土地流转的规模快速增长。据统计，2013 年初全国家庭承包经营耕地流转面积 2.7 亿亩，占家庭承包耕地（合同）总面积的 21.5%，其中流入工商企业的耕地面积

为 2800 万亩，比 2009 年增加 115%，占流转总面积的 10.3%。

但必须看到，工商企业资本下乡可能是把"双刃剑"，其在为农业农村发展带来大量的资金、先进的技术、专业的管理等稀缺资源的同时，也可能带来了新的不平等和挤出效应。对于中部地区的传统粮食生产、特色农业培育、产品精深加工而言，各级政府应充分做好因势利导工作，加强引导、严格准入、强化监管。

第四节　总体思路与任务

一、总体思路

面向经济发展进入"新常态"、制度创新进入"关键期"、农村发展进入"机遇期"的宏观背景，以"一带一路"倡议、长江经济带建设为契机，以转变农业发展方式为主线，以提高粮食及其他主要农产品供给能力、推动传统农业向现代农业转型、促进农民持续较快增收和乡村可持续发展为主要目标，深化传统农区农业农村发展的体制机制改革，着力促进粮食生产的基地化、规模化、集约化转型，以及现代农业的专业化、标准化、特色化发展，建立和完善现代农业产业体系，将中部地区建设为我国粮食生产与现代农业发展的核心区。

二、基本原则

坚持把稳定和提升粮食生产能力作为首要前提。坚守耕地红线，划定永久性基本农田，建设粮食生产基地，稳定粮食种植面积，提升粮食生产能力，夯实转变农业发展方式的基础。

坚持把提高质量、效率和效益作为主攻方向。以国内外市场需求为导向，调整优化农业结构，向标准生产要品质、向规模种养要效率、向精深加工要效益、向品牌经营要利润。

坚持把促进农业农村可持续发展作为重要内容。以资源环境承载能力为基础，优化农业生产力布局，加强农业面源污染严重、工矿排放污染严重、地下水位下降明显等农业环境问题严重区域的综合治理。

坚持把尊重农民主体地位作为基本要求。切实协调好农户意愿、企业诉求、市场需求与政府扶持"四个动力"的关系，充分激发内在需求、整合外在动力。

坚持把深化改革、万众创新作为根本动力。逐渐打破传统农业发展路径依赖，全面深化农村改革，加快农业科技创新和制度创新，建立粮食安全长效机制，激发农业产业化经营领域的"大众创业、万众创新"，激活各类农业生产要素。

三、发展目标

以农业生产和农村发展制度性改革的试验区建设为依托，因地制宜地促进平原粮食生产、山地精品农业、高原特色农业、城郊都市农业的现代化发展，完善品质安全、环境友好、供给稳定、流通高效的现代化粮食生产体系，建成一批国家粮食生产基地和现代农业发展先行区，着力实现农业技术装备水平进一步提高、粮食等主要农产品生产能力稳步提高、深加工与外向型发展能力显著提升、农产品质量安全水平全面提高、农村经济结构进一步优化、农村基础设施和公共服务进一步改善、生态环境建设取得新进展的综合目标，为全面建成小康社会和国家现代化建设提供具有决定性意义的基础支撑。

四、区域布局

1. 总体分区方案

基于自然条件适宜性、现有生产基础条件、区位及交通便捷性等多方面的综合考虑，将中部地区农业生产布局大体划分为平原粮食生产区、山地精品农业区、高原特色农业区、城郊都市农业区、浅山棉油主产区。中部地区农业发展的战略导向，就是要围绕主要作物的综合生产优势，促进主导优势品种生产的区域优质化和专业化，不同区域的分布、主导功能及发展方向如表4-15所示。结合优势农产品区域布局特征，明确不同农产品的重点区域和发展方向（表4-16）。

表4-15 不同分区的分布、功能及发展方向

类型	区域分布	主导功能	发展方向
平原粮食生产区	晋中盆地、汾河谷地、江汉平原、豫东平原、皖北平原、洞庭湖平原	国家重要的粮食生产基地，确保国家粮食供给稳定、安全	明确稳产区、增产区、优产区；推进小麦、水稻的标准化、规模化、集约化种植；发展现代粮食产业经济
山地精品农业区	湘西南、赣南等地山区	优质林、果、茶、烟叶、食用菌等的生产基地	标准化生产，发展绿色、有机农产品，加强精深加工，进入国内外中高端市场
高原特色农业区	燕山-太行山区、吕梁山区	生产具有黄土高原特色的农产品，如五谷杂粮、药材、林果等	标准化生产，发展绿色、有机农产品，加强精深加工，进入国内外中高端市场
城郊都市农业区	省会城市、区域中心城市的近郊区	充分挖掘农业的多功能特征，提供采摘、餐饮、休闲、旅游、体验、文化等多种服务	实物产出、服务供给；农家乐、农庄等多种形式；促进服务的标准化、规范化

续表

类型	区域分布	主导功能	发展方向
浅山棉油生产区	部分平原区及平原区向山区的过渡带	充分发挥生态、地形的过渡带特征，生产优质、专用棉油产品	标准化、精深加工、品牌化

表4-16 中部地区大宗特色优势农产品的重点区域与发展方向

品种	重点区域	发展方向
水稻	长江流域优势区（湖南、湖北、河南、安徽、江西）	着力稳定双季稻面积，逐步扩大江淮粳稻生产，提高单季稻产量水平
小麦	黄淮海优势区（河南中北部、安徽北部、山西中南部）	着力发展优质强筋、中强筋和中筋小麦
小麦	长江中下游优势区（安徽淮河以南、湖北北部、河南南部）	着力发展优质弱筋和中筋小麦
玉米	北方优势区（山西中北部、太行山沿线）	着力发展籽粒与青贮兼用型玉米
玉米	黄淮海优势区（山西、安徽淮河以北）	着力发展籽粒玉米，积极发展籽粒与青贮兼用和青贮专用玉米，适度发展鲜食玉米
玉米	西南优势区（湖北、湖南西部）	着力发展青贮专用和籽粒与青贮兼用玉米
大豆	黄淮海优势区（河南、安徽沿淮及淮河以北、山西西南地区）	着力发展高蛋白大豆
马铃薯	华北优势区（山西中北部）	着力发展种用、加工用和鲜食用马铃薯
马铃薯	西南优势区（湖北西部山区、湖南西部山区）	着力发展鲜食用、加工用和种用马铃薯
马铃薯	南方优势区（江西南部、湖北和湖南中东部地区）	着力发展鲜食用薯和出口鲜薯品种
棉花	黄河流域优势区（豫东、豫北、皖北、晋南）	着力提高棉花品质一致性，有效控制异性纤维混入
棉花	长江流域优势区（江汉平原、洞庭湖、鄱阳湖、南襄盆地、安徽沿江棉区）	着力提高棉花品质一致性，有效控制异性纤维混入
油菜	长江中游优势区（湖北、湖南、江西、安徽、河南信阳地区）	着力发展早熟、多抗、高含油量的"双低"优质油菜
苹果	黄土高优势区（山西晋南和晋中、河南三门峡地区）	山西晋南和晋中、河南三门峡地区
柑橘	长江上中游优势区（湖北秭归以西）	着力发展鲜食加工兼用柑橘、橙汁原料柑橘和早、晚熟柑橘
柑橘	赣南—湘南—桂北优势区（江西赣州、湖南郴州、永州、邵阳）	着力发展优质鲜食脐橙
柑橘	鄂西—湘西优势区（湖北西部、湖南西部地区）	着力发展早熟、极早熟宽皮柑橘
柑橘	特色柑橘生产基地（南丰蜜橘基地、丹江口库区北缘柑橘基地）	着力发展极早熟、早熟宽皮柑橘等特色品种
肉牛	中原优势区（河南、安徽）	着力满足京津冀都市圈、环渤海经济圈和长三角地区优质牛肉需求

续表

品种	重点区域	发展方向
肉羊	中原优势区（湖北、山西东部、河南、安徽）	着力发展秸秆舍饲肉羊养殖
	中东部农牧交错带优势区（山西）	着力发展高档肉羊养殖
	西南优势区（湖南）	着力发展山羊养殖
奶牛	中原优势区（山西、河南）	着力发展专业化养殖场和规模化小区，大力提高奶牛单产
生猪	中部优势区（安徽、江西、河南、湖北、湖南）	着力发展健康养殖，稳定提高调出能力
出口水产品	长江流域优势区（安徽、江西、湖北、湖南）	着力发展河蟹、斑点叉尾鮰、鳗鲡、海藻

2. 粮食生产核心区布局方案

提高粮食综合生产能力、稳步提升粮食产量是中部地区的重要地域功能。基于县域粮食总产量、人均粮食产量、过去5年粮食生产的稳定性情况，进一步识别出中部地区粮食生产核心区的区域范围。由图4-11可见，山西的太原盆地、长治盆地、汾河谷地，河南东部、北部平原地区，安徽北部平原地区，湖南的洞庭湖平原，湖北的江汉平原，江西的鄱阳湖平原等区域是中部地区的粮食生产核心区，也是中部地区在国家粮食安全层面发挥重要地域功能的关键区域。2013年核心区264个县级单元合计生产粮食1.32亿吨，占中部地区的73.33%，占全国的22.00%。应切实提升该区域的耕地质量、粮食生产能力和农业可持续发展能力，强化现代农业和粮食生产的"稳压器"功能。

五、重点任务

1. 完善农村发展体制机制

未来十年将是我国经济增长方式转型、农业农村发展方式转变的重大机遇期，中部崛起应顺应国内外发展形势的变化，找准自身特色和优势，通过改革创新破解制度障碍，为转型升级、提质增效提供制度保障。中部地区作为农村人口总量多、密度大、发展慢且"三农"问题最为突出的传统农区，应着力完善农村发展体制机制。一是要进一步深化农村土地承包关系、农村产权流转交易、征地、农村集体经营性建设用地入市、农村宅基地等制度改革，保障农民土地财产权利；二是要完善种粮直补、良种补贴、农机购置补贴、农资综合补贴政策，建立更加有效地促进农业生产发展和农民增收的农业补贴机制。

2. 提高粮食综合生产能力

保障国家粮食安全是国家赋予中部地区的最重要的地域功能之一。在未来十年，中部地区依然要以粮食生产基地建设为依托，千方百计地提高粮食综合生产能力，确保粮食生产的品质安全、环境友好、供给稳定、流通高效。进一步加大对中部地区农业基础设施建

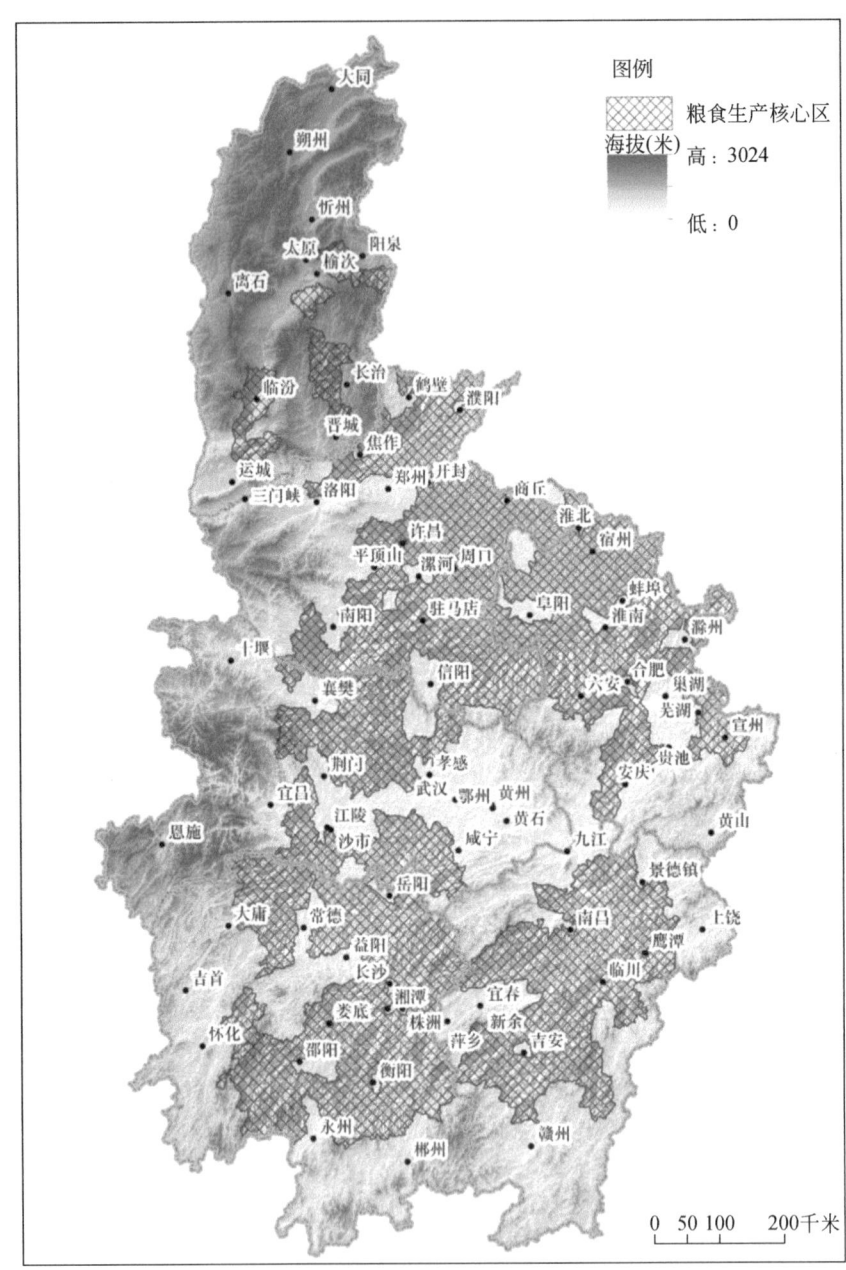

图 4-11 中部地区粮食生产核心区

设和农业科技推广的支持力度。继续统筹实施粮食生产重大工程，加快农田水利建设，大规模改造中低产田，建设高标准基本农田。加大农作物优良品种选育和推广力度，提高农业生产科技含量。全面推进粮食生产的全程机械化。到 2025 年，力争使中部地区粮食产量稳定在 2 亿吨左右，粮食产量占全国的比例达到 1/3。

3. 提升农业精深加工水平

农产品加工是中部地区农业产业化发展的短板，农产品加工业的落后直接制约产品市场的开拓、农业效益的提高和农民收入的增加。今后一段时期，中部地区务必把农副产品的精深加工作为大事来抓，作为转变农业发展方式的关键来抓。应以提高农产品加工转化能力和扩大农民就业增收为目标，优化农产品加工业区域布局，促进农产品加工业与农业生产协调发展。大力发展产地加工，推广普及先进实用的储藏、保鲜、分级清选、包装技术，促进农产品保质减损增效；强化科技创新，完善农产品加工技术研发体系，提高农产品加工技术创新与应用能力，提升精深加工水平。

4. 健全现代农业产业体系

现代农业产业体系是集食物保障、原料供给、资源开发、生态保护、经济发展、文化传承、市场服务等产业于一体的综合系统，是现代农业的系统化表征。中部地区根据不同地区农业发展的特点，各地不同的自然、社会经济条件，因地制宜地选择不同的现代农业发展形态，走规模农业与精细农业相结合的道路，形成形态多样的区域现代农业生产体系。重点推进农业结构战略性调整，优化农业生产布局，发展农业产业化经营，促进农产品加工业结构升级，加快农业科技创新，加强农业生产的社会化服务，推进农产品市场体系建设和农村流通现代化，培育农民新型合作组织，加强农业标准化和农产品质量安全工作。

5. 改善农村公共基础设施

近年来中部地区农村公共基础设施有明显改善，但整体来看仍较为薄弱，且存在明显的区域差异，平原农区、城市郊区相对较好，而高原、山区、丘陵地区及其他偏远地区则仍待进一步完善。平原农区的农村能源建设、人居环境建设还有待进一步推进。此外，山地丘陵区、偏远地区的饮水工程、道路建设等还难以满足需求。应进一步因地制宜地加快实施农村安全饮水工程，支持农村公路建设，加强农村能源建设，改善农村人居环境。

六、重大工程

1. 优势区片培育工程

专业化和区域化是中部地区农业转型发展的必然趋势。宜引导和集中各类资金，在豫东平原、江汉平原、鄱阳湖和洞庭湖地区、晋中南等着力建成一批优质粮食、棉油、小杂粮的优势区片，大力发展现代粮食产业；在山西和豫西黄土高原、湘西山区、鄂西山区、赣南山区等着力建成一批特色精品农业优势区片，发展现代畜牧产业和优质特色农业。树立一批粮食生产、现代农业发展的国家级和区域性品牌。

2. 示范基地建设工程

围绕"米袋子""菜篮子"工程，在中部地区创建一批高起点、高标准、高水平的优质粮食生产基地、优质杂粮生产基地、现代畜牧业生产基地、现代林业产业基地、特色水产业生产基地等示范基地。加大力度扶持现代农业园区的发展，激励其发挥示范带动作用，引领区域农业发展方式转变。

3. 龙头企业带动工程

积极发展科技含量高、加工程度深、产业链条长、增值水平高、出口能力强、农民获益多、符合综合利用和循环经济要求的优势农产品精深加工业。继续扶持省级、国家级重点龙头企业发展，着力培育一批植根于优势区片的地方性中小型龙头企业。在厂区建设、贷款贴息、减税免税、技术研发、技术改造、产品出口、企业上市、质量管理等方面给予扶持。

4. 新型农民培训工程

农户自我发展能力的提升是转变农业发展方式的重要前提。针对当前中部地区青壮年劳动力大量外出务工，留守农民职业技能水平不高、生产经营能力有限的问题，重点抓好面向留守农户、致富带头人等各类农业生产主体的农业生产技术培训，提高其知识素养、生产技能、经营能力，积极开展相关的信息咨询服务，培养一大批适应中部粮食生产和现代农业发展要求的新型农民。继续推进"雨露计划"。积极开展合作社负责人的培训工作，提升其专业素质。

5. 基础设施建设工程

中部地区农业农村发展仍面临农田水利设施、公共基础设施供给不足等问题。继续推进节水灌溉工程、大型水利工程、土地整治工程、大中型沼气工程建设。继续推进骨干交通建设，消除骨干交通盲区。加强县乡道路基础设施建设，推进通乡（镇）及通建制村沥青（水泥）路、断头路改造，进一步提高农村公路技术等级。加快实施新一轮农村电网改造升级工程，推进城乡用电同网同价。大力提高农村信息网络覆盖率，力争实现行政村基本通宽带，自然村和交通沿线通信信号基本覆盖。

6. 产销协作共赢工程

鼓励龙头企业与农民、农民组织结成更紧密的利益共同体，让农民更多地分享产业化经营成果。扶持发展以专业合作组织为主体的农业生产相关互助服务。重点鼓励、引导和扶持一批农民专业合作组织、家庭农场、种养大户，激发农民发展粮食生产和现代农业的积极性和创造力。鼓励粮食主产区与粮食主销区、大中型超市与合作社、家庭农场、农户进行产销对接，扶持"农超对接"等多形式、多途径的产销对接，推动农产品直接进超市、进社区、进学校、进军营。支持农民专业合作组织承担国家有关涉农项目，鼓励其兴办农产品加工企业或参股龙头企业。加大对农产品仓储、冷藏、初加工等相关设施建设的扶持力度。

7. 现代农业标准化工程

按照标准化生产和管理的要求，以产地环境质量、种养业良种、投入品安全使用、农产品生产操作规范、农兽药残留限量、产品等级规格、包装储运等为重点，加快制定或修订一批标准。加强国际标准的跟踪、研究和转化，率先在优势区片、示范基地实施农业标准国际化战略，推动与国际标准接轨。扩大优势农产品标准化示范县专项资金规模，扶持龙头企业、农民专业合作组织、科技示范户和种养大户率先实行标准化生产，带动标准化生产和管理技术进村入户。建立和完善多功能休闲农业发展标准，提升各类"农家乐"在生产、经营、管理方面的标准化水平。

8. 农村信息化示范工程

加强农产品信息化溯源工程的建设。加强农村互联网络基础设施建设。扶持优势片区的电商基础设施建设。在优质特色农产品产区设置中小型电商服务站。扶持一批以电商为载体有序推进"互联网+农业"的示范工程，通过"农村互联网+"促进现代农业生产者、经营者与消费者的高效对接。

9. 社会化服务体系建设工程

重点加强农业科技创新和推广服务、动植物疫病防控、农产品质量监管、农业机械化服务、农业生产经营信息、农业资源环境保护、农村经营管理等公共服务体系建设，创新管理体制，改善服务条件，提高人员素质，提升服务能力。建立集销售、储藏、保鲜、加工、质检、配送等功能于一体的现代农产品流通体系。在优势产区扶持和建设一批现代粮食物流中心、农产品中转批发市场，鼓励经营主体在大城市建立长期稳定的农产品批发销售市场、直销中心。

10. 美丽乡村建设工程

适应农村人口转移和村庄变化的新形势，尊重农民意愿，因地制宜，科学编制和完善县域村镇体系规划和村镇建设规划，将土地整理、村庄合并、农村危房改造、新农村建设结合起来，优化村镇布局，积极稳妥地引导农民适当集中居住，整治空心村、建设新农村。着力推进致富产业、园林绿化、垃圾集中处理设施、供排水设施、文化娱乐活动和社区化服务六进村，道路硬化、清洁能源、庭院绿化、技能培训、社会保障和文明新风六入户工程。

第五节 主要措施与建议

一、着力创新相关体制机制，为农业农村发展提供制度保障

继续加大对粮食生产和现代农业发展的财政支持力度。完善粮食主产区投入和利益补偿机制，增强粮食补贴的有效性，进一步完善奖励政策，逐步增加中央财政对粮食主产区和产粮大县的奖励，调动主产区发展粮食生产积极性，建立粮食安全长效机制。加大中央财政转移支付力度，支持粮食主产区提高财政保障能力。中央预算内投资对主产区基础设施和民生工程建设给予重点支持，减少地方配套。优先安排农产品加工等农业发展项目，支持在主产区中心城市和县城布局对地方财力具有支撑作用的重大产业发展项目。引导粮食主销区参与主产区粮食生产基地、仓储设施等建设，鼓励采取多种形式建立稳固的产销协作关系。

深化农村土地制度改革。落实最严格耕地保护制度，加快划定永久基本农田，确保基本农田落地到户、上图入库、信息共享。坚持和完善农村基本经营制度，赋予农民更加充分而有保障的土地承包经营权，保持现有农村土地承包关系稳定并长久不变。稳步开展土地承包经营权登记试点，依法落实农民承包土地的各项权利。完善地方生态公益林补偿制度，加大生态公益林补偿力度。鼓励农民在不改变林地用途的前提下，流转林地承包经营权和林木所有权，促进林业规模化、标准化、集约化经营。改革征地制度，完善征地利益补偿机制，提高农民在土地增值收益中的分配比例。探索建立农民宅基地流转机制、退出机制。完善城乡平等的要素交换关系，促进土地增值收益主要用于农业农村。研究出台空心村整治条例，进一步规范农村居民点综合整治工作。加强对中部地区6个国家级农村土地制度改革试点县的调研指导、跟踪评估、经验总结工作，服务于土地制度改革。

加大户籍制度改革力度。粮食生产与现代农业发展需要与新型城镇化协同推进。尊重主体意愿，加快户籍制度改革，重点解决外出务工农民进城落户的问题、承包土地退出机制的问题、宅基地退出机制的问题，让进城农民工"留得住城市、放得下老家"。户籍制度改革是一项动全局的系统性工程，建议加大试点工作力度，及时总结经验、形成制度，逐步推开。在中部地区的15个国家级新型城镇化试点城市进行有针对性的改革试验工作，加强调研指导、跟踪评估、经验总结，为新型城镇化提供支撑。

强化政策性银行与商业性金融机构对粮食生产和现代农业的支持。加大政策性金融对农村改革发展重点领域和薄弱环节的支持力度，拓展农业发展银行支农领域，大力开展农业开发和农村基础设施建设中长期政策性信贷业务。落实和完善涉农贷款税收优惠、定向费用补贴、增量奖励等政策，完善县域内银行业金融机构新吸收存款主要用于当地发放贷款的考核办法。充分发挥财政贴息政策的作用，落实和完善涉农贷款税收优惠、定向费用补贴、增量奖励等政策，通过政策优惠引导和帮助龙头企业解决融资难的问题。积极发展农村小额信用贷款和联户贷款，不断扩大小额贷款投放，支持农民开展农业创业。深化农

业保险体系改革，支持和鼓励各类保险机构参与农业保险，积极扩大农业保险保费补贴的品种和区域覆盖范围，发展农业小额保险，健全农业再保险体系。

在河南、湖南等省建立"国家粮食生产与现代农业综合配套改革实验区"。改变传统的在试点区域创新单项制度的改革思路，推动有助于农区城乡转型、创新的一揽子、系统化改革，主要包括粮食生产、现代农业、土地制度、城乡建设等方面系列体制机制的改革。坚持"米袋子"省长负责制，抓好粮食生产；坚持"菜篮子"市长负责制，抓好结构调整。

二、扎实推进现代农业工程，夯实粮食生产与现代农业基础

持续推进农村土地综合整治工程。加快大型灌区续建配套和节水改造，推进沿淮易涝低洼地治理，因地制宜地兴建中小型水利设施，大力发展节水灌溉。进行农村沟河清淤和塘坝扩挖。加快中低产田改造，提升耕地质量，增强土壤保水保肥性能，提高抵御自然灾害能力，建设高标准农田。新建一批粮食生产基地，确保粮食供给稳定、流通高效。

着力推进沃土工程。加强耕地质量监测和土壤改良，大力推广节水灌溉、测土配方施肥、有机质提升等重大土肥技术，确保耕地基础地力和产出水平，提高粮食优势产区综合生产能力。针对部分地下水位下降明显、水土污染严重的区域，推进生态休耕和污染修复工程。

继续推进农村安全饮水工程、农村公路建设工程、农村沼气建设工程、农村电网改造工程、农村危房改造工程，改善农村基础设施。

加强农村生态环境建设。大力实施农村清洁工程，保护村庄自然生态，加快改水、改厨、改厕、改圈，改善农村卫生条件和人居环境。开展农村垃圾集中处理，建立健全户分类、村收集、乡（镇）转运、县处理的垃圾清运与处理体系。

加强现代林业生态工程建设。提高农田综合防护林体系和绿色长廊建设水平。实施好退耕还林、长江防护林、自然保护区、湿地保护等重点林业生态工程。加强森林防火、林木种苗和林业技术服务等基础设施建设。推进林区病虫害防治。

健全现代农业工程的后期管护机制，明确管护机构、人员、资金。加强现代农业工程的第三方评估。增强现代农业工程的实用性、耐用性。

三、培育农村新型经营主体，激发传统农业生产的经营活力

扎实开展农村实用人才培训，为发展粮食生产、建设现代农业高地提供人才支撑。结合国家重大项目实施，大力开展农民创业培训，积极扶持农民创业兴业，着力培养一批专业生产大户和农民企业家。继续实施职业农民培训、科技入户工程，着力培养一批植保机防手、沼气工、农机手、畜禽、水产防疫员等适应新农村建设需要的技能型人才。积极引导农业产业化龙头企业等各类经济组织开展岗位培训和技术指导，促进农村富余劳动力就地就近转移就业。通过选拔农村基层干部和优秀青年接受高等教育，为农村培养一批实用

人才带头人。

继续实施"阳光工程"和"雨露计划"。围绕农业农村重大工程项目建设、促进农民创业、规范和扶持农民专业合作组织发展、农业服务体系建设、农产品加工开展培训，同时适应各地特色产业发展实际开展特色职业农民培训，围绕提高农民就业适应能力和综合素质开展引导性培训。在革命老区建设一批全免费培训试点基地和一批办学规模大、培训质量好、社会信誉度高的培训学校，提高培训的针对性和实效性。

着力培育和发展农村新型经营主体，提高粮食生产和现代农业产业化经营水平。根据粮食生产、畜禽养殖、经济林果、花卉苗木、水产养殖、休闲观光等不同农业形态的特点，重点推广合作组织和种养大户联动发展、龙头企业主导、中小企业集群发展三类农业经营组织模式，逐步形成适应工业化和产业化发展的新型农业经营格局。加快发展农业合作经济和股份合作经济组织，推动土地、资金、技术、装备和劳动力的联合和合作，扩大基本生产经营单元的生产规模，提高各类农民专业合作社对农户的辐射带动能力。确立农业合作经济和股份合作经济组织的法人地位，帮助建立民主管理和风险防范机制。逐步将农业合作经济组织、农业股份合作经济组织、现代农业企业和专业化生产大户培育成为粮食生产和现代农业发展的经营主体。

加强农业社会化服务体系建设。按照强化公益性职能、放活经营性服务的要求，加快构建以公共服务机构为依托、合作经济组织为基础、龙头企业为骨干、其他社会力量为补充，公益性服务、经营性服务和自助合作性服务相结合的新型农业社会化服务体系。大力发展农民专业合作组织，提高农民组织化程度。支持供销合作社、农民专业合作社、专业服务公司、专业技术协会、农民经纪人、龙头企业等提供多种形式的生产经营服务。

四、大力发展农产品加工业，促进农业全产业链的整合发展

大力发展粮食加工产业，提高粮食转化增值能力，壮大现代粮食产业经济。扩大农产品初加工补助资金规模、实施区域和品种范围。深入实施主食加工提升行动。进一步做大做强米业、面业，依托龙头企业，加快推进主食工业化；提高面粉加工集约化水平，大力发展终端面制品；拓宽玉米、杂粮的开发利用渠道；推动马铃薯等主食产品开发；壮大速冻食品加工产业。加快发展饲料产业，加强小麦型配合饲料、新型饲料酶制剂、热敏性饲料添加剂等的研究开发，打造在全国层面具有重要影响力的高科技饲料生产基地。

大力推进特色农产品精深加工。在发展花生油、菜籽油、芝麻油等传统产品的同时，鼓励开发山茶油、米糠油、小麦和玉米胚芽油等高档新品种，提高精制油和专用油占比。棉花加工以纯棉针织产品为重点，积极发展色纺纱等高附加值品种，扩大中高档服装、家用纺织品生产规模。在加快发展浓缩果汁、果肉原汁、果酒、果醋和轻糖型罐头等传统产品的同时，扩大低温脱水蔬菜、速冻菜等生产规模，积极开发果蔬功能产品、方便食品和休闲食品等新型果蔬加工产品。提高花卉精深加工能力，促进花卉天然药物、天然色素、天然香精生产。加大标准化畜禽屠宰体系建设力度，支持屠宰加工企业一体化经营。

支持农副产品精深加工装备改造升级，促进其清洁化转型。建设一批农产品加工技术

集成基地，提升农产品精深加工水平。促进加工型龙头企业聚集发展，加快建设全国重要的农产品深加工基地，促进其外向型发展。支持粮油加工企业节粮技术改造，开展副产品综合利用试点。充分发挥靠近国内主要粮食消费区的优势，扶持一批流通企业，大力建设连接东西南北的便捷粮食物流通道，大幅度提高粮食及制成品输出能力。

着力培育一批市场开拓能力强、经营规模大、辐射范围广、利益联结机制好的本土化大型龙头企业，支持企业加大科研开发、人才培养和技术创新产品创新，打造知名品牌。鼓励龙头企业通过定向投入、委托生产、保护价收购、入股分红和利润返回等多种形式，与上下游建立紧密的利益联结机制。支持龙头企业大力发展无公害农产品、绿色食品和有机食品，建立农产品质量追溯机制，推进标准化生产。鼓励农业产业化龙头企业利用资本市场发展壮大。支持符合条件的涉农企业上市。

第六节 农村三次产业融合发展

一、农村三次产业融合发展的内涵与要求

1. 农村三次产业融合发展的内涵

农村三次产业融合发展是以农业为基本依托，农业与第二、第三产业融合，从而有机整合多个产业的要素、技术、资源，提高农业生产效率，拓展农业功能，最终达到农民增收的目的。《国务院办公厅关于推进农村一二三产业融合发展的指导意见》中首次将"农村一二三产业融合发展"作为政策提出，指出其"是拓宽农民增收渠道、构建现代农业产业体系的重要举措，是加快转变农业发展方式、探索中国特色农业现代化道路的必然要求"。农业产业融合包括农业产业内部融合、农业与第二产业融合、农业与第三产业融合。农业产业内部融合即纵向融合，是农业产业链整合发展。农业与第二产业融合，促进农业生产标准化、规模化、集约化，提高农业生产效率。农业与第三产业融合，促进农业生产信息化、多样化，增强农业成果溢出效应。

2. 农村三次产业融合发展与农业现代化的关系

农村三次产业融合发展是实现农业现代化的重要途径。农业产业内部融合能够扩展农业产业链，促进农产品精深加工，提高农产品附加值。农业与第二产业融合促使农业规模化、标准化生产，提高生产效率。农业与第三产业融合将拓展农业功能。农村产业融合使得农业结合其他产业的技术、资源优势，促使传统农业向现代农业转型。

3. 相关规划对中部地区农村三次产业融合的要求

《全国农业现代化规划（2016—2020年）》提出的到2020年的发展目标包括"粮经饲统筹、农林牧渔结合、种养加一体、一二三产业融合的现代农业产业体系基本构建"。《全

国农业现代化规划（2016—2020 年)》指出推进农产品生产与加工发展、完善农产品市场流通体系、发展农业新型业态、拓展农业功能、创新一二三产业融合机制。《全国农产品加工业与农村一二三产业融合发展规划（2016—2020 年)》明确了各地区应重点进行专业化生产加工的农产品，指出"依托重点加工产业，合理布局初加工、精深加工、副产物综合利用以及传统食品加工业""不断提升产业融合发展水平"。长江中下游稻谷主产区、黄淮海、长江中下游小麦主产区、黄淮海大豆主产区、长江流域油菜主产区、沿黄河花生主产区，应重点开展优质原料基地建设；长江中下游地区形成初加工产业带；在长江上中游、赣南湘南鄂西发展柑橘原料基地，长江流域、黄淮海等地发展蔬菜原料基地，长江流域发展茶专用原料基地，山西建设果蔬干制品及有营养健康食品加工产业带，中原地区建设茶饮料及速溶茶加工产业带；中部生猪主产区、中原肉牛主产区、中原肉羊主产区、长江中下游肉禽优势产区、华中禽蛋主产区分别建设肉、奶、蛋制品优质原料生产基地；长江经济带的大中城市郊区及都市农业发展区建立主食加工、方便食品加工、休闲食品加工产业带以及农产品精深加工与综合利用产业带。国家发展改革委办公厅《关于进一步做好农村一二三产业融合发展试点示范工作的通知》中明确了 137 个农村产业融合发展试点示范县（市、区、旗、场），其中中部地区 27 个。示范县是中部地区农村产业融合发展的先行先试，有利于产业融合经验复制推广。

除国家层面的政策规划外，中部各省均颁布了相关政策引导支持省内农村三次产业融合发展。河南省颁布了《农业产业化集群专用行动方案》《河南省人民政府关于加快农业产业化集群发展的指导意见》，安徽省颁布了《关于支持返乡下乡人员创业创新促进农村一二三产业融合发展的实施意见》《安徽省农业产业化转型升级实施方案（2017—2021 年)》，山西省颁布《关于深入推进农村一二三产业融合发展开展产业兴村强县示范行动的通知》，湖南省颁布《关于推进农村一二三产业融合发展的实施意见》，江西省颁布了《江西省农业厅 江西省发展和改革委员会 江西省财政厅 江西省国土资源厅 人民银行南昌中心支行 国家税务总局江西省税务局关于促进农业产业化联合体发展的实施意见》，湖北省颁布了《省人民政府办公厅关于推进农村一二三产业融合发展的实施意见》。这些政策是对国家政策的响应，同时也具有区域性，有助于各地区因地制宜地进行农村三次产业融合发展。

二、农村三次产业融合发展的现状与问题

1. 农产品加工业发展较快，但精深加工水平不高

中部地区农产品加工业发展较快，农产品加工业企业数量和业务收入增长迅速。2016 年中部地区拥有规模以上农产品加工业企业 21 147 家，占全国的 26.3%，占比较 2015 年上升 1.1 个百分点，占比增幅在全国四个地区中最大。2016 年中部地区规模以上农产品加工企业完成主营业务收入 5.3 万亿元，占全国的 26.3%，占比较 2015 年上升 9.3 个百分点，占比增幅在全国四个地区中最大；主营业务收入增速比 2015 年高 1.3 个百分点，增

速在全国四个地区中最大。农产品加工业主营业务收入排名前十的省份中，中部地区有河南、湖北和湖南。2016年河南、湖北、湖南规模以上农产品加工业主营业务收入增速分别为11.9%、6.0%、9.0%。2016年河南加工企业与高等院校、科研院所开展联合攻关的项目有360个，研发新产品8000多个；安徽2016年获得认证的农产品有3945个；湖北拥有30个省级加工园区，主营业务收入达6532.87亿元，同比增长11.32%；湖南450多家农产品加工企业与中国科学院等100多家科研院所开展了合作，50多家龙头企业自主建立研发中心，2016年农民从农产品加工业相关产业中人均获得收入4500元；2016年江西省省级加工龙头企业直接带动农户近410万户，同比增加10万户。

与其他地区相比，中部地区农产品加工业发展较快。但中部地区农产品精深加工水平不高，农产品加工业产值与农业总产值的比值低于全国平均。当前尚未形成农产品加工技术标准体系。缺少定制化服务，农产品加工供给与需求不匹配。产销一体化发展滞后。

2. 农业产业化初见成效，但仍有很大发展空间

中部地区农业产业化发展初有成效。河南培育和发展了207个省级农业产业集群，2016年通过"企业+基地+合作社+农户"等利益联结机制带动农户超过1000万户，户均增收超过2100元，瞄准餐桌经济推进主食产业化，形成了从生产到销售的完整产业链条，围绕面制品、肉制品、冷链食品、果蔬、油料、乳品打造优质原料基地；安徽加工产值超5亿元的农业产业化产业集群由2010年的90个增至2016年的150个，截至2016年底，已拥有15家国家级农业产业化示范基地；湖南已形成八大特色主导产业，农业产业化国家重点龙头企业46家；山西农产品加工企业中与农户建立利益联结机制的农业龙头企业超过1700家，占全部龙头企业数量的60%以上。

中部各省农业产业化发展程度不一，部分省份只是有一些企业参与了农业生产，尚未形成全行业的产业化发展模式。农业机械化水平仍有提升空间，不同省份、不同作物的机械化水平均存在较大差异。龙头企业带动作用较弱，企业与农民利益联结机制仍需完善。

3. 农业与第三产业融合起步发展，产业融合模式单一

中部地区农业与第三产业融合处于起步阶段，农村电子商务、乡村旅游是当前融合的主要模式。安徽2016年农产品电子商务交易额为247亿元，较2015年增长40.3%，休闲农业和乡村旅游营业收入616亿元，比上年增长11.2%；2016年河南农民合作社等各类新型农业经营主体发展到21.8万家；湖北2016年乡村旅游接待游客1.7亿人次以上，综合收入1500多亿元，已建成33个国家和省级电子商务进农村综合示范县，选择6个县区作为融合发展先导区，发展农村电子商务、休闲农业、定制服务等新业态，探索多种农业模式，强调示范引领作用，探索利益分享机制，2016年将3017万元财政资金直接折股到2155个农户；2016年湖北56%的农产品加工企业已开展了某种形式的电商销售；山西推动100个省级农业龙头企业网上销售，培育了500个以电商为主要营销手段的新型农业经营主体，2016年网上销售农产品16亿元，创建休闲农业和乡村旅游示范县32个，示范点180个。

当前中部地区农业主要与第三产业中的旅游业、电子商务结合，农业与第三产业融合形式单一。融合模式缺乏创新性，同一地区产业融合模式相近，形成明显竞争关系，部分农业项目很快被迫退出。生态农业、会展农业、智能农业等新业态尚未发展起来。产业融合市场进入吸引力弱，农业经营主体管理水平有待提高。

三、农村三次产业融合发展的建议与措施

1. 制定农村产业规划，促进农业规模化经营

按照政策指导和各地详情，明确各地区种植的主要农产品，减少农业生产盲目性。加强产业指导，避免争夺市场。加快构建"龙头企业+农业合作社+农户"的合作机制，明确三方职责。全面推进农业机械化，促进农业规模化生产。鼓励龙头企业与科研机构研发合作，研发适用于不同地区的种子、用具、农业原料和生产方法，提高农产品供给质量。对接市场需求，发展订单农业，建立农民、中间商、市场三方责权机制。创新政府资金支持手段。避免通过农业项目"圈钱""套钱"现象。

2. 发展农产品精深加工，促进农产品加工业精细化经营

优化农产品加工业区域布局，发展农产品加工业集群。结合市场需求，细分加工成品类型，开展定制化服务，实现农产品精细化经营。细分加工工序、创新制成品种类、样式、包装。严格控制加工食品安全，建立加工业食品安全标准体系。推进农产品加工溯源机制建设。建立"农户-企业-市场"直接对接的产销一体化机制。打造农产品品牌，创新产品宣传手段。加强企业与科研机构合作，保护科研成果知识产权。建立大学、科研机构与企业的人才对接机制，培养战略人才、科技人才、营销人才。组织各种形式的农产品加工业交流会，激发产业发展新思路新模式。更新机械设备，促进全过程集约、绿色加工，集中处理生产废料。探索加工业废料与农业生产循环机制。

3. 创新农村三次产业融合模式，促进产业融合发展

发展产业融合信托机构，提供专业化经营咨询服务。鼓励企业家进入发展产业融合新业态新模式，建立产权及利益分配机制。对家庭农场、种养大户等新型经营主体提供资金补贴。推进休闲农业和乡村旅游示范县建设，探索多样化的产业融合模式。推进农村电子商务建设。挖掘地方农业文化，打造地方农业标识。鼓励经营主体利用大数据技术获得市场信息。探索发展生态农业、会展农业、智能农业、医药农业、文化创意农业等新业态。结合农产品加工业，深入开发农田教育、农业观光、农事体验、特色农居等农业功能。探索农村产业融合与新型城镇化有机结合方式，加快农村基础设施建设。创新农村三次产业融合模式，发展加工厂观光、酒庄观光、特色小城镇旅游等模式。

4. 拓展农民增收渠道，保障农民利益

鼓励龙头企业、农业合作社等组织对农民进行培训，提高生产专业化水平。建立农业

保险公司与农业合作社的联系机制，向农户推荐保险方案，鼓励农民参与农业保险，降低生产风险。构建"龙头企业+合作社+农户"的三方会谈机制，增强农民话语权。加强企业与农户利益联结，明确利益分享方案。开展经验分享交流会，推广优秀生产经验。探索资产集中管理和资产入股模式，拓展农民增收渠道。

第五章 创新资源与现代服务业

第一节 科技创新资源分布与发展

科技创新资源是资源的一种类型，具有较强的社会性，是人类活动的产物。科技创新资源是科技活动的物质基础，它是创造科技成果，推动整个经济和社会发展的要素集合。广义的科技创新资源包括科技创新财力资源、科技创新人力资源、科技创新物力资源和科技创新信息资源4个方面，狭义的科技创新资源指科技创新人力资源和科技创新财力资源。创新环境是发展高新技术产业所必需的社会文化环境，它是地方行为主体之间在长期正式或非正式合作交流基础上所形成的相对稳定的系统。高新区和自创区的本质是为高新技术产业发展和自主创新创造一个较为稳定的供产业融合、知识创新的环境。高新区和自创区可以被视为科技创新资源集中的"容器"。通过对科技创新财力资源和人力资源的分布特征、科技创新能力地域特点、高新区和自创区分布进行总结归纳，并提出通过增加创新投入、培育创新人才和优化创新环境来提供动力、激发潜力和释放活力，实现科技创新资源的优化发展。

一、科技创新资源的分布特征

1. 科技创新财力资源投入强度低，且投入地域分布不平衡

中部地区科技创新财力资源低于全国平均水平，且六省之间财力资源分配不均衡。分析财力资源指标 R&D 经费支出可知，湖北省在中部地区 R&D 经费支出量最大，为 700.63 亿元，河南省、湖南省、安徽省三省的 R&D 经费支出量较大，均在 500 亿元以上。山西省和江西省的经费支出量较小，均在 300 亿元以下。分析财力指标 R&D 经费支出占 GDP 比例可知，中部六省的 R&D 经费支出占 GDP 比例全部低于全国平均水平（2.13%）。其中，安徽省的 R&D 经费支出占 GDP 比例最大，达到 2.09%，其次为湖北省、湖南省，均在 1.5% 以上。山西省、江西省、河南省均保持低位水平（图5-1）。这一现象说明中部地区 R&D 经费投入强度在全国范围内处于中低水平，且中部六省的 R&D 经费支出量差距较大。

2. 科技创新人力资源地域分布不均衡，且资源潜力开发程度低

中部地区科技人力资源地域分布不均衡，且高等教育学生资源与科技人力资源转换面

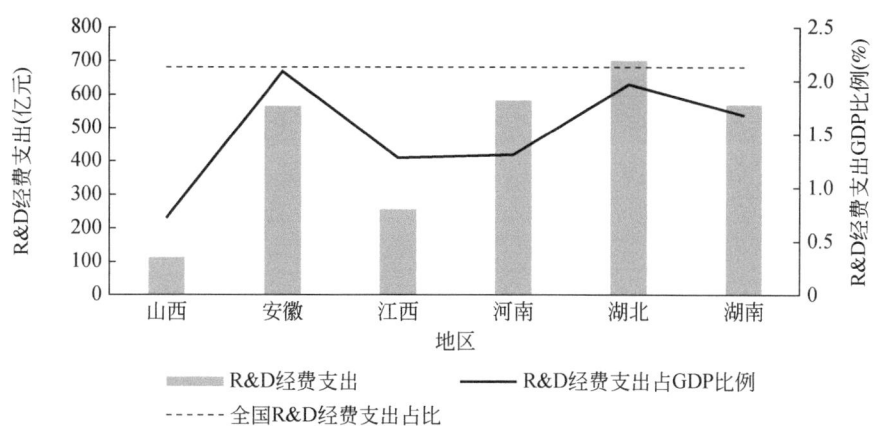

图 5-1 2017 年中部地区研究与实验发展（R&D）经费支出及投入强度（R&D 经费支出占 GDP 比例）
资料来源：《中国统计年鉴 2018》
山西省 R&D 经费数据缺失，图中用规模以上企业 R&D 经费替代，数值偏小

临巨大挑战。对科技人力资源进行分析，安徽省、湖北省、湖南省 R&D 人员较多，均在 20 万人年以上，而山西省和江西省 R&D 人员较少，均在 10 万人年以下。对比 R&D 人员数量和在校大学生数量，中部六省 R&D 人员数量远小于在校大学生数量，河南省和湖北省拥有大量的在校大学生，分别为 200.47 万人和 139.88 万人，但其 R&D 人员仅有 16.25 万人年和 23.53 万人年。相比较而言，安徽省和湖南省在校大学生数量远小于河南省和湖北省，但 R&D 人员数量相当（表 5-1）。这一现象表明中部六省均缺乏将在校大学生转化为科技人才并在本地实现就业的动力，需要关注其人才流失现象。尤其是具有较为优越的高等教育资源的河南省、湖北省等省份具有强大的科技研发潜力，但留不住人才的现实困境值得关注。

表 5-1 2017 年中部地区 R&D 人员和在校大学生数量统计

地区	R&D 人员（万人年）	在校大学生数量（万人）
山西	8.18	48.84
安徽	22.82	64.94
江西	9.96	103.90
河南	16.25	200.47
湖北	23.53	139.88
湖南	20.51	70.35
全国	403.40	2753.60

资料来源：各省统计年鉴 2018
注：山西 R&D 人员数据缺失，表中用规模以上企业 R&D 人员、科学研究机构 R&D 人员、普通高校专任教师总和替代，数值有偏差；江西在校大学生数量为 2016 年数据

3. 科技创新能力总体提高，而省际差别大

中部地区科技创新能力总体有所提升，但提升水平存在省际差异。专利申请和授权量是反映一个地区创新能力和核心竞争力的重要指标之一，体现创新知识受法律保护及其经济化趋势程度。从2013~2017年中部六省的专利申请数量和授权数量来看，中部地区的科技创新能力大体呈上升趋势，2017年江西省、河南省、湖北省专利申请数量比2013年同期增长一倍以上，湖南省、安徽省专利申请数量比2013年同期增长水平高于全国水平，山西省五年来专利申请和授权数量一直保持低位增长（图5-2，图5-3，表5-2）。这一现象说明中部六省的科技创新能力总体提高，但提高速度存在省际差异。

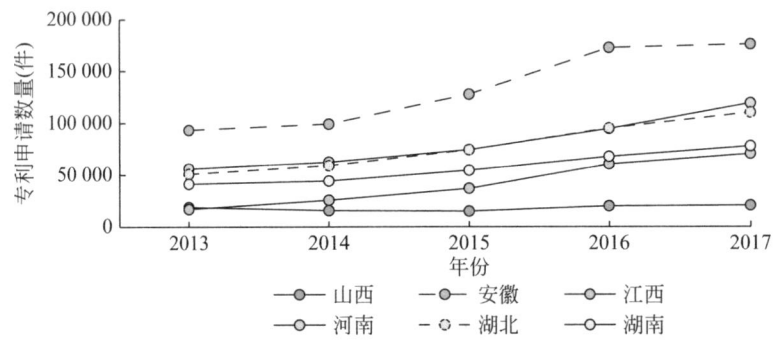

图5-2 2013~2017年中部地区专利申请数量

资料来源：2014~2018年各省统计年鉴

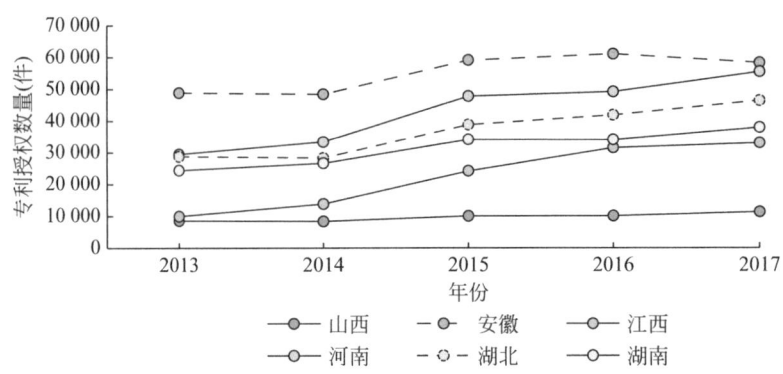

图5-3 2013~2017年中部地区专利授权数量

资料来源：2014~2018年各省统计年鉴

表5-2 2017年中部地区专利申请数量和授权数量与2013年相比的同期增长情况（单位:%）

项目	山西	安徽	江西	河南	湖北	湖南	中部地区	全国
专利申请数量	9.75	88.39	316.76	113.23	116.93	88.54	63.66	58.26
专利授权数量	32.06	19.17	231.28	87.94	61.23	55.44	61.48	40.09

资料来源：2014年和2018年各省统计年鉴

中部六省之间科技创新意识和能力存在明显差异。安徽省、河南省、湖北省的专利申请数量和授权数量较大,江西省和湖南省的专利申请数量和授权数量小于前三个省,而山西省专利申请数量和授权数量明显小于前五个省。从2017年中部地区专利申请数量和授权数量可知,中部六省之间的科技创新意识和能力存在明显的差异,其中山西省创新能力最低(表5-3)。

表5-3　2017年中部地区专利申请数量和授权数量　　　　　　(单位:件)

地区	申请数量	授权数量
山西	20 697	11 311
安徽	175 872	58 213
江西	70 591	33 029
河南	119 240	55 407
湖北	110 234	46 369
湖南	77 934	37 916
中部地区	574 568	242 245
全国	3 536 333	1 720 828

资料来源:国家统计局

4. 高新技术产业开发区发展迅速,而地区差距大

国家高新技术产业开发区(简称高新区)以促进科技与经济紧密结合为核心,目前已经成为区域经济发展的强大引擎。截至2017年底,中部地区共有37个高新区。其中,湖北省最多,共有9个高新区;山西省最少,仅有2个高新区;安徽省、江西省、河南省、湖南省各有5个、7个、7个、7个高新区(表5-4)。

表5-4　2017年中部地区与全国国家级高新区企业主要经济指标对比

项目	高新区数量(个)	企业数量(个)	从业人员数量(人)	经营收入(万元)	出口总额(万元)
中部地区	37	17 286	3 686 200	572 139 623	42 605 827
全国合计	156	103 631	19 407 420	3 070 574 989	322 920 415
地区占比	23.72%	16.68%	18.99%	18.63%	13.19%

资料来源:《中国统计年鉴2018》

中部地区的高新区在投资吸引、企业规模、经营收入和对外贸易水平方面均与全国(尤其是东部地区)存在较大差距。中部地区国家级高新区数量占全国高新区的23.72%,而企业数量占比远低于高新区数量占比,表明中部地区对企业的吸引能力较低;中部地区高新区企业的从业人员数量占比低于高新区数量占比,表明中部地区高新区企业规模较小;其经营收入占比低于高新区数量占比,表明中部地区高新区经营收入和盈利能力较低;其出口总额占比低于高新区数量占比,表明中部地区高新区对外贸易水平较低。

中部六省之间高新区在数量、投资吸引力、企业规模、经营收入和对外贸易水平存在较大差距。山西省仅有太原高新区和长治高新区，其企业数量、从业人员数量、经营收入、出口总额均处于较低水平，反映其投资吸引力、企业规模、经营收入、对外贸易水平较低。江西省的7个高新区发展处于低水平均衡状态。湖南省的7个高新区发展形成了以长株潭为中心的不均衡状态。在中部地区，湖北省的武汉东湖高新区、安徽省的合肥高新区的四项指标较高，其投资吸引力、企业规模、经营收入和对外贸易水平较为突出，河南省的郑州和洛阳高新区的企业数量和从业人员数量较大，但经营收入和出口总额较低，表明河南高新区投资吸引力和企业规模较大，但其经营收入和对外贸易水平较低（图5-4）。

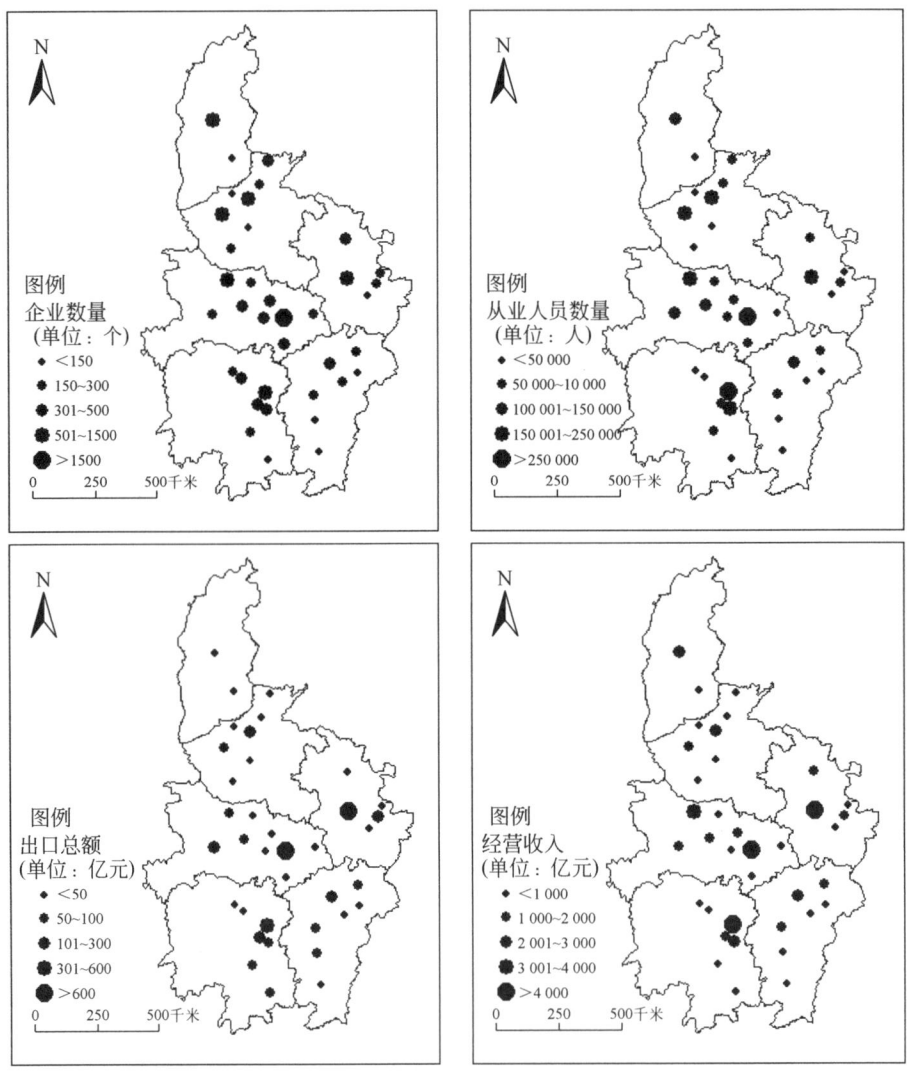

图5-4　2017年中部地区国家级高新区企业主要经济指标
资料来源：《中国统计年鉴2018》

5. 国家自主创新示范区陆续成立，成效显著

国家自主创新示范区（简称自创区）是对其他国家高新区和区域经济社会的发展有引领和示范作用的高科技园区。中部地区先后成立了武汉东湖自创区、湖南长株潭自创区、河南郑洛新自创区和安徽合芜蚌自创区。这4个自创区自成立以来，借全国之势，举全省之力，营造创业创新的氛围，优化产业发展环境，带动区域经济发展（图5-5）。

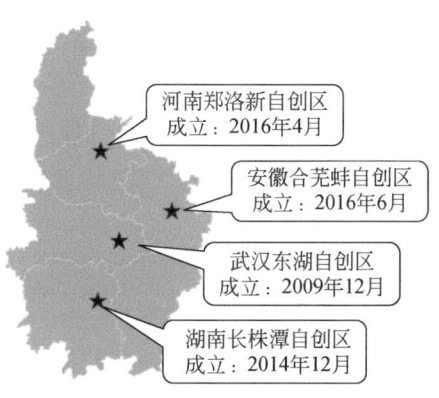

图5-5 中部地区自创区

武汉东湖自创区是仅次于北京中关村之后的于2009年12月成立的第2个自创区，涉及武汉东湖高新区。武汉东湖自创区以创新驱动示范区、开放合作先行区、"两型"改革先导区、机制创新引领区、高端产业聚集区、中部崛起增长极为战略定位，以创新创业、产业发展、科技金融、人才支持、知识产权、开放合作六大政策营造创业创新氛围，打造良好的产业发展氛围。根据同济大学发展研究院公布的2017中国产业园区持续发展百强排行榜，武汉东湖自创区位于全国第5，仅次于中关村自创区、上海张江自创区、苏州工业园区和广州经开区。

湖南长株潭自创区于2014年12月成立，涉及长沙、株洲、湘潭3个高新区，是全国第6家自创区。湖南长株潭自创区以"创新驱动引领区、科技体制改革先行区、军民融合创新示范区、中西部地区发展新的增长极"为战略定位，通过实施完善协作机制、做好发展规划、落实创新政策、开展改革试点和示范、打造创新型产业集群、优化创新创业生态六项措施，2014~2017年，湖南长株潭自创区技工贸总收入、高新技术产业增加值等主要经济指标增速均保持在15%以上。2017年全省研发经费投入568.53亿元，其中长株潭地区研发投入占全省的59.5%。

河南郑洛新自创区于2016年4月成立，涉及郑州、洛阳、新乡3个高新区。河南郑洛新自创区总体定位为具有国际竞争力的中原创新创业中心，具体定位为开放创新先导区、技术转移聚集区、转型升级引领区、创新创业生态区，通过加快培育创新引领型企业、人才、平台和机构四项措施来构建创新引领性高地。截至2017年，在企业引领方面，自创区内龙头企业16家，高新技术企业总数超过1000家，科技型中小企业近9000家，均超过全省总数的一半。在人才引领方面，郑洛新三市聚集河南省80%以上的高层次创新

人才，两院院士已达 24 人。在平台引领方面，河南省的 14 个国家重点实验室有 11 个设在郑洛新自创区，10 个国家工程技术研究中心有 8 个在郑洛新自创区，184 个省级重点实验室有 137 个在郑洛新自创区。在机构引领方面，河南省已有新型研发机构 40 余家，半数以上落地郑洛新自创区。

安徽合芜蚌自创区于 2016 年 6 月成立，涉及合肥、芜湖、蚌埠 3 个高新区。合芜蚌自创区总体定位为全面提升区域创新体系整体效能，创建有重要影响力的综合性国家科学中心和产业创新中心，具体定位为强化原始创新、集成创新、引进消化吸收再创新，努力建设成为科技体制改革和创新政策先行区、科技成果转化示范区、产业创新升级引领区、大众创新创业生态区。合芜蚌自创区创新投入持续增加，创新平台加速建设，创新产出不断增加，创新环境日趋优化。2017 年，合芜蚌自创区实现地区生产总值 11 828 亿元，是 2008 年的 2.41 倍，年均增长 10.3%，高于全省年均增长速度 1.51 个百分点，占全省地区生产总值的 43.0%。

二、科技创新资源优化发展

1. 增加创新投入，提供科技创新动力

资金投入是科技创新的物质基础。科技创新财力资源与科技创新水平和能力直接相关，任何科技创新都需要有相当规模的研发投入与支持。中部地区任何一个省份 R&D 经费支出占 GDP 比例均低于全国水平，R&D 投入强度在全国范围来看处于较低水平。中部地区各个省份 R&D 经费支出水平差距较大，山西、江西、河南的 R&D 经费支出占 GDP 比例远低于安徽、湖北、湖南，均在 1.5% 以下。

中部地区需要增加科技创新投入，提高 R&D 经费支出占 GDP 比例，为科技创新提供资金支持，实现经济发展由资源导向、结构导向到技术导向的转变。

2. 培育创新人才，激发科技创新潜力

人才是科技创新的源泉。科技创新人力资源是科技创新的关键所在。中部地区人力资源分布不均匀，山西省、江西省落后于湖北省、河南省、湖南省、安徽省。中部六省均缺乏将高校大学生转化为科技人才并在本地实现就业的动力，人才流失现象严重。

中部地区应加强人才队伍建设，驱动科技创新发展，将人力资源变成人才资源，实现人才资源可持续发展。湖北、湖南、河南、安徽等拥有众多高等学校和科研院所的地区，应该利用学校和研究机构培育并集聚人才的优势，创造良好的落户和资助条件留住本地培育人才，积极引进外地高端人才，并发挥扩散效应由武汉、长沙、郑州、合肥等几个人才高地向省内其他地区甚至中部其他地区进行辐射。江西省、山西省应该积极创造优越的人才政策和条件，吸引优秀人才流入，并努力提升省内高校和科研院所的教学与研究质量，促进人才资源可持续发展。

3. 优化创新环境，释放科技创新活力

良好的创新环境是科技创新健康发展的保障，良好的创新环境能够提高科技创新的效率，促进科技创新，点燃发展引擎，带动区域经济发展。高新区和自创区的本质是为高新技术产业发展和自主创新创造一个较为稳定的供产业融合、知识创新的环境。各省的高新区和自创区集中了大量的科技财力、人力、物力和信息资源，其科技创新产出也占全省科技创新产出的大部分。中部地区的37家高新区陆续成立且发展迅速，极大地带动了区域科技创新能力的提高，促进了区域经济发展。但中部地区的高新区在投资吸引力、企业规模、经营收入和对外贸易水平方面均与全国（尤其是东部地区）存在较大差距，且中部六省之间差距明显。在高新区基础之上湖北省、湖南省、河南省、安徽省新建的自创区，集全省的优势资源，在区域范围内取得巨大成就。

中部地区高新区和自创区应在投资吸引力、企业规模、经营收入和对外贸易方面进一步发展，增强投资吸引力，适度扩大企业规模，增加经营收入，扩大对外贸易，提高园区的自身造血能力和可持续发展能力。借鉴高新区和自创区的发展经验，中部六省在科技创新发展中，各县市应在区域条件基础上，根据自身实际条件，建立科技创新园区，改善园区内的体制机制和政策条件来适应创新创业的发展要求，营造创新创业和产业发展的良好环境，实现园区内的产业发展和经济增长，并通过极化和扩散效应，带动区域的科技创新和经济发展。

第二节 中部地区现代服务业发展现状战略

一、中部地区服务业发展现状

1. 服务业总体规模不断扩大，近年来增速较快

近年来，中部地区的服务业发展迅速，总体规模不断扩大。2017年，中部六省的服务业增加值达到80 783.97万亿元，占全国服务业增加值的18.9%。2016年中部六省服务业平均增速达到9.9%，高于全国7.7%的增速（表5-5）。从服务业增加值占GDP比例来看，2017年中部六省（山西除外）服务业增加值比例均低于全国占比（51.6%）。然而从服务业增速来看，2016年所有中部六省（山西除外）的服务业增速均高于全国增速（7.7%），其中安徽、江西、河南、湖南的服务业增速均高于10%，说明中部地区服务业发展总量相对滞后，但后发趋势显著（图5-6）。

表 5-5　2017 年中部六省服务业增加值、占比和增速

地区	服务业增加值（亿元）	服务业增加值占 GDP 比例（%）	增速（%）
山西	8 013.85	53.5	6.9
安徽	11 420.37	41.5	11.1
江西	8 892.56	42.7	11.1
河南	19 198.68	42.7	10.3
湖北	16 503.40	45.2	9.5
湖南	16 755.11	48.4	10.6
全国	427 031.5	51.6	7.7

资料来源：国家统计局

注：增速为 2016 年的值

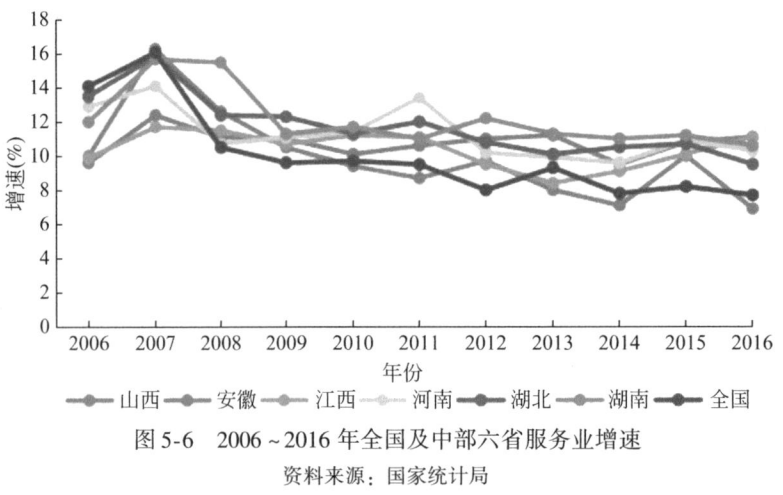

图 5-6　2006~2016 年全国及中部六省服务业增速
资料来源：国家统计局

2. 传统服务业发展为主，现代服务业发展为辅

从服务业内部结构看，中部地区服务业内部结构不合理，传统服务业占比偏高，生产性服务业占比偏低，新兴的现代服务业发展具有很大的提升空间。从服务业内部结构看（图 5-7），中部地区的交通运输、仓储和邮政业，批发和零售业等传统服务业仍占较大比例，高于全国传统服务业的比例。2016 年我国服务业增加值构成中，传统服务行业增加值占整个服务业的比例为 30.7%。从现代服务业的发展趋势来看，湖北、湖南、安徽等省份的信息传输、计算机服务和软件业，金融业，教育，卫生、科学研究和技术服务业等现代服务业得到较快发展，具有成为服务业增长主体的潜力。

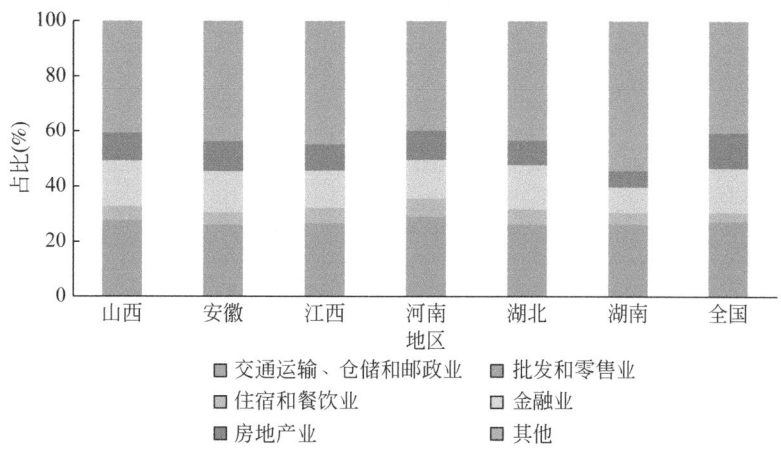

图 5-7 2016 年全国及中部六省服务业构成
资料来源：国家统计局

3. 教育、卫生、文化、公共管理等现代服务业具有专业化优势

从中部地区服务业在全国的专业化程度来看（区位熵），教育，公共管理、社会保障和社会组织，卫生和社会工作的区位熵基本上大于1，在全国具有比较优势。分省来看，山西在交通运输、仓储和邮政业，金融业，水利、环境和公共设施管理业，教育，文化、体育和娱乐业，以及公共管理、社会保障和社会组织具有优势；安徽在金融业，教育，卫生和社会工作，以及公共管理、社会保障和社会组织具有优势；江西在水利、环境和公共设施管理业，教育，卫生和社会工作，以及公共管理、社会保障和社会组织具有优势；河南在教育，卫生和社会工作，以及公共管理、社会保障和社会组织具有优势；湖北在批发和零售业，交通运输、仓储和邮政业，水利、环境和公共设施管理业，教育，卫生和社会工作，文化、体育和娱乐业；湖南在金融业，教育，卫生和社会工作，文化、体育和娱乐业，公共管理、社会保障和社会组织方面发展具有优势（表5-6）。

表 5-6 2017 年中部第三产业行业门类区位熵（就业人员）

行业	中部总计	山西	安徽	江西	河南	湖北	湖南
批发和零售业	0.91	0.73	0.92	0.80	0.95	1.18	0.71
交通运输、仓储和邮政业	0.95	1.15	0.98	0.92	0.84	1.06	0.86
住宿和餐饮业	0.70	0.57	0.69	0.60	0.61	0.90	0.80
信息传输、软件和信息技术服务业	0.61	0.51	0.71	0.61	0.52	0.82	0.54
金融业	0.90	1.11	1.18	0.73	0.67	0.79	1.21

续表

行业	中部总计	山西	安徽	江西	河南	湖北	湖南
房地产业	0.81	0.35	0.86	0.61	0.94	0.92	0.89
租赁和商务服务业	0.56	0.65	0.48	0.47	0.59	0.53	0.61
科学研究和技术服务业	0.73	0.70	0.72	0.56	0.64	0.93	0.85
水利、环境和公共设施管理业	0.98	1.55	0.89	1.09	0.79	1.06	0.85
居民服务、修理和其他服务业	0.56	0.53	0.44	0.54	0.68	0.49	0.60
教育	1.16	1.22	1.26	1.17	1.12	1.05	1.21
卫生和社会工作	1.15	0.97	1.20	1.10	1.04	1.25	1.40
文化、体育和娱乐业	0.96	1.19	0.72	0.85	0.79	1.20	1.17
公共管理、社会保障和社会组织	1.15	1.41	1.01	1.18	1.05	0.96	1.48

资料来源：《中国统计年鉴2018》

4. 服务业拉动就业效果显著，传统服务业占比较高

中部六省服务业成为吸纳社会就业的主渠道，但仍低于全国服务业就业比例的平均值42.4%（表5-7）。相比于东部地区较快的服务业发展及服务业就业而言，中部地区服务业就业结构中，传统服务业就业占比较高，吸引的劳动力素质相对较低。例如，由《江西统计年鉴2016》可知，2015年江西省服务业从业人员980.5万人，占全社会从业人员的比例为37.5%。其中，批发和零售业，住宿和餐饮业，交通运输、仓储和邮政业三大传统服务业行业仍是服务业吸纳社会就业的主渠道，共有从业人员563.2万人，占全部服务业从业人员的57.4%。

表5-7 2015年中部六省服务业就业占全社会就业的比例　　　（单位:%）

地区	山西	湖南	江西	安徽	湖北	河南	全国
服务业就业占比	38.1	35.8	37.5	39.5	38.8	30.2	42.4

资料来源：中国经济与社会发展统计数据库

5. 服务业投资保持高位运行，现代服务业吸引投资潜力巨大

中部六省服务业投资保持高位运行（图5-8）。2017年，中部六省服务业完成固定资产投资83 015.06亿元。其中房地产业，交通运输、仓储和邮政业，水利、环境和公共设施管理业三大行业投资额达61 294.28亿元，占服务业固定资产投资的73.8%以上。从未来趋势来看，公共管理、社会保障和社会组织，科学研究和技术服务业等现代服务业固定资产投资增长较快,为现代服务业固定资产投资的重点行业。

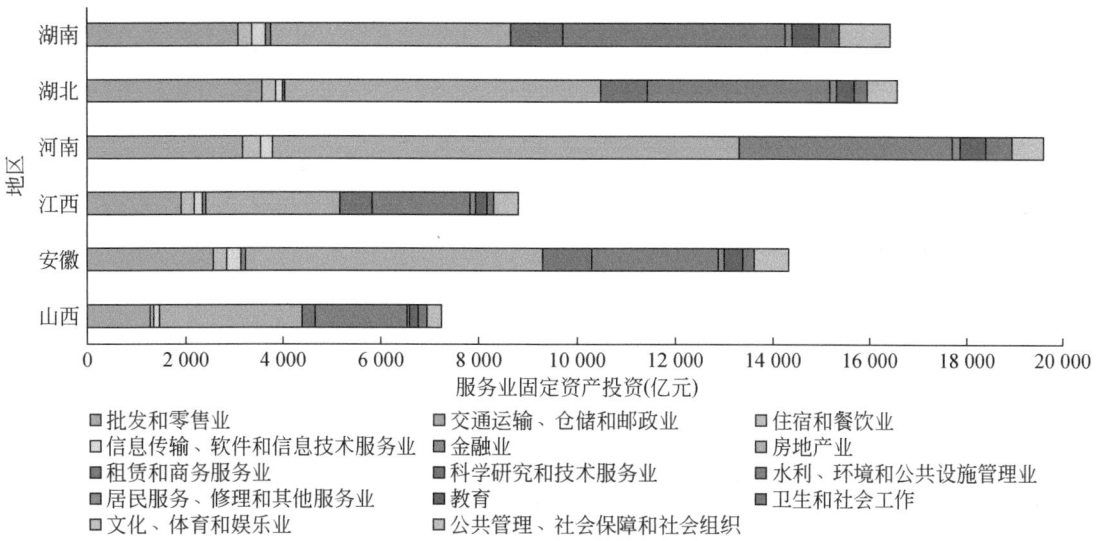

图 5-8 2017 年中部六省按行业门类服务业固定资产投资构成

资料来源:国家统计局

二、中部地区服务业发展问题

中部地区服务业呈现出良好的发展态势,但同时也存在总量偏小、产业结构和投资结构不合理、居民收入水平偏低、服务业人才结构性短缺等问题,不同程度地制约着中部地区服务业的健康发展。

1. 服务业总量和比例偏低,整体竞争力不强

2017 年,中部六省的服务业增加值为 8.078 万亿元,占全国服务业增加值的 18.9%,与中部六省的宏观地位不相匹配。其中安徽、江西和河南的服务业占比仅为 41.5%、42.7% 和 42.7%,比全国的服务业占比分别低 10.1 个百分点、8.9 个百分点和 8.9 个百分点(表 5-8),反映出中部地区服务业发展滞后的问题,主导作用尚不突出。

表 5-8 2017 年中部六省服务业增加值占比 (单位:%)

地区	山西	湖南	江西	安徽	湖北	河南	全国
服务业增加值占比	53.5	48.4	42.7	41.5	45.2	42.7	51.6

资料来源:国家统计局

2. 服务业结构有待优化,现代服务业尚处于起步

服务业结构有待优化,辐射带动力急需提高。中部地区服务业结构中,交通运输、仓

储和邮政业，批发和零售业等传统商贸服务业占比偏大，研发设计、金融、咨询、营销、会展等生产性服务业发展滞后、集聚度不高，健康养老、旅游休闲等与老百姓生活密切相关的现代生活性服务业发展不足，服务业现代化管理水平和信息化程度需要进一步提升，面向国际和全国的服务能力较弱。

3. 消费需求不足，制约了服务业发展

中部地区城乡居民收入水平偏低，消费能力偏弱，整体的消费需求不足，制约了服务业的发展。2017年，中部地区城镇居民人均可支配收入达31 293.8元，比东部地区人均水平42 989.8元低近1/3，与西部和东北地区相近；中部地区农村居民人均可支配收入12 805.8元，远低于东部地区的农村居民人均可支配收入，仅高于西部地区。此外，中部地区长期以来储蓄意愿较强，以及养老、医疗和教育、住房等支出增加较快而导致较低的服务业消费倾向（表5-9）。

表5-9 2017年中国四地区居民人均可支配收入及增长率

地区	城镇居民人均可支配收入（元）	城镇居民人均可支配收入增长率（%）	农村居民人均可支配收入（元）	农村居民人均可支配收入增长率（%）
中部地区	31 293.8	8.4	12 805.8	8.6
东部地区	42 989.8	8.4	16 822.1	8.5
西部地区	30 986.9	8.3	10 828.6	9.2
东北地区	30 959.5	6.6	13 115.8	6.9

资料来源：《中国统计年鉴2018》

4. 服务业人才结构性短缺，从业人员素质有待提高

服务业经济竞争的核心是服务业专门人才的竞争，中部地区服务业存在着人才结构与市场需求不平衡、专业人才的存量与增量难以适应服务业发展需要等问题，中高端人才缺乏，实用技术型人才相对不足，职业教育、职业资格认定等方面有待完善。2015年，中部六省服务业就业比例均低于全国服务业就业比例的平均值42.4%（表5-7）。服务业就业结构中，以传统服务业为主，吸引的劳动力素质相对较低。企业管理、市场服务、科技研发、技术推广、信息技术、电脑软件、电子商务、金融保险、咨询中介、综合物流等知识密集型服务行业的发展，离不开大量的高端人才的支撑。但多年来中部的服务业从业人员整体素质很难满足当前服务业发展的需要，高层次服务业人才短缺已成为中部地区服务业发展的瓶颈。同时受京津冀、珠三角、长三角区位影响，物流、教育、卫生、科技、信息技术、金融保险等现代服务业人才外流严重，加剧了中部服务业人才紧缺状况。

三、中部地区现代服务业发展战略

依托中部地区优越的区位和交通条件、"三基地一枢纽"产业发展优势,牢牢把握改革开放持续深化和区域合作步伐不断加快的机遇,积极发展高附加值、高层次、知识型的现代服务业是中部地区构筑现代产业体系,促进产业改造升级的重要途径。实现经济、社会、环境的可持续发展,整体实力和竞争力显著增强,经济总量占全国的比例进一步提高,区域主体功能定位更加清晰,人与自然更加和谐,体制机制更加完善,城乡居民收入与经济同步增长是中部地区下一阶段的发展目标。

中部地区应瞄准打造沟通东西部、连接海内外的物流产业;发展产业联动能力强、附加值高的科技服务业、信息服务业,依托新业态、保民生的文化、旅游等新兴服务业,构建充满活力、特色鲜明、布局合理、优势互补的现代服务业体系。培养、强化中部地区服务业"四大能力":即在中部崛起发展战略中引领中部产业全面升级的能力;加速信息化、工业化融合发展的能力;推动中部崛起过程中集聚发展的能力;促进中部地区科技创新、扩大区域合作交流的能力,从而实现中部地区在新时代的新发展。

1. 引领中部产业全面升级

中部地区努力开创创新型工业化道路,需要生产性服务业帮助工业优化内部结构,提高经济效率。强大的工业也是服务业发展的必要条件,是服务业发展的前提和基础。随着中部地区产业规模的扩大和产业结构的调整,物流、科技服务、信息服务、金融、会展等为制造业服务的生产性服务业逐渐发展壮大。与消费性服务业不同,生产性服务业主要呈现出服务性、知识密集性、高增值性等特点。生产性服务业可以为企业在产品创意、设计、研发到物流、营销、品牌推广等环节提供专业的技术支持,减少企业人力、物力、时间成本。当前中部崛起战略深入推进,生产性服务业在提高区域经济发展水平、提升城市服务功能等方面的作用日益显现。因此,加快发展生产性服务业有利于保持工业生产过程的连续性,促进工业技术进步、产业升级,提高生产效率,有利于转变经济发展方式、加快培育新经济增长点,促进产业结构升级。因此全面发展以生产性服务业为核心的现代服务业是中部地区产业经济全面升级的战略选择。

2. 加速信息化、工业化融合发展

现代服务业正逐渐改变着传统生产经营组织形态和管理模式,推动着信息化、工业化的融合发展,呈现出制造服务化、服务网络化的基本发展态势。现代服务业的重要作用在于基于信息资源,通过数字化服务产品连接产业链及产业间相关方,需要支持其信息资源及其服务过程的信息网络平台,同时,服务过程还涉及相关产业链及产业间的各种信息运行平台,如技术平台、运输平台、交易平台、信用平台、各类服务平台等。因此,中部地区的信息网络平台可以对其他各类产业运行平台进行有效的整合,是现代服务业的主导性运行平台，包括基础支撑、基础信息、电子政务、网站培训、创业辅导、融资担保、人力资源、电子商务、技术创新、管理创新、产业集群等信息平台。同时中部地区应着力于建立信息化社会服务体系，促进信息化、工业化的融合发展。信息化社会服务体系包括融资担保服务体系、信用服务体系、人才培训服务体系、信息网络服务体系、创业辅导服务体系、管理咨询服务体系、技术支持服务体系、法律政策服务体系等。信息网络平台和信息社会服务平台的建立，必将促进中部地区传统服务业的拓展，带动现代服务业的发展，显著提高服务效率。同时，信息技术正在加快向其他产业渗透，改造提升传统产业，形成新的技术领域、管理模式和服务形态，对整个国民经济的影响日趋加深。

3. 推动中部地区集聚发展

中部地区通过现代服务业的发展，强化产业集聚和增强区域服务功能，促进区域中心城市和中小城镇协调联动发展。由于金融危机的影响，中部正在成为承接东部沿海发达地区产业梯度转移和国际产业转移的热点地带。中部地区发挥比较优势，确立重点发展领域、重点承接的国家和地区，积极配套金融、现代物流、会展、信息、人力资源服务等现代服务业的发展，有利于完善区域功能，加快推动产业集聚区、商贸功能区发展，增强对内聚合力和对外辐射力，提高区域综合竞争力，促进区域间协调和可持续发展。

4. 促进中部地区科技创新，扩大区域合作交流

中部地区现代服务业的发展，应顺应知识经济高度发展的潮流，提高现代服务业的创新能力和开放度，促进中部知识创新与对外交流的发展。创新服务业是通过市场机制为企业创新提供专业服务的产业，是现代服务业的核心内容。中部地区依托其良好的知识人才资源，应明确现代创新服务业的战略定位和战略方向，坚持实施创新驱动发展战略，大力推进机制创新、科技创新、业态创新、管理创新、模式创新，推动创新与经济紧密结合，以创新引领经济转型，加快发展升级。创造良好的市场环境，改革完善政府科技公共服务体系，促进主要行业管理、技术和商业模式创新水平的提高，推动骨干企业集团化、规模化、品牌化的发展。启动中部地区科技服务平台建设，引进一批高端研发机构，积极争取创新示范区享受国家自主创新示范区试点政策。引进一批高科技项目带动技术水平提升，支持企业与国内外同行、大型央企、科研院所、高等院校共建创新平台，鼓励各地与重点高校、科研机构合作建设科技园区，支持企业通过海外并购、设立研发中心、购买专利技术增强创新能力。通过设立和完善种子基金、技术市场等方式，重点扶持小微企业创新。因此，通过现代服务业引领中部地区知识经济与外向型发展，提升综合竞争力。

第三节　推进现代物流业发展，打造我国交通物流中心

一、中部地区发展现代物流业的基础与优势

1. 纵贯南北、承东启西的区位

中部地区是我国经济的战略腹地和交通中心，历来为中国水陆交通枢纽，也是我国重要的交通干线和中转换装中心，以及人流、物流、商流、信息流中心。中部六省初步建成了四通八达的综合交通网络和信息高速公路网络。2017年，中部六省铁路、公路和水路货运量分别占全国的29.0%、29.5%和29.5%（表5-10）。总体而言，中部六省地处中国腹地，战略位置显著，具备大力发展物流业的良好区位优势。

表5-10　2017年中部六省货运量及在全国的占比

地区	铁路（万吨）	公路（万吨）	水运（万吨）	合计（万吨）
山西	74 616	114 880	20	189 516
安徽	8 940	280 471	114 015	403 426
江西	4 871	138 074	11 492	154 437
河南	10 087	207 066	12 961	230 114
湖北	4 253	147 711	36 143	188 107
湖南	4 185	198 806	22 560	225 551
中部	106 952	1 087 008	197 191	1 391 151
全国	368 865	3 686 858	667 846	4 723 569
中部比例（%）	29.0	29.5	29.5	29.5

资料来源：国家统计局

2. 粮食、装备、高新技术等产业急需现代物流业支持

伴随着中部地区重要粮食生产基地、重要能源原材料的建设，现代装备制造业以及高新技术产业基地的发展，综合交通运输枢纽建设积极推进，中部地区成为我国继东部沿海地区之后的又一个生产与市场双中心。中部地区具有优势地位的粮食、以煤炭为主体的能源、有色金属等重要原材料都是运量大、运距长、金额相对较大的大宗产品，物流业在这些产业发展过程中起着重要的作用。现代物流业的发展可有效降低商品流通成本、提高流通效率、提升企业竞争力、改善地区投资环境、调整产业结构、实现区域经济高效运行，

是现代制造业跨越式发展的重要支撑条件。

3. 重要的国家级流通大通道

中部物流产业发展成为国家物流产业"承东启西、贯通南北"的关键环节。依据《全国流通节点城市布局规划（2015—2020年）》，中部地区地处中线京港澳流通大通道、长江沿线流通大通道、陇海兰新沿线流通大通道等国家级流通大通道，拥有郑州、武汉、长沙等重要的国家级和区域级流通节点城市，依托京港澳高速、京广高铁、京广铁路等综合交通运输通道，中部地区具备形成贯穿南北、衔接东西、辐射全国的大流通格局的基础条件。

二、中部地区现代物流业发展策略

1. 构建区域性物流网络

加快中部物流中心网络体系建设，构建全国性、区域性和地区性物流中心与三级物流节点城市网络，促进大中小城市物流业的协调发展。以郑州、武汉为全国性物流节点城市；以太原、合肥、南昌、长沙为区域性物流节点城市，形成高效快捷的物流体系和物流产业发展格局。完善城市物流设施，加强物流园区规划布局，依托已有的港口、铁路和公路货站、机场等交通运输设施，有针对性地建设货运服务型、生产服务型、商业服务型、国际贸易服务型和综合服务型的物流园区，重点推动黄石港物流园、太原武宿综合物流园等物流园发展。重点推进物流大通道、物流枢纽、物流市场拓展、物流主体培育、物流重大项目建设。着力推进郑州国际航空枢纽、武汉航空枢纽和武汉东湖综合保税区物流中心等的建设。综合保税区建成与国家边贸口岸连接的电子口岸，建设综合保税区进口商品展示平台和肉类、药品、汽车等进口特定口岸，开展跨境贸易电子商务服务试点。共同打造黄河金三角陆路口岸，加快黄石、荆州、宜昌水运口岸建设，增强长江水道集疏运能力。完善郑州、武汉铁路口岸规划建设，提升铁路口岸枢纽地位。加快发展城市物流配送，促进小件快递和零担物流集群发展。构建与电子商务快速发展相适应的现代物流配送体系，在武汉、郑州等核心城市建设快递集散交换中心等重大项目，打造中部快递转运集散中心和国际网购物品集散分拨中心。

2. 发展重点领域物流

围绕优势农产品生产加工，加快发展大宗商品和农产品物流。重点支持农产品物流园区、仓储集散中心、分拨中心、冷链物流、配送中心等建设项目，形成农产品的物流供应链，包括农产品加工、分装、质检、保鲜、配送、流通、溯源等所有流程的物流供应链系统。推动农产品现代物流公共信息平台和农产品现代物流标准化体系建设项目。

推动重点制造业领域物流发展。围绕装备制造、钢铁、石化等优势产业集群，推进物流业与制造业的联动发展。在产业集聚区和重要生产基地有针对性地规划、建设一批物流园区，支持大型流通企业集团发展，完善仓储、交易、配送、金融、信息等服务功能，为产业集群提供集成化、专业化、一体化的物流服务。

推进商贸流通体系建设。构建以武汉、郑州等全国性市场为中心，以区域性重点市场为骨干，以具有地方特色的专业市场为补充，现货市场和期货市场相结合的市场体系。加快新型业态和集成服务发展，大力发展连锁超市、大型专业批发市场。加大传统零售业态改造力度，鼓励发展所有制形式和经营业态多样化、有利于吸纳就业、诚信便民的零售、餐饮、修理等商贸服务。加快建设和完善中小商贸流通企业服务体系，加大政策支持，改善融资环境，强化公共服务，促进中小商贸流通企业特别是小微企业专业化、特色化发展。

3. 建设现代物流服务体系

全面提升物流的现代化服务水平。鼓励生产和商贸企业物流业剥离或外包，推动企业内部物流功能剥离，组建专业物流公司。鼓励企业将原材料采购、运输、仓储等供应链管理服务委托给物流企业和物流园区。建立和优化物流供应链，推动物流企业与生产企业、商贸企业联动发展。加强口岸建设，完善口岸功能，提高口岸现代化、信息化水平，完善配套电子商务、金融、通关、信息等口岸服务，提高口岸通关效率。加快区域物流公共信息平台、物流企业信息系统、大宗货物交易电子商务系统等信息化建设，促进不同信息系统之间的数据交换和信息共享。积极进行物流技术标准化建设，推行统一的物流软件和物流服务标准，加强硬件标准的兼容性，鼓励支持物流业节能减排，发展绿色物流。推广使用甩挂运输、冷链运输、托盘运输、货物跟踪、物联网等先进物流技术和设施。推进基于物联网的智能物流发展，推进形成物畅其流、快捷准时、经济合理、用户满意的产业物联服务体系，促使物流业走向高技术服务业行列。积极发展第三方物流，促进生产、供应、销售等环节的物流业务整合与流程优化，加快制造业、物流业有机融合和联动发展。

第四节 大力发展科技服务业，筑造中部科技创新基地

一、中部地区发展科技服务业的基础与态势

1. 科教创新基础坚实，已形成一批科技创新企业

中部地区先进的科教文化资源是发展现代服务业的一大优势。中部地区拥有的高等院

校和科研院所众多（表5-11），科研开发能力较强，武汉、合肥、郑州、长沙等大中城市的科技人才储备丰富。2016年，中部地区高校677所，在校学生数744.19万人，占全国的27.61%；中等职业技术学校2615所，占全国的23.96%，具有坚实的科教基础。随着中部的科研创新驱动，中部地区涌现出了一大批创新型企业；中部地区先进的制造技术、新材料技术、生物医药技术在全国占有重要位置；拥有"中国光谷""中国药谷"等高科技产业品牌，光电子产业、医药产业、工程机械产业发展势头强劲，逐渐形成了以武汉、合肥、郑州为中心的区域产学研集群。这些具有优势的科技产业资源，为中部地区培育科技服务业提供了良好的基础。

表5-11 2016年中部六省教育资源概况

项目	高校在校学生数（万人）	高校数量（所）	高中（所）	中等职业技术学校（所）
山西	75.63	80	503	447
安徽	114.5	119	672	374
江西	103.9	98	469	394
河南	187.48	129	792	651
湖北	140.18	128	532	289
湖南	122.5	123	579	460
中部地区	744.19	677	3 547	2 615
全国	2 695.843 3	2 596	13 383	10 912
中部占比（%）	27.61	26.08	26.50	23.96

资料来源：国家统计局

2. 科研投入比例偏低，自主创新能力仍不足

中部六省的科研投入及创新能力明显低于东部地区。2009~2016年，中部六省的R&D经费投入强度远低于全国平均水平。2016年，全国R&D经费投入强度为2.11%。中部六省中只有湖北、安徽的R&D经费投入强度接近全国平均水平，分别为1.86%、1.97%；湖南、山西、河南和江西，分别只有1.5%、1.03%、1.23%和1.13%（图5-9）。通过R&D机构数、R&D人员数和有效发明专利数来反映中部的自主创新能力，2016年，中部六省的R&D机构数和R&D人员数，分别占全国的20.8%和17.7%，而在有效发明专利数上，只占全国的10.7%（表5-12）。

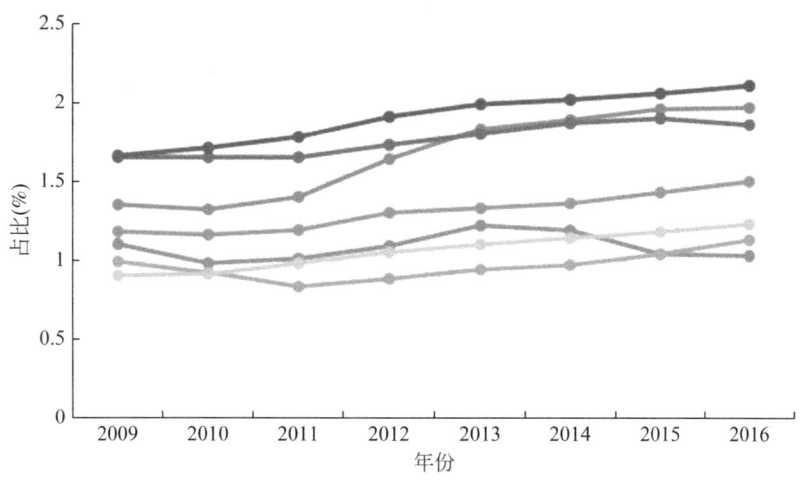

图 5-9　2009~2016 年中部地区及全国研究与试验发展（R&D）经费投入强度（占 GDP 比例）

资料来源：中国经济社会大数据研究平台

表 5-12　2016 年中部六省科技研发相关指标及占全国的比例

地区	R&D 机构数（个）	R&D 人员数（人）	有效发明专利数（件）
山西	165	68 669	1 215
安徽	100	211 053	2 236
江西	117	95 141	443
河南	122	249 876	2 325
湖北	123	218 322	4 397
湖南	123	191 125	915
中部地区	750	1 034 186	11 531
东部地区	1 443	3 684 795	70 975
西部地区	1 000	811 130	16 937
东北地区	418	300 630	8 275
全国	3 611	5 830 741	107 718
中部占比（%）	20.8	17.7	10.7

资料来源：中国经济社会大数据研究平台

3. 科技产出转化滞后，科技转化体系尚未形成

虽然中部六省拥有雄厚的科研人才基础，但在科技成果产出方面仍显滞后。2016 年，

中部六省高新技术企业有 5946 家,占全国的 19.3%,远落后于东部地区的 20 241 家。除山西外,其他五省的高新技术企业数均在 1000 家以上,而山西的高新技术企业只有 133 家,主营业收入也只有 997.4 万元,远低于中部其他省份。这些高新技术企业在科技创新中发挥的作用不足,科技成果转化体系尚未建立。2015 年,中部六省高新技术企业的新产品开发项目,只占全国的 12.2%,新产品销售收入更是只占 15.0%,远远落后于东部地区(表 5-13)。

表 5-13 2016 年中部地区高新技术产业生产经营情况

项目	企业数(家)	主营业收入(万元)	新产品开发项目(个)	新产品销售收入(万元)
山西	133	997.4	325	669 986
安徽	1 398	3 588	2 487	8 707 151
江西	1 064	3 914	1 377	4 240 226
河南	1 261	7 402	1 540	28 945 135
湖北	1 063	4 212	2 167	8 158 763
湖南	1 027	3 661.3	1 484	11 517 073
中部地区	5 946	23 774.7	9 380	62 238 334
东部地区	20 241	108 168.6	57 684	315 543 987
西部地区	3 535	4 015.2	7 518	30 596 042
东北地区	1 076	17 842.1	2 585	5 756 544
全国	30 798	153 800.6	77 167	414 134 907
中部占比(%)	19.3	15.5	12.2	15.0

资料来源:国家统计局、中国经济与社会发展统计数据库

注:新产品开发项目和新产品销售收入为 2015 年的值

二、中部地区发展现代科技服务业策略

1. 搭建中部科技研发创新平台

依托中部地区科教资源优势,充分发挥科技支撑引领作用,鼓励发展专业化的科技研发、技术推广创新平台。借助中国科学技术大学先进技术研究院、武汉大学等科教自主创新平台,做强一批具有国际或国内一流水平的工程实验室、工程研究中心、企业技术中心和研发中心。加快建设和高效运营一批科技企业孵化器和生产力促进中心,逐步建成完善的公共科技信息平台和协作创新网络。鼓励发展专业化的科技研发、信息咨询、科技培训、技术推广、节能减排等服务业。鼓励企业、高校院所、科研机构成立科技服务业战略联盟,引导研发设计、创新要素向企业聚集,吸引跨国公司在中部地区设立独立的研发中

心，或与本地企业、科研院所、大学共同成立研发机构。鼓励跨国公司研发中心开展本土化的技术创新活动，加强同中部地区的经济和科技活动的联系，发挥人才和技术溢出效应。

2. 加快科技成果转化

充分发挥中部地区科技资源对现代服务业发展的支撑和引领作用，推动服务业企业与高校、科研院所建立长期稳定的产学研合作机制。依托各类科技园区、开发区和龙头企业，加强国家、省级重点实验室、工程研究中心和企业技术中心建设，大力发展各级生产力促进中心、科研成果转化基地、技术交易中心和创业投资服务机构。支持知识产权交易平台建设，开展专利检索、交易、培训等服务。积极发展国际技术转移服务，选择有条件的区域建立国际技术转移中心，加强同国际科技组织和国际知名技术转移机构的合作。在装备制造业、农业、电子信息、生物工程、现代中药、新材料等优势产业领域加快实施重大科技产业化工程，加快推进能源、资源、环境、农业、信息等关键领域的重大科技开发专项和优势共性技术集成创新。

推动技术与资本等要素的结合，引导资本市场和社会投资更加重视投向科技成果转化和产业化。提升技术转移机构的市场化运作能力，加强技术转移机构的专业化、特色化功能和增值服务能力，支持服务机构和企业探索新型技术转移合作模式。提高科研机构的知识产权经营能力，加强技术转移信息服务平台、技术合同网上登记系统和技术合同网上信息发布系统建设，提高定价服务、技术产权交易信息服务能力。加快研发设计、检验检测、知识产权服务等高端科技服务业发展，强化研发、转化、交易、服务功能。加强技术经纪人队伍建设，活跃技术市场。

3. 完善研发设计服务平台

加快综合性工业设计公共服务平台建设，重点在装备制造、服装服饰、现代家居、电子信息、生物医药、汽车及零部件等领域，发展高附加值、高知识含量的模具设计、平面设计、IC 设计、自动控制系统设计等工业设计与研发服务业，实施一批具有自主知识产权的工业设计创新项目。构建支撑新兴企业产品开发、工业设计、实验认证的开放式、市场化的公共设计服务机构，依托龙头企业和科研机构，支持具备条件的企业和机构申建国家级工业设计中心。探索构建专业化设计服务与先进装备制造业集群互动发展的新机制，推动研发设计服务领域的延伸和服务模式的升级。培育独立的第三方设计服务机构和一批专业化设计服务企业，提高研发设计服务对先进装备制造业的支撑能力。

第五节 积极培育信息服务业，创新中部服务网络平台

信息服务业被称为现代服务业发展的加速器。信息服务业包括信息传输、计算机服务和软件开发、信息系统支持服务，信息处理和信息技术培训服务等。总体而言，中部地区信息服务业发展尚处于起步阶段，主导作用尚不突出。以软件业和电子商务为例，

中部地区软件业产业规模较小，2017年软件业务收入占全国的比例仅为5%；2016年，中部地区电子商务销售额与采购额，分别只占全国的13.9%和11.5%，与中部地区的宏观地位不相匹配。中部地区信息服务人才高度聚集于大中城市，核心城市为信息服务业的主要载体。例如，2016年郑州市信息传输、软件和信息技术服务业企业实现营业收入251.32亿元，占河南省的32.1%。湖北省软件业则在工业和嵌入式软件、地球空间信息、信息安全、服务外包、数字内容和创意等特色领域，集聚了一大批优质企业。武汉光谷软件园入园企业百余家，员工规模近万人，成为我国中西部地区规模最大的软件及服务外包产业园（表5-14）。

表5-14 中部六省2016年电子商务相关指标及占全国的比例

地区	有电子商务交易活动的企业数（家）	电子商务销售额（亿元）	电子商务采购额（亿元）
山西	1 110	680.3	621.4
安徽	5 001	2 894.7	1 967.7
江西	1 637	2 288.1	657.6
河南	4 011	4 135.3	1 596.4
湖北	4 359	2 741	1 455.2
湖南	3 603	2 227.5	966.7
中部地区	19 721	14 966.9	7 265
全国	102 761	107 321.8	63 347.2
中部占比（%）	19.2	13.9	11.5

资料来源：中国经济与社会发展统计数据库

以电子商务、软件、信息传输和数字内容等领域为重点，推动信息化集成、信息公共服务平台等建设，促进信息服务业与其他产业的融合和互动发展，促进中部地区信息服务业发展。

一、大力推进电子商务

大力推进电子商务发展。以电子商务服务平台为基础，推进B2B、B2C（商业机构与消费者间的电子商务）等电子商务，在郑州、武汉等城市率先建设放射全国的国家电子商务示范城市和示范基地，太原、长沙、南昌等城市建设区域级电子商务平台。壮大电子商务市场主体，推动工业企业与电商企业联动融合，实施电子商务示范、园区平台建设、网商培育、名品推广等工程，培育综合性、行业性电子商务服务平台，完善物流配送、金融结算等配套体系。支持销售本地产品和提供相关服务的电子商务平台建设项目，推动农产品流通公共服务平台、粮油食品网上购物平台等农产品流通领域的功能性、公益性特点突出的电子商务平台建设项目。以电子商务推动传统商业模式创新，实现实体购销渠道和网络购销渠道互动发展，推动名牌名店商业街区建设。条件成熟时，在武汉、郑州机场扩大出境免税店。开展跨境贸易电子商务综合改革试点，在进出口通关服务、结售汇等方面先行先试。加强与国内外知名电商的战略合作，搭建安全便捷的商业交易应用服务平台，研究探索建设跨境网购物品集散分拨中心，吸引境内外电子商务巨头和中小网商集聚集群发展。

二、做大做强软件及服务外包业

做大做强软件及服务外包业。依托高新技术产业园区、经济技术开发区、科技园区等，以股份制形式建设软件园区，培育壮大核心骨干企业，吸引一流软件企业入驻，形成软件产品开发基地、销售基地、创业孵化基地和人才培训基地，积极承接软件外包业务。中部地区积极发展物流信息服务、智能通信软件开发、生物医药研发、商务咨询和认证评估等服务外包及相关服务业，培育国际知名的服务外包自主品牌，打造具有地区产业特色的服务外包基地。加快发展具有自主知识产权的基础软件、应用软件和工业软件，重点发展国产数据库等优势软件产品，大力发展嵌入式软件产品，加大引导力度，支持软件企业提供SaaS（软件即服务）等服务应用平台。以国家级"两化融合"试验区建设为契机，促进产学研联合，促进嵌入式操作系统和应用软件在企业设计、生产、销售、物流、管理环节的研发应用及产业化。鼓励物联网、云计算等新技术手段在电力、公共安全、交通、水利、智慧城市、移动互联网、教育、卫生、金融等领域的应用软件开发。

依托于中部地区先进的装备制造业、能源原材料工业等现代制造业发展基础，推动在岸外包的发展。大力发展各种在岸业务流程外包，不断拓展外包业务范围，加快推进制造业企业内部非核心业务的分离外包。重点做好工业企业内部主辅分离，重点推进现代物流、金融后台服务、科技研发、劳务服务、商贸营销等外包业务。进一步大力发展离岸外包。依托钢铁、汽车、石化、轻工纺织、装备制造、电子信息、物流等产业基础，高起点切入国际服务外包市场，重点发展知识流程外包（knowledge process outsourcing，KPO）和业务流程外包（business process outsourcing，BPO）。并依托中部地区科研资源优势，进一步发展信息技术外包（information technology outsourcing，ITO），充分发挥动漫制作、地理信息系统等方面的独特优势，打造自主品牌，重点在动漫影视、网络游戏、动漫核心技术研发、工业设计等领域开展外包业务。

三、信息平台与产业基地建设

加快发展信息传输和数字内容服务。建设国家级互联网骨干直联点，推动5G（第五代移动通信技术）网络的开发与应用，开展下一代互联网示范城市、智慧城市、物联网重大应用示范工程区域试点，积极引进知名互联网、物联网、云计算企业设立总部或区域基地,建立交互式网络电视、手机电视联盟的深层次合作机制,带动网上游戏、网上购物、网上商务、网上政务等多媒体内容产业的全面发展,将中部地区建成全国重要的区域性数据枢纽。整合社会信息化资源,促进电信网、互联网、广电网三网融合,提高传输速率和网络交换能力,强化通信管线集约化管理和利用,为通信运营商提供公平的竞争环境。高起点、高标准构建中部六省公共基础信息资源平台,深度开发利用信息资源。发挥新型出版媒体在推动传媒业发展中的作用,积极发展网络信息、广播影视、数据图像服务、互联网出版、游戏、卡通制作等网络传媒业。

发展北斗卫星导航与地理信息产业。加快推进中部各省的国家空间地理信息产业基地建设,围绕数据生产、软件开发、系统集成和增值服务等产业链环节,发展卫星导航、电子地图、空间地理定位等社会化应用产品,促进空间地理信息产业发展。依托解放军信息工程大学等信息安全科研资源,着力推进国家信息安全产业基地建设。在灾害备份领域,重点研发推广业务连续管理服务、连续数据保护、数据远程复制、系统灾难恢复等相关软件产品。在信息安全管理领域,做大做强涉密移动信息安全产品,大力发展电子政务、电子商务、工业控制等领域相关的安全应用系统,提供信息安全系统集成、咨询、监理、测评和培训等信息安全服务。重点研发推广商用密码、安全监控、安全信息和事件管理、基于角色的内网安全管理等可信软件技术及产品服务。围绕云计算、物联网等新兴网络和计算服务带来的重大信息安全问题,抓紧开发针对性强的信息安全解决方案和安全产品,抢占未来竞争制高点。

第六节 做大做强旅游产业,增创中部富民转型新优势

中部地区拥有深厚的历史文化底蕴、丰富的旅游资源、充裕的人才储备和独特的地缘条件,具有发展旅游产业的后发优势。2016 年,中部六省接待国内游客 3147.35 百万人次、国际入境游客 1016 万人次;实现国内旅游收入 29 053.96 亿元,国际旅游收入 7217.09 百万美元(表 5-15)。未来中部地区应充分挖掘高品质的山水型旅游资源、历史文化型旅游资源、红色旅游资源等,打造精品旅游吸引物,高品质推动旅游集聚区,促进低碳、智慧旅游基础设施建设,从而放大旅游产业效应,充分发挥旅游业在国民经济中的促进和带动作用、在服务业中的引擎和龙头作用,把旅游业建设成为中部地区国民经济的战略性支柱产业和人民群众更加满意的现代服务业。

表 5-15 中部六省 2016 年旅游业发展概况

地区	国内旅游人次 (百万人次)	国内旅游收入 (亿元)	国际旅游人次 (万人次)	国际旅游收入 (百万美元)
山西	443.3	4 227.97	63	317.38
安徽	522.41	4 763.6	313	2 542.36
江西	469.13	4 954.48	165	584.54

续表

地区	国内旅游人次（百万人次）	国内旅游收入（亿元）	国际旅游人次（万人次）	国际旅游收入（百万美元）
河南	580.13	5 703	150	895.42
湖北	569.31	4 764.18	84	1 872.39
湖南	563.07	4 640.73	241	1 005.00
中部地区	3 147.35	29 053.96	1 016	7 217.09
全国	4 440	45 660.77	13 844.38	120 000.00
中部占比（%）	70.89	63.63	7.3	6.0

资料来源：《中国统计年鉴2017》《山西统计年鉴2017》《安徽统计年鉴2017》《江西统计年鉴2017》《河南统计年鉴2017》《湖北统计年鉴2017》《湖南统计年鉴2017》

一、打造中部精品旅游吸引物系统

围绕建设战略性支柱产业的发展目标，依托黄河风情带、长江中游、黄山、武当山等世界级旅游资源，整合资源、培育品牌、创新服务，构建以精品观光旅游为基础，文化旅游、红色旅游、休闲度假为主导，新型业态为特色的旅游产业体系，打造一批著名景区和优秀旅游城市、镇、村构筑的精品旅游吸引物系统。优化和提升黄山、张家界、神农架、武当山、平遥古城等世界遗产精品旅游景区的吸引物体系建设。着力打造大别山、井冈山等红色革命旅游吸引物体系；马王堆、黄鹤楼、岳麓书院等文化旅游吸引物体系；武汉、长沙、合肥等城市旅游系统物体系；南太行、伏牛山、桐柏–大别山等山水度假旅游吸引物系统。大力发展会议展览、产业观光、商贸购物等多种形式的工业旅游吸引物；积极培育温泉旅游、乡村旅游、宗教旅游、健康养生游、户外运动游、自驾自助游等新业态旅游吸引物。高水平开发一批有国际影响、劳动性强、效益好的旅游项目，通过整合、深化、优化相关产品，增强产品内涵，突出地方性、文化性、体验性，打造精品旅游景区及线路。

二、高品质推动旅游集聚区与区域旅游合作

进一步整合中部地区旅游资源，萃取长江文化、黄河文化、荆楚文化等，积极构建鄂西生态文化旅游圈、晋中文化旅游圈、大湘西旅游圈、巢湖旅游圈等旅游集聚区，以精品旅游吸引物为核心，积极配套区域旅游设施，形成旅游特色品牌和精品旅游线路，共同开拓国内外旅游市场，将这些旅游集聚区培育成为要素完备的旅游目的地。加强黄河中游、长江中游等集中连片旅游区的规划，推进跨区域旅游合作。发展与全国主要旅游城市的伙伴关系，加强旅游集聚区与重点客源市场的对接与合作，联手打造无障碍旅游区。

三、智慧旅游基础设施体系网络建设

运用新理念、新技术、新材料,挖掘文化内涵,注入科技含量,推动中部地区智慧旅游基础设施体系建设。推进旅游智慧化、标准化建设,加快旅游信息基础设施建设,提高旅游信息资源共享和公共信息服务水平。加快完善旅游交通集散体系和公共服务体系,深化中部地区城市、高铁沿线城市旅游发展联盟合作。认真谋划高铁、城际铁路等拉动旅游发展的对接规划,加强与京津冀、长三角、珠三角、成渝等区域的旅游客源互动,全方位建立健全高铁旅游体系。提升旅游服务配套能力,加快构建综合旅游交通体系,建设国际游轮客运码头,完善配套换乘体系,开辟多点相连、江湖相通的水上旅游航道。适时开辟中部地区的低空旅游项目。

第六章 生态环境保护与治理

第一节 生态环境基本状况

一、中部地区生态定位

我国重要的生态屏障区。中部地区属中国南北方的过渡地带、承东启西的重要纽带，是我国"两屏三带"中南方丘陵山地带的重要组成部分。南部的南岭山地森林及生物多样性生态功能区，中部的大别山水土保持生态功能区，北部的黄土高原丘陵沟壑水土保持生态功能区，西部的秦巴生物多样性生态功能区、三峡库区水土保持生态功能区、武陵山区生物多样性与水土保持生态功能区，皆属于国家重点生态功能区。

我国重要的水资源调节区。中部地区是我国长江、黄河等大江大河流经区和重要泄洪区，是鄱阳湖、洞庭湖、巢湖等大型淡水湖泊湿地的集中分布区，是南水北调工程的重要水源地，是三峡等重要大型水利工程的枢纽区。沿黄河、沿长江、沿淮河湿地具有重要的洪水调节功能，保障黄河下游、长江下游、淮河中下游沿岸城市的防洪安全。

我国重要的水源涵养区。中部地区的大别山、伏牛山、太岳山、中条山、罗霄山、幕阜山、武夷山、太行山等是长江、黄河、淮河和新安江水系诸多中小型河流的发源地及水源涵养区，是湘江、赣江、闽江、东江等重要河流的发源地。

我国亚热带生物多样性维护核心区。中部地区的武陵山区、南岭山地、秦巴山地等是我国重要的亚热带生物多样性集中分布区，生物物种多样，有"华中动植物基因库"之称。神农架是中国首个被联合国教育、科学及文化组织人与生物圈自然保护区、世界地质公园、世界遗产三大保护制度共同录入的名录遗产地。

二、中部地区生态系统状况

1. 生态系统基本状况

中部地区生态系统类型以森林和农田为主。2015 年，森林面积约 43.2 万平方千米，占中部地区土地总面积的 42.1%；农田面积约 42.1 万平方千米，约占 41%；草地面积 8.5 万平方千米，占 8.3%；水体与湿地面积 4.1 万平方千米，占 4%。优良生态空间占比较高的县域主要分布在湖南省、江西省、湖北省西部、安徽省南部、河南省西部和山西省东南部，安徽省北部、湖北省中部、山西省与河南省大部分区域等的县域优良生态空间占比偏低（图6-1）。

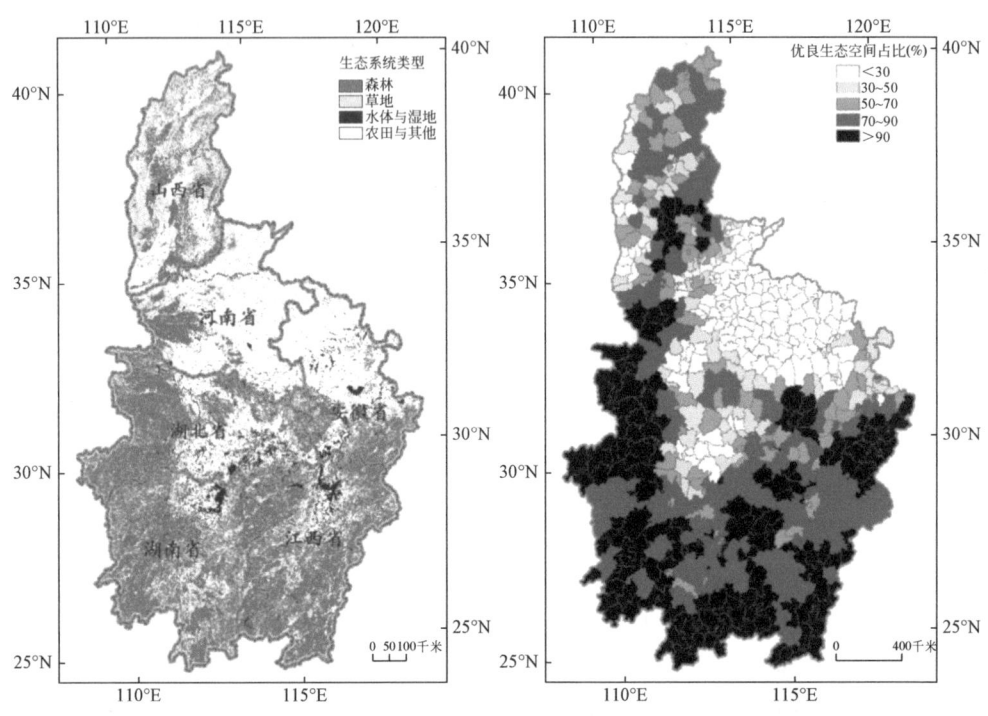

图6-1 中部地区2015年生态系统类型（左）与优良生态空间占比（右）空间分布

2000~2015年，中部地区多年平均植被覆盖度为65.8%，其中江西和湖南两省的植被覆盖度均超过70%，山西省植被覆盖度最低，约41.6%。植被覆盖度从高到低依次为：江西省>湖南省>湖北省>安徽省>河南省>山西省。中部地区多年（2000~2015年）平均土壤侵蚀模数为5.8吨/公顷，年均土壤侵蚀总量为5.7亿吨。其中，山西省土壤侵蚀最为严重，多年平均土壤侵蚀模数为17吨/公顷，年均土壤侵蚀总量达2.6亿吨，特别是山西省西部黄土高原丘陵沟壑区。其余五省多年平均土壤侵蚀模数介于3.2~4.3吨/公顷，以微度侵蚀或轻度侵蚀为主（图6-2）。

2. 生态系统变化状况

2000~2015年，中部地区农田、草地等总面积减少，而森林、水体与湿地、城镇总面积增加。农田面积减少2236平方千米，主要源自城镇化和退耕还林；森林面积增加233.5平方千米，主要源自退耕还林和草地造林；草地面积减少278.6平方千米，多转换为森林；水体与湿地面积增加287.4平方千米，主要源自退田还湖等；城镇面积增加1995.7平方千米，主要源自农田和森林（表6-1）。

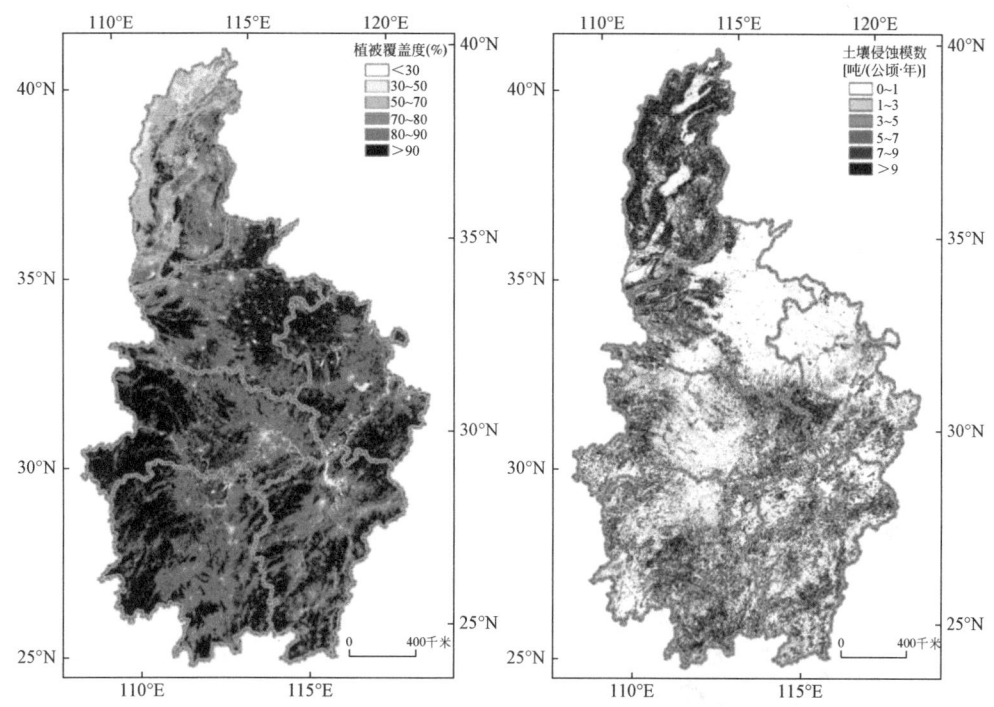

图 6-2　2000~2015 年中部地区平均植被覆盖度（左）与土壤侵蚀模数（右）空间分布

表 6-1　2000~2015 年中部地区生态系统类型变化面积统计　　　（单位：平方千米）

项目	农田	森林	草地	水体与湿地	城镇	其他	2015 年合计
农田	420 994.7	73.3	5	125.3	8.1	0.4	421 206.8
森林	401.1	431 307.9	230.7	14	7.4	0.6	431 961.7
草地	46	15.1	85 047	8.4	0.1	0	85 116.6
水体与湿地	380.9	37.4	48.5	40 211.8	9.6	0.7	40 688.9
城镇	1 620.1	294.5	64	42	45 668.8	0.3	47 689.7
其他	0	0	0	0	0	84	84
2000 年合计	423 442.8	431 728.2	85 395.2	40 401.5	45 694	86	1 026 747.7

2000~2015 年，江西省、山西省西部和北部、安徽省东部、湖北省西南部等地区的县域生态空间占比有所提升，而其他区域特别是河南省、湖北省等区域的县域生态空间占比有所下降。江西省、安徽省东部、湖北省西部、山西省北部等县域的优良生态空间占比有所提升，然而湖南省和山西省大部分区域的县域优良生态空间占比皆有所下降（图 6-3）。

随着退耕还林、天然林保护等生态工程的实施，中部地区植被恢复良好，土壤流失问题得到一定控制。2000~2015 年，中部地区植被覆盖度总体呈增加趋势，增加了 1.8%，年增速为 0.3%。其中，山西省增加趋势最为明显，年增速达 0.5%，其次是河南省，年增速 0.4%，湖南省年增速最小，仅为 0.1%。2000~2015 年，中部地区土壤侵蚀模数出现较明显的下降趋势，年均下降速度约 0.3 吨/公顷。其中，山西省土壤侵蚀模数下降速度最快，年均降速达0.7吨/公顷，超过全区的3倍（图6-4）。

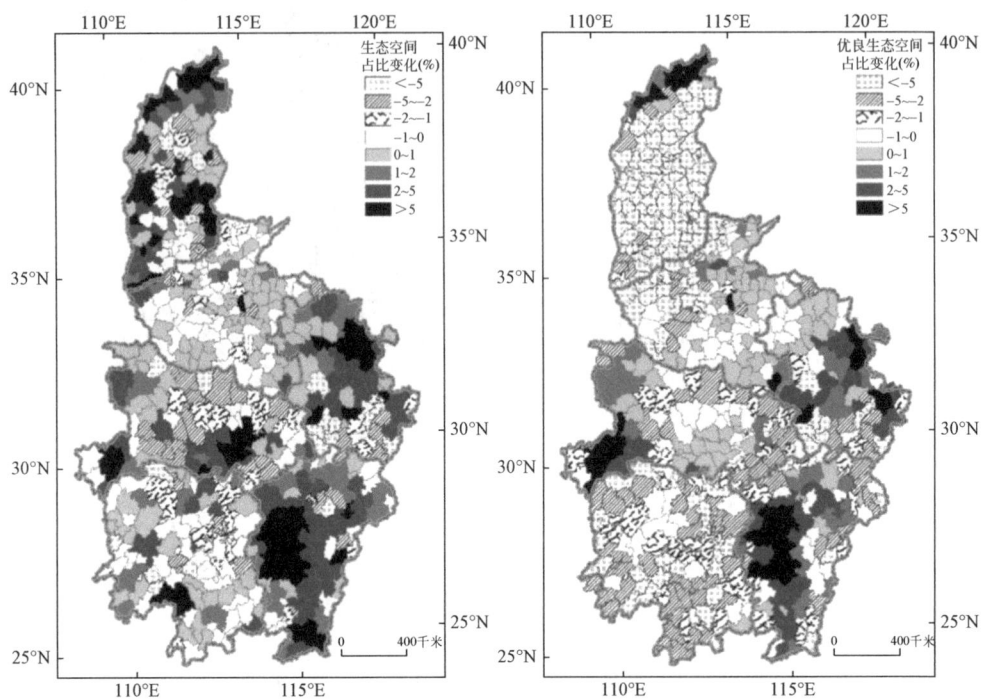

图6-3　2000~2015年县域尺度生态空间（左）与优良生态空间（右）面积占比变化

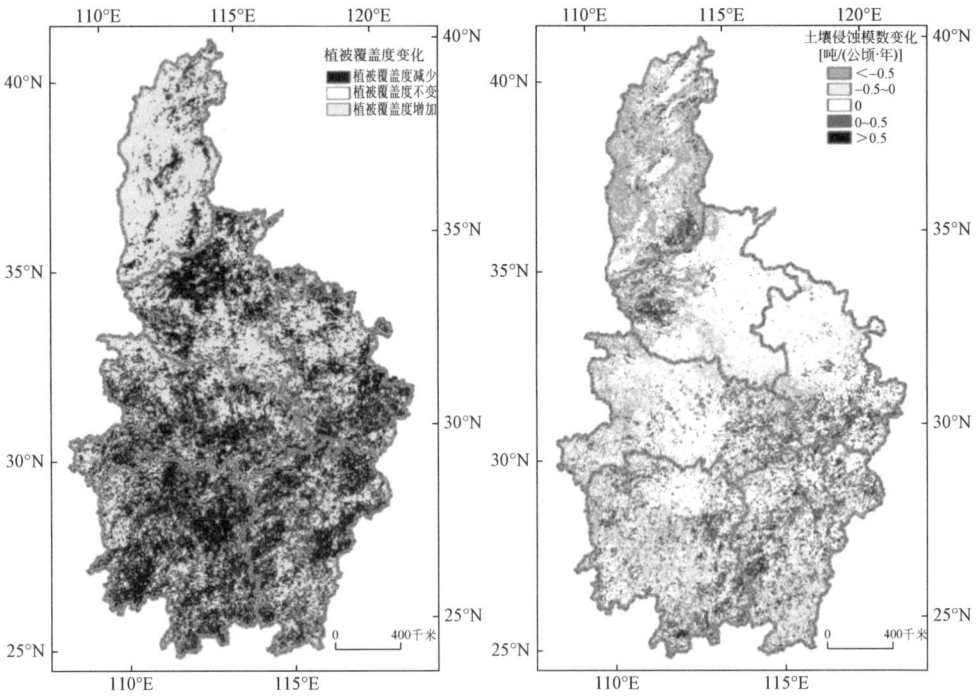

图6-4　2000~2015年中部地区植被覆盖度（左）与土壤侵蚀模数（右）变化趋势空间分布

三、中部地区环境质量状况

1. 环境质量基本状况

2006年以来,中部地区26个主要城市中,23个城市的大气SO_2浓度呈减少趋势,特别是山西、河南等省份的主要城市,大气SO_2浓度减少100微克/米³以上;但是,安徽省的3个主要城市的大气SO_2浓度则呈增加趋势。11个城市的大气NO_2浓度呈减少趋势,而15个城市的大气NO_2浓度呈增加趋势。21个城市的大气PM_{10}浓度呈减少趋势,而5个城市的大气PM_{10}呈增加趋势。18个城市的空气质量≥二级天数呈减少趋势,而8个城市的空气质量≥二级天数呈增加趋势,特别是山西的几个城市增加了100天以上。13个城市的AQI呈减少趋势,空气质量总体好转;而13个城市的AQI呈增加趋势,空气质量有所恶化,这些城市集中在山西省、沿黄河和沿长江地区。主要流域35个重点断面中,28个断面的地表水水质呈现变好态势,7个断面的地表水水质呈现变差态势,这7个断面主要集中在巢湖(图6-5)。

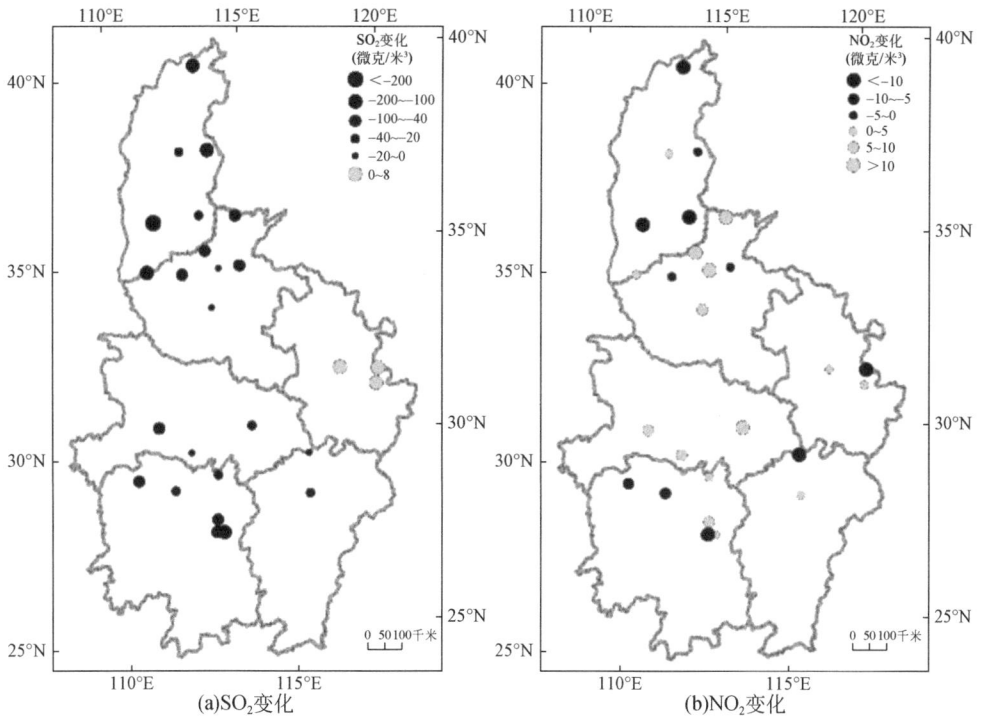

(a)SO_2变化　　　　　　　(b)NO_2变化

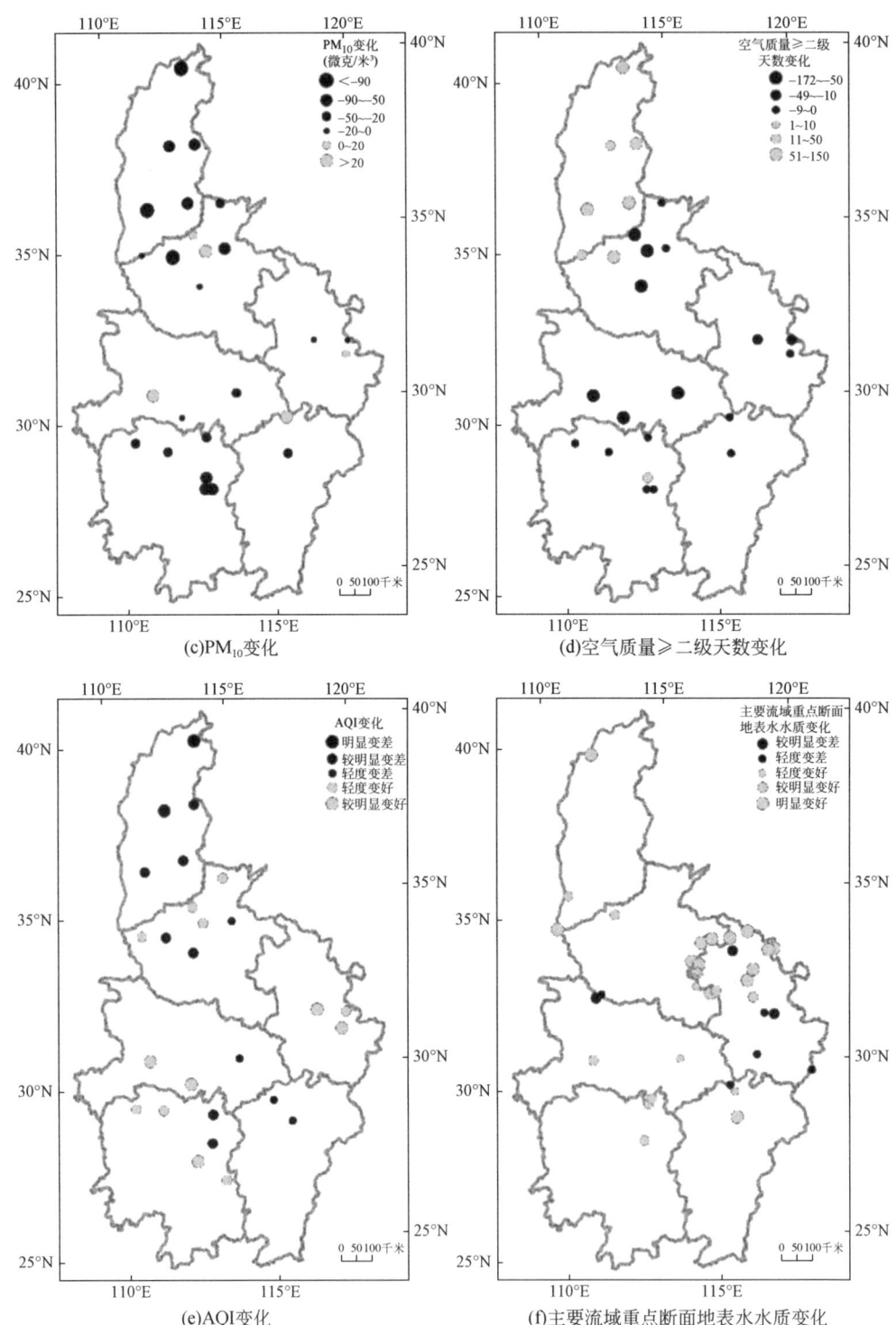

图 6-5 主要城市 SO_2、NO_2、PM_{10}、AQI、空气质量≥二级天数，以及主要流域重点断面地表水水质变化

2018年与2006年相比，中部地区24个主要国控监测断面中，11个国控监测断面水质好转，10个国控监测断面水质保持不变，3个国控监测断面水质变差（表6-2）。淮河流域8个国控监测断面中，5个国控监测断面水质明显好转。黄河流域的3个国控监测断面中，汾河（入黄河前）的水质由劣Ⅴ类转变为Ⅴ类，河南济源小浪底水库出口水质由Ⅲ类水体好转至Ⅱ类水体。长江流域11个主要国控监测断面中，仅丹江口水库库体水质由Ⅰ类水体变化至Ⅱ类水体，其他的国控监测断面有所好转或者持衡。巢湖的2个国控监测断面皆出现水质变差的现象，由Ⅲ类甚至Ⅱ类水体变化至Ⅳ类水体。

表6-2 中部地区主要国控监测断面水质变化统计

水系	点位名称	河流名称	断面状况	2006年夏季	2018年夏季
淮河流域	安徽阜南王家坝	淮河	豫-皖省界	Ⅲ	Ⅲ
	安徽淮南石头埠	淮河		劣Ⅴ	Ⅲ
	安徽蚌埠蚌埠闸	淮河	闸上	劣Ⅴ	Ⅲ
	河南驻马店班台	洪汝河	豫-皖省界	Ⅳ	Ⅳ
	河南周口沈丘闸	沙河	闸上	Ⅴ	Ⅳ
	安徽界首七渡口	颍河	豫-皖省界	Ⅴ	Ⅲ
	河南周口鹿邑付桥闸	涡河	豫-皖省界	劣Ⅴ	Ⅲ
	安徽淮北小王桥	沱河	豫-皖省界	Ⅳ	Ⅳ
黄河流域	山西忻州万家寨水库	黄河	库体	Ⅱ	Ⅱ
	河南济源小浪底	黄河	水库出口	Ⅲ	Ⅱ
	山西运城河津大桥	汾河	汾河（入黄河前）	劣Ⅴ	Ⅴ
长江流域	湖北宜昌南津关	长江	三峡水库出口	Ⅱ	Ⅰ
	湖南岳阳城陵矶	长江		Ⅱ	Ⅱ
	江西九江河西水厂	长江	鄂-赣省界	Ⅱ	Ⅱ
	安徽安庆皖河口	长江		Ⅱ	Ⅱ
	河南南阳陶岔	丹江口水库	南水北调中线取水口	Ⅱ	Ⅰ
	湖北丹江口胡家岭	丹江口水库	库体	Ⅰ	Ⅱ
	湖南长沙新港	湘江	入洞庭湖	Ⅳ	Ⅳ
	湖南岳阳岳阳楼	洞庭湖	湖体（出口）	Ⅱ	Ⅱ
	湖北武汉宗关	汉江	入长江前	Ⅲ	Ⅱ
	江西南昌滁槎	赣江	入鄱阳湖	Ⅲ	Ⅱ
	江西九江蛤蟆石	鄱阳湖	湖体（出口）	Ⅱ	Ⅱ
巢湖流域	安徽合肥湖滨	巢湖	湖体（西半湖）	Ⅱ	Ⅳ
	安徽巢湖裕溪口	巢湖	湖体（东半湖）	Ⅲ	Ⅳ

2. 环境污染物排放状况

中部地区水环境污染物氨氮和化学需氧量（COD）排放量分别为72.22万吨和619.9万吨，大气环境污染物二氧化硫（SO_2）和氮氧化物排放量分别为540.7万吨和555.1万吨。其中，水环境污染物排放量山西省最低，湖南省和河南省较高；大气环境污染物排放量河南省最高，江西省最低。由于东、中部经济发展水平和产业结构的不同，中部地区万元GDP的氨氮、COD、SO_2、氮氧化物排放量分别为0.84千克、7.21千克、6.29千克、6.45千克，污染物排放水平高于东部和全国平均排放水平。部分省份的万元GDP污染物排放量低于全国平均排放水平，如山西省COD排放量，安徽省、湖南省和湖北省的SO_2排放量，湖南省和湖北省的氮氧化物排放量（表6-3）。

表6-3 中部地区2000~2015年环境污染物排放量与万元GDP污染物排放量

区域	平均年排放量（万吨）				万元GDP污染物排放量（千克）			
	氨氮	COD	SO_2	氮氧化物	氨氮	COD	SO_2	氮氧化物
山西	5.92	50.8	143.5	124	0.65	5.51	15.63	13.49
安徽	11.1	97.2	53.7	90.7	0.91	7.87	4.35	7.36
江西	9.43	77.6	59.3	58.1	1	8.22	6.29	6.16
河南	15.55	148.1	143.9	158.8	0.67	6.42	6.24	6.89
湖北	13.29	112.2	69.4	63	0.83	7.04	4.35	3.95
湖南	16.93	134	70.9	60.5	1.06	8.36	4.43	3.77
中部	72.22	619.9	540.7	555.1	0.84	7.21	6.29	6.45
全国	200.3	1942.7	1725.7	1729.1	0.60	5.82	5.17	5.18
东部	85.2	774.6	600.4	711.6	0.46	4.18	3.24	3.84

2000~2015年，中部地区县域工业SO_2排放量呈增加和减少交错的空间格局，增加的县域集中在江西省东南部、湖南省南部、河南省东部、山西省中部、安徽省大部分区域。工业烟尘排放量以减少为主，增加的县域主要分布在安徽省、江西省和山西省中部。近15年，全国县域工业废水排放量呈增加和减少交错的空间格局，增加的县域集中在山西省、河南省东部、安徽省。大部分县域的城镇生活污水处理率有所提高。县域工业固体废物综合利用率亦呈增加和减少交错的空间格局，增加的县域集中在江西省和山西省。大部分县域的生活垃圾无害化处理率近15年有所提高（图6-6）。

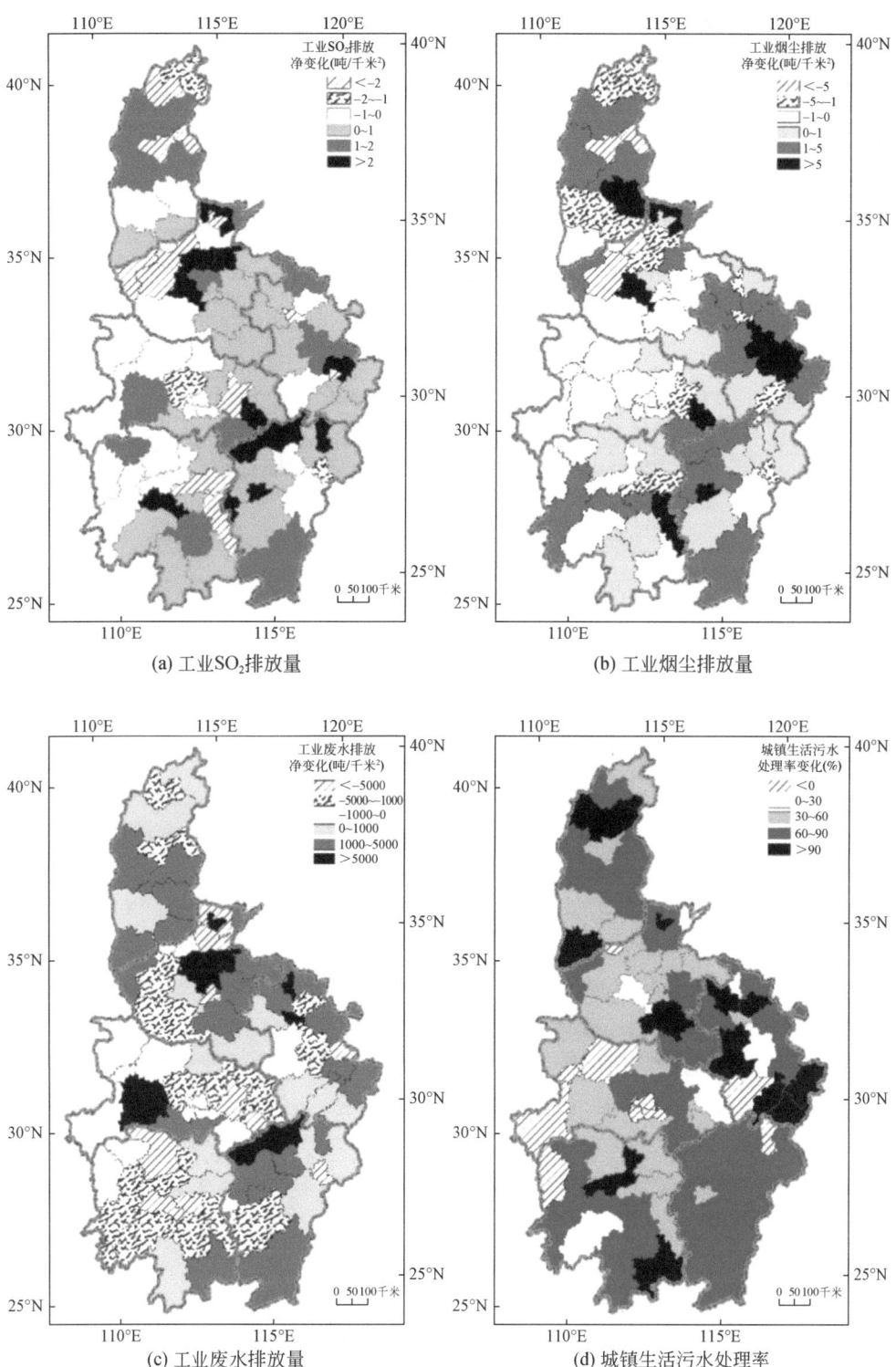

(a) 工业SO₂排放量　　(b) 工业烟尘排放量

(c) 工业废水排放量　　(d) 城镇生活污水处理率

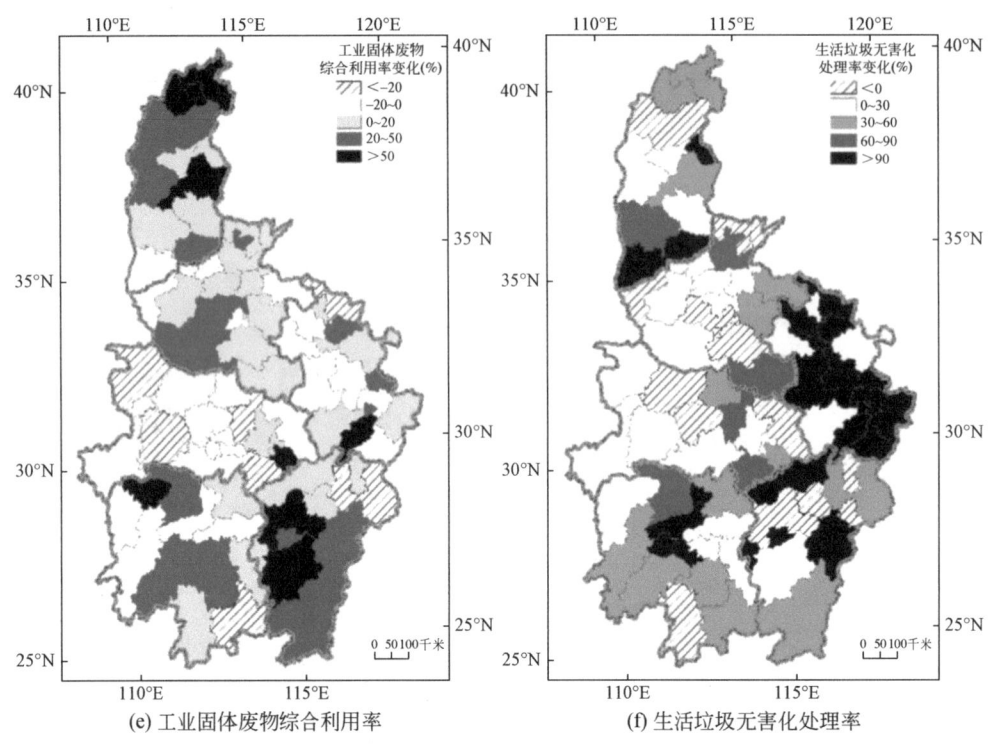

(e) 工业固体废物综合利用率　　(f) 生活垃圾无害化处理率

图 6-6　2000～2015 年县域污染物排放指标变化

四、生态环境保护和治理部署与举措

近 15 年来，生态环境保护方面，国家在中部地区布置了退耕还林（草）、天然林保护、防护林体系建设等重大生态保护和修复工程，同时实施自然保护区建设与提升，以及重要生态功能区转移支付等生态保护措施。积极推进中部地区生态补偿试点，系统设计或评估东江、新安江、九龙江流域生态补偿，推广山西生态恢复保证金、可持续发展基金等。把瓦埠湖、梁子湖纳入首批湖泊生态环境保护试点范围。支持中部地区开展农村环境综合整治，其中河南、湖北、安徽、湖南被纳入连片整治示范省。大力推进长江、黄河、淮河、巢湖等重点流域水污染防治。将武汉及其周边、长株潭城市群、山西中北部城市群纳入重点区域大气污染联防联控规划的重点区域。把河南、湖北、湖南、江西纳入重金属污染防治重点省份。支持中部六省开展工矿企业区、大中城市郊区和污水灌溉区等重点区域的农产品产地环境及相应农产品的重金属污染情况调查监测和农业面源污染监测。

山西省共批复 700 余家煤炭企业生态环境保护与恢复治理方案，划定 2 个生态功能保护区，创建 16 个国家级生态示范区、8 个国家级生态乡镇、3 个国家级生态村、2 个省级生态县、257 个省级生态乡镇及 1454 个省级生态村。创建省级环保模范城市 23 个。建成国家和省级自然保护区 46 处，占全省总面积的 6.5%。环保基础设施显著增强，30 万千瓦以上燃煤机组全部安装脱硝设施，启动实施燃煤机组脱硫脱硝除尘超低排放改造；90 平方米及以上钢铁烧结机全部配套建设烟气脱硫设施；水泥行业熟料生产规模在4000吨/日以上的生产线完成脱硝改造；焦化、洗煤等行业基本实现废水不外排。全省生活垃圾无害化处理实现县级全覆盖，城镇生活污水处理率平均达到88.44%。农村环境连片整治完成1373个行政村的示范项目，农村人居环境改善工程共建成农村生活污水防治示范工程536个[①]。

河南省全力推进蓝天、碧水、乡村清洁等重大环境治理工程，全省建成县级及以上城市污水处理厂185座，新增污水处理能力518万吨/日。大力推进重金属污染防治，7个重点防控区域重金属削减率全部达到规划目标要求。开展了农产品产地土壤重金属普查与分级管理、农产品产地土壤重金属污染监测等工作，扎实推进污染场地、土壤重金属污染治理与修复试点建设。大力实施乡村清洁工程，开展农业面源、畜禽养殖等污染治理，划定乡镇饮用水水源保护区1209个，建成农村生活污水垃圾处理项目924个，完成2800个村庄环境综合整治任务。2015年，国家级自然保护区数量增加至12个，自然保护区占全省总面积的比例稳定在4.5%。全省受保护湿地面积16.42万公顷，累计建立省级以上湿地公园36处。全省完成沙化土地治理8.46万公顷，累计完成水土流失治理面积3.85万平方千米。截至2015年，共创建国家级生态县1个、省级生态县7个、国家级生态乡镇104个、省级生态乡镇693个、国家级生态村7个、省级生态村3147个。开展污水处理厂建设和配套设施完善、重点涉水工业企业深度治理、畜禽养殖综合利用和污染治理等水污染物总量减排工程，电力行业工程治理、钢铁焦化水泥脱硫治理等大气污染物总量减排工程，农村饮用水水源地保护、农村生活污水和垃圾处理、畜禽养殖污染治理、历史遗留的农村工矿污染治理等农村环境综合整治工程，自然保护区规范化建设、生物多样性保护、沿黄滩地生态修复、南水北调中线生态走廊、平原沙化治理及防护林建设等生态建设工程；实现了县县建成污水处理厂和垃圾处理场，建立了"户分类、村收集、乡运输、县处理"的农村生活垃圾收集处理体系和农村卫生保洁制度；对全省上千家企业实施了限期治理、停产治理和深度治理，对电力、钢铁、化工、造纸等重污染行业的几百家重点排污企业实施了清洁生产审核，依法关闭取缔重污染企业近6000家；重点整治了污染严重、关系群众切身利益的9个重点流域、15个重点区域、15个重点行业以及高速公路沿线国道两侧、郑西高铁河南段沿线、风景名胜区周围敏感区、城市集中式饮用水水源地等区域；创建28个国家级示范区、2个省级生态县、24个国家级生态乡镇、135个省级生态乡镇、7个国家级生态村、1029个省级生态村；实施了全流域水环境生态补偿、排污权交易试点等环境经济政策；创新运用优化发电调度、大机组补偿小机组、发电量交易等措施推进落实"上大压小"政策，被国家称为"河南模式"并在全国推广；实施了淮河流域水体污染控制与治理科技重大专项。

湖北省实施饮用水安全保障、环保基础设施建设、工业企业污染治理、农村环境综合整治、重点流域区域环境综合整治、城市环境生态宜居、环境风险防范、环境风险防范八项重点工程。大力发展循环经济，依法淘汰落后产能，单位生产总值能耗下降20%以上。顺利实施退耕还林、湿地保护、石漠化治理、天然林保护和低效林改造工程，启动主要污

[①] 《山西省"十三五"环境保护规划》，http://fgw.shanxi.gov.cn/sxfgwsjb/zcfb/ghjh/201612/t20161229_73826.shtml。

染物排污权交易和神农架生态补偿试点。大东湖生态水网工程和洪湖、梁子湖生态保护工程等进展顺利。将环境质量、主要污染物总量减排等相关指标纳入各级党政领导干部综合考核评价体系；每年列支财政专项资金1亿元用于生态文明建设。关闭各类污染企业（生产线）近1000家，淘汰小火电、造纸、制浆、印染、化纤、水泥生产、钢铁冶炼等落后产能，火电脱硫装机比例提高到95%以上。率先实施排污费征收管理机制改革，成立了湖北环境资源交易中心，主要污染物排放权交易工作列入了全国试点；率先实施绿色电力调度，探索了二氧化硫监管减排新思路；启动武汉城市圈废旧电池回收网络建设，开创了电子废物处置市场化运作新模式。

湖南省大力推进湘江流域重金属污染治理，将湘江保护和治理列为"一号重点工程"。郴州三十六湾、衡阳水口山、娄底锡矿山、株洲清水塘、湘潭竹埠港五大重点区域环境综合整治取得阶段性成果，湘潭竹埠港28家重污染企业整体退出。大力推进农村环境综合整治，确定以县市区为基本单元"整县推进、以奖代补"的思路，全覆盖拉网式铺开，截至2015年底，125个县市区（含县级管理区）启动了整治工作。大力推进重点城市、工业企业、道路及建筑工地、机动车等重点领域大气污染防治，全省39台30万千瓦以上火电机组和65条新型干法水泥生产线全部完成污染治理设施升级改造，开展了大气污染防治预警预报体系建设。大力推进城镇污水、垃圾处理和安全饮水工程建设，全省新增城镇污水处理厂19个，新增处理能力122万吨/日，实际处理污水86.1亿吨，新增污水收集管网8139千米，县以上城镇污水处理率达到92.3%；新增乡镇污水处理厂118个，新增处理能力49.2万吨/日；完成安全饮水工程7433处。

专栏1：中部地区生态保护与环境治理工程部署与规划

生态保护：丹江口库区及上游水土保持，山江湖工程，"五河"和东江源头区域生态环境保护，晋西北、太行山革命老区开发生态建设和环境保护，长江流域湿地保护，千岛湖及新安江上游流域水资源与生态环境保护，湘江流域生态环境综合治理，江西省生态文明先行示范区建设，河南生态省建设，安徽生态省建设，安徽省粮食主产区林业生态建设，湖北生态省建设等。

环境治理：丹江口库区水污染防治，长江中下游流域水污染防治，黄河中上游流域水污染防治，湘江流域重金属污染治理，江西省矿山环境治理和生态恢复，山西省煤炭开采生态环境恢复治理，山西省重点流域水污染防治，河南省流域水污染防治，安徽省"三线三边"矿山生态环境治理等。

安徽省连续多年开展全省环保专项行动，先后组织开展了尾矿库环境安全检查、辐射安全大检查、化工行业环境污染隐患排查、水源地环境安全隐患排查、涉铅企业专项检查等。积极推进环保模范城市创建和生态创建，截至"十二五"末，全省已创建4个国家级生态县、157个国家级生态乡镇、21个国家级生态村，1个省级生态市、24个省级生态县、460个省级生态乡镇、1029个省级生态村。扎实推进农村环境连片整治，建成垃圾处

理、污水处理、村庄整治等工程项目 2 万多个。积极参加长三角区域污染联防,与上海、浙江、江苏等省市建立长三角大气污染防治协作机制。2012 年开始,新安江流域连续 4 年达到补偿条件,试点工作取得阶段性成效,并正式签署第二轮生态补偿试点协议。印发《关于加强全省跨市界水污染联防联控工作的通知》,出台《安徽省大别山区水环境生态补偿办法》,建立了大别山区域跨市界水环境生态补偿机制。出台《安徽省大气污染防治条例》《安徽省湿地保护条例》,修订《巢湖流域水污染防治条例》《安徽省饮用水水源环境保护条例》;相继出台《安徽省机动车排气污染防治办法》《安徽省环境保护督查方案(试行)》《安徽省环境保护行政执法与刑事司法衔接配合工作实施意见(试行)》等文件。

江西省禁止在鄱阳湖核心保护区和"五河"源头保护区搞开发建设,同时对"五河"源头和东江源生态环境保护做得好的县(市、区)进行奖励。建有各类自然保护区 188 处,其中国家级 14 个、省级 38 个、县(市)级 136 个,总面积占全省总面积的 7.1%。截至 2015 年,国家级生态县(区)5 个(靖安县、婺源县、湾里区、铜鼓县、浮梁县)、省级生态县(市、区)15 个、228 个国家级生态乡(镇)、省级生态乡(镇)599 个、省级生态村 610 个,成为全国第五个污水处理设施全覆盖的省份[①]。

第二节 中部地区资源环境承载力评价

一、单项指标评价

1. 水资源

通过可利用水资源指标项来衡量中部地区现有水资源开发利用潜力,具体通过可供进一步开发利用的人均可利用水资源数量来反映。可利用水资源指标项是对人口集聚、产业布局和城镇发展的水资源适宜性评价,在指标计算与结果评述时应尽量反映与此相关的要素。指标项通过水资源可开发利用量扣除已开发利用量得到,两者分别体现了水资源的天然丰枯条件与开发利用状况,总指标则反映了评价地区水资源可供进一步开发利用的潜力。具体公式为

[人均可利用水资源潜力] = [可利用水资源潜力] / [常住人口]

[可利用水资源潜力] = [本地可开发利用水资源量] - [已开发利用水资源量] + [可开发利用入境水资源量]

[本地可开发利用水资源量] = [地表水可利用量] + [地下水可利用量]

[地表水可利用量] = [多年平均地表水资源量] - [河道生态需水量] - [不可控制的洪水量]

[地下水可利用量] = [与地表水不重复的地下水资源量] - [地下水系统生态需水

---

① 江西:国家级生态县区 5 个 国家级生态乡镇 228 个,http://jx.cnr.cn/2011jxfw/zfzx/20150311/t20150311_517965586.shtml。

量］－［无法利用的地下水量］

［已开发利用水资源量］＝［农业用水量］＋［工业用水量］＋［生活用水量］＋［生态用水量］

［可开发利用入境水资源量］＝［现状入境水资源量］×γ

其中，γ分流域片取值，范围可为 0～5%。

评价结果表明，中部地区水资源总量丰富，但人均占有量不高，人均可利用水资源潜力空间分布呈现出显著的南北差异。人均可利用水资源潜力在 1000 立方米以下，属于缺乏类和较缺乏类的县区有 272 个，占县区总数的 46.82%。人均可利用水资源潜力小于 1000 立方米的较缺乏和缺乏区面积为 36.86 万平方千米，占整个中部地区面积的 35.91%，集中的人口为 19 852.97 万人，占总人口的比例达 55.67%。其中，人均可利用水资源潜力小于 500 立方米的缺乏区有 171 个县区，占整个中部地区面积的 18.23%，且集中了 38.13% 的人口。属于较丰富和丰富类的县区有 235 个，占县区总数的 40.45%，面积占比为 49.94%，占总人口的比例为 33.27%（表 6-4）。

表 6-4 中部地区人均可利用水资源潜力评价结果

类型	县区个数（个）	面积（万平方千米）	面积占比（%）	人口（万人）	人口占比（%）
缺乏	171	18.71	18.23	13 598.75	38.13
较缺乏	101	18.15	17.68	6 254.22	17.54
中等	74	14.53	14.15	3 945.65	11.06
较丰富	69	15.30	14.90	4 212.42	11.81
丰富	166	35.97	35.04	7 652.33	21.46
合计	581	102.66	100	35 663.38	100

注：中部地区面积为 102.66 万平方千米，人口为 35 663.38 万人，由于四舍五入，表中各类型合计面积与合计人口可能与中部地区面积和人口有出入，表 6-5～表 6-9 同此

从空间分布来看，中部六省的人均可利用水资源潜力南北差异显著，位于北方的山西和河南缺水严重，尤其是河南，绝大部分地区都属于缺乏类和较缺乏类。位于长江流域的湖北、湖南、安徽、江西大部分地区人均可利用水资源潜力相对丰富，仅有安徽北部地区、湖北、湖南、江西的零星地区属于缺水地区。近年来随着社会经济的快速发展，中部地区水资源开发利用程度不断加大，而中部地区万元 GDP 耗水量达东部地区的 2 倍，这说明中部地区水资源利用效率不高。中部地区大部分地区仍然以农业型经济为主，应尽量减轻农业用水消耗，在快速的城镇化和工业化进程中提高水资源利用效率，利用好相对丰富的水资源大力发展工业经济（图 6-7）。

2. 土地资源

通过测算可利用土地资源来反映中部地区土地资源潜力状况。可利用土地资源是指可被作为人口集聚、产业布局和城镇发展的后备适宜建设用地，由后备适宜建设用地的数量、质量和空间分布状况三个要素构成，具体可通过人均可利用土地资源或可利用土资

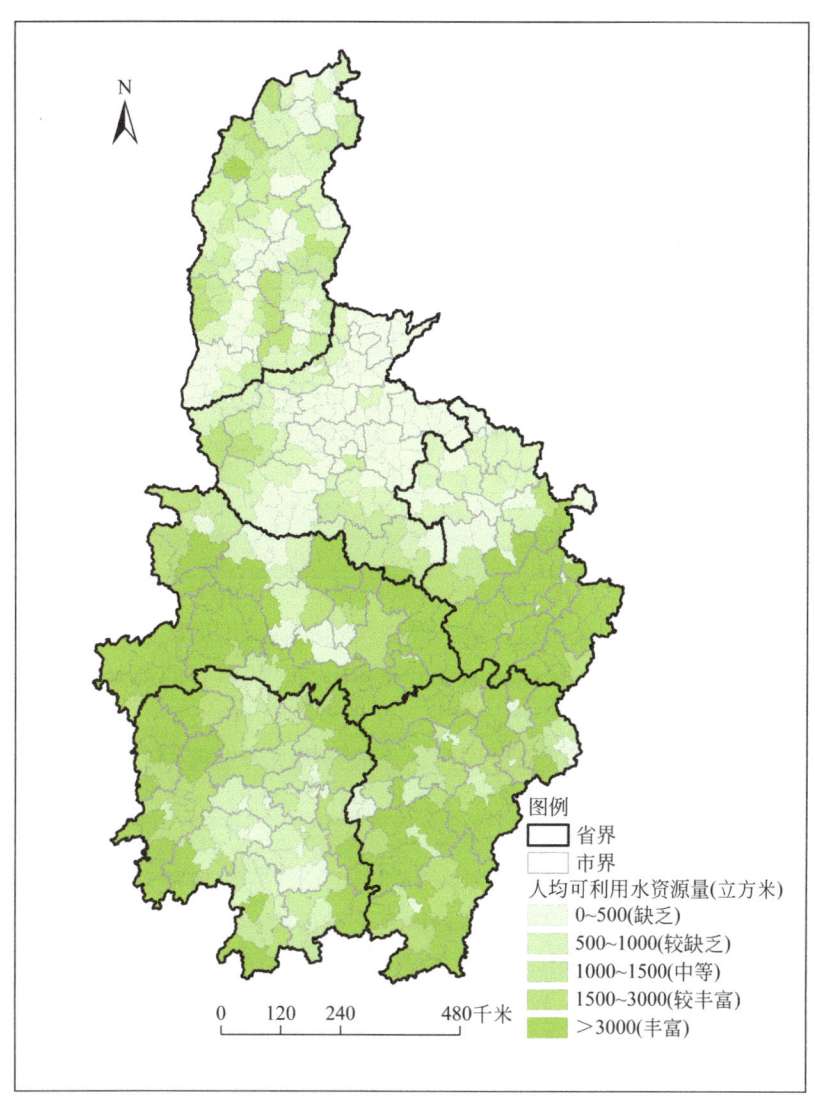

图 6-7　中部地区人均可利用水资源潜力空间评价

源得到反映。具体的计算公式为

［人均可利用土地资源］＝［可利用土地资源］／［常住人口］

［可利用土地资源］＝［适宜建设用地面积］－［已有建设用地面积］－［基本农田面积］

［适宜建设用地面积］＝｛［地形坡度］∩［海拔］｝－［所含河湖库等水域面积］－［所含林草地面积］－［所含沙漠戈壁面积］

［已有建设用地面积］＝［城镇用地面积］＋［农村居民点用地面积］＋［独立工矿用地面积］＋［交通用地面积］＋［特殊用地面积］＋［水利设施建设用地面积］

［基本农田面积］＝｛［适宜建设用地面积］内的耕地面积｝×β

其中，β 的取值范围为［0.8，1）。

评价结果表明，中部地区土地资源潜力较为匮乏。人均可利用土地资源潜力小于 0.3

亩，属于缺乏和较缺乏类的县区有 376 个，占县区总数的 64.72%。这两个类型区域面积为 64.39 万平方千米，占中部地区总面积的比例为 62.73%，且值得注意的是，这两类地区的人口为 26 384.25 万人，占中部地区总人口的比例为 73.98%。人均可利用土地资源潜力大于 0.8 亩，属于较丰富的县区仅为 19 个，土地面积占区域土地总面积的 3.13%，人口仅占区域总人口的 0.97%（表6-5）。

表6-5　中部地区人均可利用土地资源潜力评价结果

类型	县区个数（个）	面积（万平方千米）	面积占比（%）	人口（万人）	人口占比（%）
缺乏	49	2.90	2.83	4 862.45	13.63
较缺乏	327	61.49	59.90	21 521.80	60.35
中等	186	35.05	34.14	8 932.86	25.05
较丰富	19	3.22	3.13	346.28	0.97
合计	581	102.66	100	35 663.38	100

从空间分布来看，绝大部分人口密集、经济发达的城市市辖区土地资源潜力都接近0，而土地资源潜力相对较为丰富的区域则主要分布在山西、江西省的部分地区，主要是由于这些地区开发程度相对较低，人口分布较少，且土地资源禀赋较好。另外，在河南南部、湖北中部、安徽东部、湖南北部的部分地区，土地资源潜力也较为丰富（图6-8）。

3. 环境容量

环境容量是指遵循环境质量标准，在一定的范围内，环境所能承纳的最大污染物负荷总量。它是为评估一个地区环境容纳污染物能力而设计的一个集成性指标项，由大气环境容量胁迫指数、水环境容量胁迫指数和综合环境容量胁迫指数三个要素构成。

按照数值的自然分布规律，对单因素环境容量承载指数（a_i）进行等级划分，分别是无超载（$a_i \leq 0$）、轻度超载（$0 < a_i \leq 1$）、中度超载（$1 < a_i \leq 2$）、重度超载（$2 < a_i \leq 3$）和极度超载（$a_i > 3$）。

将主要污染物（SO_2，化学需氧量）的承载等级分布图进行空间叠加，取二者中最高的等级为综合评价的等级：

[环境容量] = max { [大气环境容量（SO_2）]，[水环境容量（化学需氧量）] }

环境容量的等级分为 5 级，具体的级别与单因素环境容量评价相同。

评价结果显示，中部地区环境容量超载情况总体上不太严重，局部地区超载严重，且呈现出显著的南北差异。属于重度超载和极度超载的县区有 142 个，占县区总数的 24.44%。这两类区域面积为 16.47 万平方千米，占区域总面积的 16.04%，集中的人口为 11 393.75 万人，占区域总人口的比例为 31.95%。属于中度超载的县区有 53 个，占区域总面积的 7.82%，集中的人口为 2689.11 万人，占区域总人口的比例为 7.54%。属于轻度超载和无超载的县区有 386 个，占县区总数的 66.44%，占区域总面积的比例为 76.14%，且集中的人口为 21 580.52 万人，占区域总人口的比例为 60.51%（表6-6）。

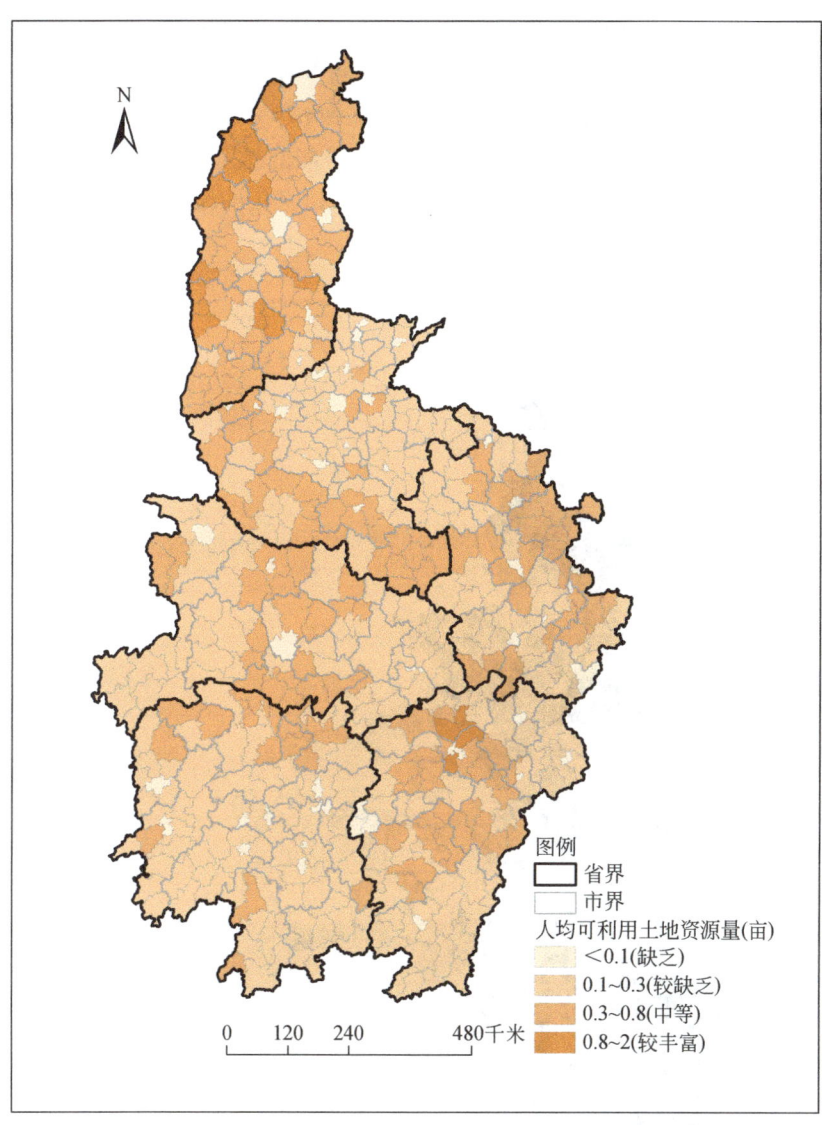

图 6-8 中部地区人均可利用土地资源潜力空间评价

表 6-6 中部地区环境容量评价结果

类型	县区个数（个）	面积（万平方千米）	面积占比（%）	人口（万人）	人口占比（%）
无超载	266	56.71	55.24	14 520.25	40.71
轻度超载	120	21.45	20.90	7 060.27	19.80
中度超载	53	8.03	7.82	2 689.11	7.54
重度超载	35	5.63	5.48	3 267.73	9.16
极度超载	107	10.84	10.56	8 126.02	22.79
合计	581	102.66	100	35 663.38	100

从空间分布特征来看，中部地区环境容量超载最严重的区域分布在山西省和河南省北部地区。位于湖北、安徽、湖南、江西除了市辖区和少数县区存在环境容量超载的现象以外，其他绝大部分地区环境容量状况均比较良好（图6-9）。环境容量超载状况的空间差异性表明，未来山西、河南两省应加大全省范围内节能减排和环境污染排放控制的力度，而湖北、安徽、湖南、江西等省份应着力调整优化人口密集的城市核心区产业结构，提高城镇化地区环境质量。

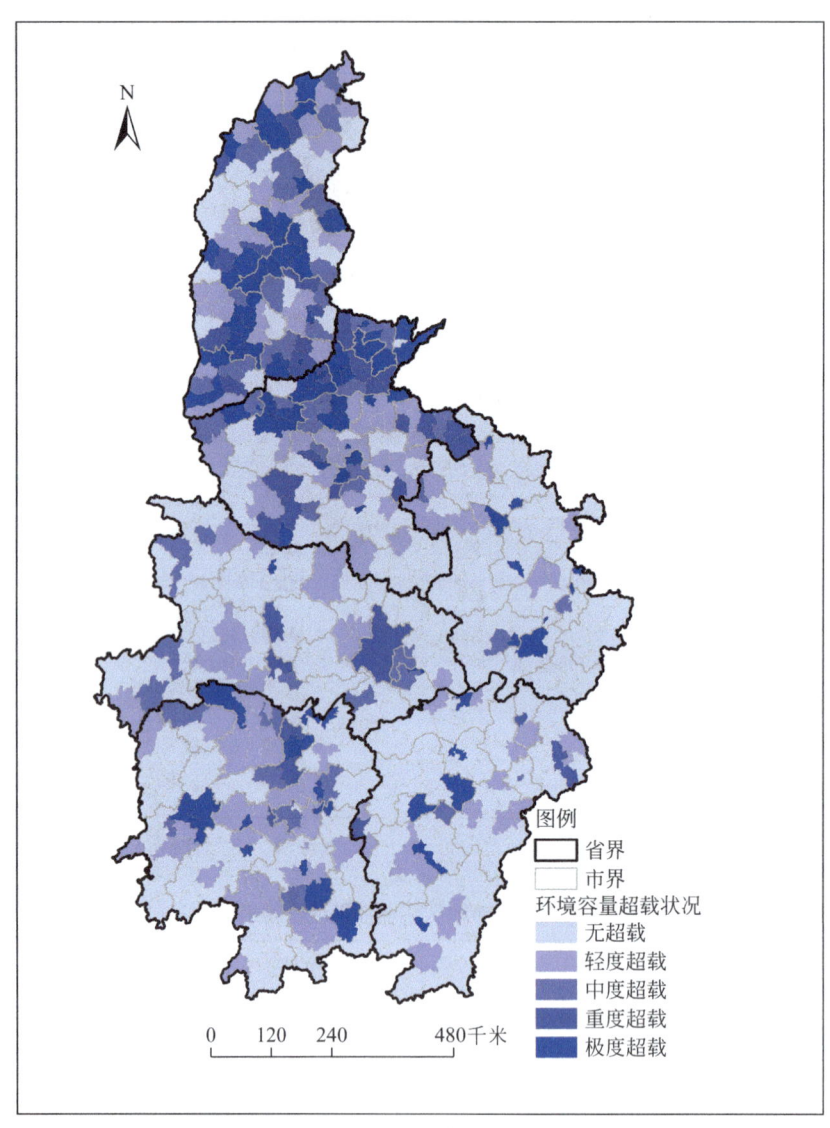

图6-9 中部地区环境容量空间评价

4. 生态系统脆弱性

生态系统脆弱性是表征全国或区域尺度生态系统脆弱程度的集成性指标。脆弱生态环境是对环境因素改变反应敏感，而维持自身稳定的可塑性较小的生态环境系统，生态环境脆弱区域已不适宜于工业化、城镇化和人口集聚。生态系统脆弱性首先确定沙漠化、土壤侵蚀和石漠化的脆弱程度，对于任一地理单元或行政单元，采用最大制约因素法确定区域生态系统脆弱性，公式表示如下：

[生态系统脆弱性] = max {（沙漠化脆弱性），（土壤侵蚀脆弱性），（石漠化脆弱性）}

根据上述计算公式，在确定沙漠化、土壤侵蚀和石漠化脆弱性分级基础上，对分级的生态环境问题单要素图进行复合，判断区域生态环境脆弱类型是单一型还是复合型生态系统脆弱类型。对单一型生态系统脆弱类型区域，根据其生态环境问题脆弱性程度确定生态系统脆弱性程度；对复合型生态系统脆弱类型，采用最大制约因素法确定影响生态系统脆弱性的主导因素，根据主导因素的生态环境问题脆弱性程度确定生态系统脆弱性程度。将生态系统脆弱性程度划分为极度脆弱、重度脆弱、中度脆弱、轻度脆弱、微度脆弱五级。

根据评价结果，中部地区生态系统脆弱性程度不高。属于微度脆弱类型的县区有111个，面积为16.09万平方千米，占总面积的15.67%，集中了10 027.51万人，占总人口的28.12%。属于轻度脆弱的县区有236个，面积为41.25万平方千米，占总面积的40.19%，人口为15 426.60万人，占总人口的43.26%。属于中度脆弱的县区有177个，面积为35.51万平方千米，占总面积的34.59%，人口为8583.52万人，占总人口的24.07%。属于重度脆弱的县区有37个，面积为6.21万平方千米，占总面积的6.05%，人口为1047.59万人，占总人口的2.93%。属于极度脆弱的县区有20个，面积为3.59万平方千米，占总面积的3.50%，人口为578.15万人，占总人口的1.62%（表6-7）。

表6-7 中部地区生态系统脆弱性评价结果

类型	县区总数（个）	面积（万平方千米）	面积占比（%）	人口（万人）	人口占比（%）
微度脆弱	111	16.09	15.67	10 027.51	28.12
轻度脆弱	236	41.25	40.19	15 426.60	43.26
中度脆弱	177	35.51	34.59	8 583.52	24.07
重度脆弱	37	6.21	6.05	1 047.59	2.93
极度脆弱	20	3.59	3.50	578.15	1.62
合计	581	102.66	100	35 663.38	100

从空间分布来看，中部地区生态系统脆弱性高的区域主要集中在山西省，尤其是山西省西部地区，其主要是受黄土高原土壤侵蚀的威胁。河南省、安徽省、湖北省的部分地区存在生态系统脆弱性较高的现象，湖南、江西两省的生态系统脆弱性不高。总体看来，除山西省以外，中部地区大部分区域生态系统脆弱性不高（图6-10）。

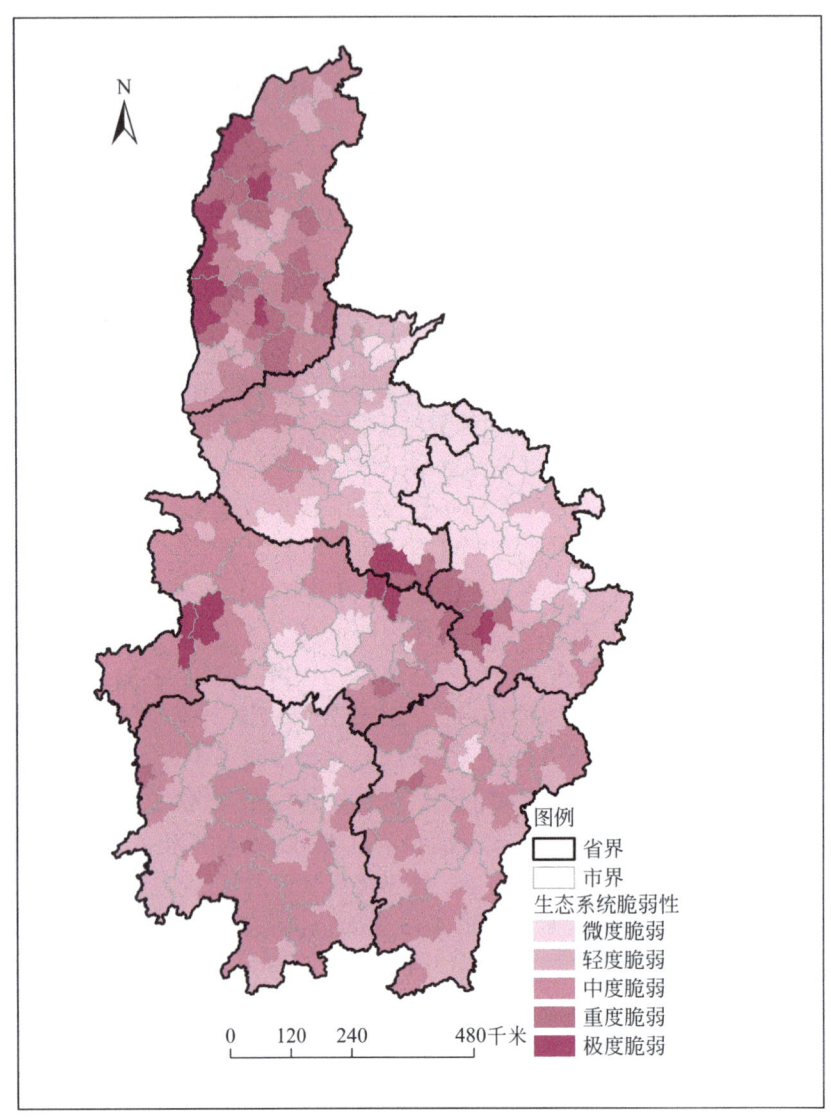

图 6-10 中部地区生态脆弱性空间评价

5. 生态系统重要性

生态系统重要性是表征全国或区域尺度生态系统结构、功能重要程度的综合性指标。生态系统重要性指在全国或区域尺度上对社会经济发展、生态系统维持、生物多样性保护等具有重要意义的森林、草地、荒漠、湿地、特殊生态系统等生态系统类型，这些生态系统与生态过程在维持自身的结构与功能过程中，对人类生存和发展提供必不可少的产品、服务、资源与环境。

生态系统重要性首先确定主要生态系统在水源涵养、土壤保持、防风固沙功能和生物

多样性维持与保护等方面的服务功能重要程度,在此基础上确定区域生态系统重要性,公式表示如下:

[生态系统重要性] = max {[水源涵养功能重要性],[土壤保持功能重要性],[防风固沙功能重要性],[生物多样性维持与保护重要性],[特殊生态系统重要性]}

根据上述计算公式,在计算森林生态系统、草地生态系统、荒漠生态系统、湿地生态系统和特殊生态系统等生态系统类型在水源涵养、土壤保持、防风固沙和生物多样性维持与保护等方面的服务功能重要程度基础上,对生态系统服务功能重要性图进行复合,判断区域生态重要性是单一型还是复合型生态服务重要类型。对单一型生态系统服务功能类型区域,根据其生态系统服务功能重要程度确定区域生态重要性程度;对复合型生态系统服务功能重要类型区域,采用主导因素法判断表征生态系统服务功能重要程度的主要功能,根据主导因素的生态系统服务功能重要性程度确定生态系统重要性。生态系统重要性可以划分为重要性高、重要性较高、重要性中等、重要性较低和重要性低五级(表6-8)。

表6-8 中部地区生态系统重要性评价结果

类型	县区个数(个)	面积(万平方千米)	面积占比(%)	人口(万人)	人口占比(%)
低	186	24.18	23.55	15 934.54	44.68
较低	188	34.42	33.53	10 280.53	28.83
中等	177	37.86	36.88	8 139.02	22.82
较高	11	2.59	2.53	608.85	1.71
高	19	3.60	3.51	700.44	1.96
合计	581	102.66	100	35 663.38	100

评价结果表明,中部地区生态重要性不高。属于重要性低的县区有186个,面积为24.18万平方千米,占总面积的23.55%,集中了15 934.54万人,占总人口的44.68%。属于重要性较低的县区有188个,面积为34.42万平方千米,占总面积的33.53%,人口为10 280.53万人,占总人口的28.83%。属于重要性中等的县区有177个,面积为37.86万平方千米,占总面积的36.88%,人口为8139.02万人,占总人口的22.82%。属于重要性较高的县区有11个,面积为2.59万平方千米,占总面积的2.53%,人口为608.85万人,占总人口的1.71%。属于重要性高的县区有19个,面积为3.60万平方千米,占总面积的3.51%,人口为700.44万人,占总人口的1.96%。

从空间分布来看,生态系统重要性高的区域和生态系统脆弱性低的区域在空间上具有较高的一致性。山西省西部地区生态系统重要性较高,主要源于黄土高原土壤保持功能,而湖北省西部、安徽省南部、湖南省东南部、江西省南部生态系统重要性较高,主要源于水源涵养功能。生态系统重要性低的区域主要集中在河南省、安徽省北部和湖北省东部地区(图6-11)。

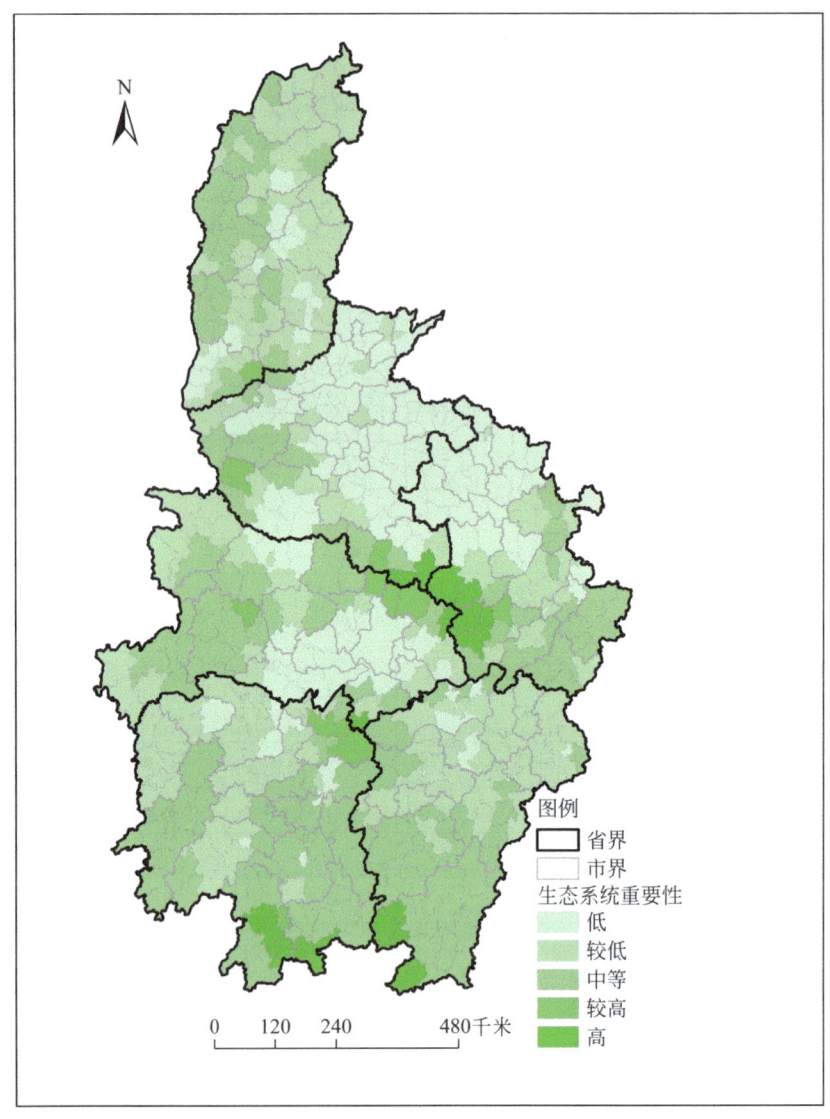

图 6-11　中部地区生态系统重要性空间评价

二、综合集成评价

1. 集成方法

以上 5 个指标可以归并为 3 类。第一类资源类指标，包括人均可利用水资源和人均可利用土地资源，通过这 2 项指标反映区域资源环境承载力的资源支撑条件。第二类生态类指标，包括生态系统脆弱性和生态系统重要性 2 项指标，通过这两项指标的评价可以判断出区域生态系统应被保护的程度。第三类环境类指标，即环境容量，反映环境对该地区资源环境承载力的约束程度。

第一类指标即人均可利用土地资源和人均可利用水资源。这 2 项指标对国土空间开发起到正向作用，且完全不相关，因而取两者最小值作为分子以体现它们的保障作用。计算方法如下：

$$R = \min\{[人均可利用土地资源],[人均可利用水资源]\}$$

第二类指标即包括生态系统脆弱性和生态系统重要性。由于这两项指标的内在含义完全不同，所以呈零相关，基本可以看作独立变量。生态系统足够脆弱或足够重要都意味着需要得到更多的保护，因此选取这两项指标的最高得分作为评价区域生态系统应被保护程度 E 的依据。计算方法如下：

$$E = \max([生态系脆弱性],[生态系重要性])$$

第三类指标即环境容量，考虑第三类指标对资源环境承载力起到的是约束性的作用，因此对环境容量 EC 通过正弦变换化为取值在 0.9～1.1 的标准化指数 k，作为支撑系数约束指标综合得分，以正确地刻画约束条件对资源环境承载力评价结果的影响。支撑系数的表达如下：

$$k = [EC]$$

则资源环境承载力综合评价指数 C 计算公式为

$$C = k\frac{R}{E}$$

将资源环境承载力综合评价指数划分为 5 个等级，则可以衡量中部地区每个县区单元的资源环境承载能力状态。

2. 综合评价结果

资源环境承载力综合评价结果表明，中部地区资源环境承载力总体偏弱。资源环境承载力属于弱类型的县区有 130 个，面积为 14.71 万平方千米，占中部地区总面积的 14.33%，集中了 8147.52 万人，占总人口的 22.85%。资源环境承载力属于较弱类型的县区有 112 个，面积为 22.42 万平方千米，占中部地区总面积的 21.84%，集中了 6041.60 万人，占总人口的 16.94%。资源环境承载力属于中等类型的县区有 160 个，面积为 31.52 万平方千米，占中部地区总面积的 30.70%，集中了 9772.50 万人，占总人口的 27.40%。资源环境承载力属于较强类型的县区有 139 个，面积为 27.03 万平方千米，占中部地区总面积的 26.33%，集中了 8385.11 万人，占总人口的 23.51%。资源环境承载力属于强类型的县区有 40 个，面积为 6.98 万平方千米，占中部地区总面积的 6.80%，集中了 3316.66 万人，占总人口的 9.30%（表 6-9）。

表6-9 中部地区资源环境承载力综合评价结果

类型	县区个数（个）	面积（万平方千米）	面积占比（%）	人口（万人）	人口占比（%）
弱	130	14.71	14.33	8 147.52	22.85
较弱	112	22.42	21.84	6 041.60	16.94
中等	160	31.52	30.70	9 772.50	27.40

续表

类型	县区个数（个）	面积（万平方千米）	面积占比（%）	人口（万人）	人口占比（%）
较强	139	27.03	26.33	8 385.11	23.51
强	40	6.98	6.80	3 316.66	9.30
合计	581	102.66	100	35 663.38	100

从空间分布来看，中部地区资源环境承载力相对较强的区域主要包括安徽省中北部地区、河南省东部地区、湖北省中部地区、江西省中北部地区。这些地区水土资源禀赋相对较好，且生态和环境问题相对较少，因而具有较高的资源环境承载力。山西省全省、河南省北部、湖南省中南部、湖北省西部等地区资源环境承载力较弱（图6-12）。

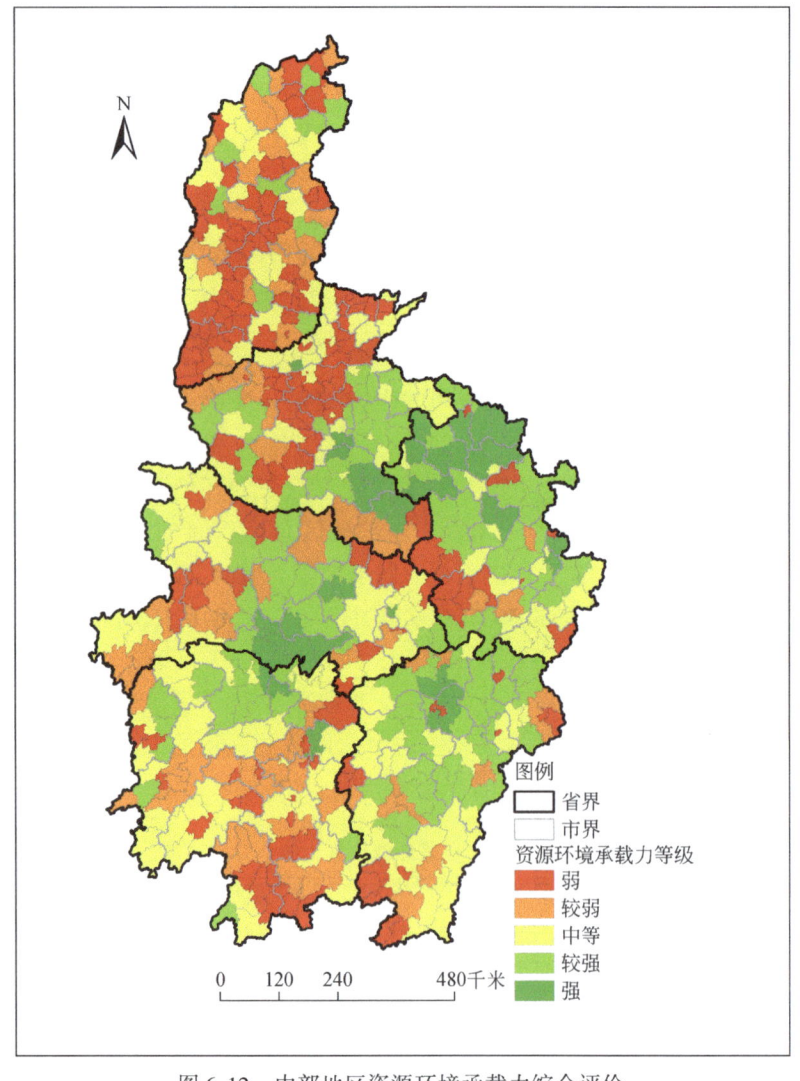

图6-12 中部地区资源环境承载力综合评价

(1) 山西省

山西省资源环境承载力总体较弱,全省范围内没有县区属于强类型。资源环境承载力属于弱类型的县区有 48 个,面积为 5.40 万平方千米,占全省总面积的 34.46%,集中了 2380.27 万人,占总人口的 66.86%。资源环境承载力属于较弱类型的县区有 29 个,面积为 4.70 万平方千米,占全省总面积的 29.99%,集中了 700.09 万人,占总人口的 19.67%。资源环境承载力属于中等类型的县区有 20 个,面积为 3.58 万平方千米,占全省总面积的 22.85%,人口为 318.89 万人,占总人口的 8.96%。资源环境承载力属于较强类型的县区有 10 个,面积为 1.99 万平方千米,占全省总面积的 12.70%,人口为 160.46 万人,占总人口的 4.51%。有超过一半的人口都处于资源环境承载力弱的地区,表明这 48 个属于弱类型的县级行政区都属于人口和产业集聚的城镇化地区,山西省未来产业合作与调整面临较强的资源环境约束(表 6-10)。

表 6-10 山西省资源环境承载力综合评价结果

类型	县区个数 (个)	面积 (万平方千米)	面积占比 (%)	人口 (万人)	人口占比 (%)
弱	48	5.40	34.46	2380.27	66.86
较弱	29	4.70	29.99	700.09	19.67
中等	20	3.58	22.85	318.89	8.96
较强	10	1.99	12.70	160.46	4.51
合计	107	15.67	100	3559.71	100

(2) 安徽省

安徽省资源环境承载力总体较强,全省范围内有 46 个县区属于强或者较强类型,而仅有 15 个县区属于弱和较弱类型。资源环境承载力属于弱类型的县区有 10 个,面积为 1.54 万平方千米,占全省总面积的 10.99%,人口为 568.58 万人,占总人口的 9.56%。资源环境承载力属于较弱类型的县区有 5 个,面积为 0.88 万平方千米,占全省总面积的 6.28%,人口为 287.38 万人,占总人口的 4.83%。资源环境承载力属于中等类型的县区有 17 个,面积为 2.39 万平方千米,占全省总面积的 17.06%,集中了 1184.69 万人,占总人口的 19.91%。资源环境承载力属于较强类型的县区有 29 个,面积为 5.86 万平方千米,占全省总面积的 41.83%,集中了 2266.33 万人,占总人口的 38.09%。资源环境承载力属于强类型的县区有 17 个,面积为 3.34 万平方千米,占全省总面积的 23.84%,集中了 1643.07 万人,占总人口的 27.61%。安徽省有 46 个县区属于资源环境承载力较强和强类型,面积为 9.20 万平方千米,集中的人口占安徽省总人口的 65.70%。由此可见,安徽省是中部地区资源环境承载力较强的区域,其中部和北部地区都适宜于进一步扩大产业和人口规模(表 6-11)。

表 6-11 安徽省资源环境承载力综合评价结果

类型	县区个数（个）	面积（万平方千米）	面积占比（%）	人口（万人）	人口占比（%）
弱	10	1.54	10.99	568.58	9.56
较弱	5	0.88	6.28	287.38	4.83
中等	17	2.39	17.06	1184.69	19.91
较强	29	5.86	41.83	2266.33	38.09
强	17	3.34	23.84	1643.07	27.61
合计	78	14.01	100	5950.05	100

（3）江西省

江西省资源环境承载力总体一般，全省范围内有 51 个县区属于弱、较弱和中等类型，有 40 个县区属于较强和强类型。资源环境承载力属于弱类型的县区有 13 个，面积为 1.34 万平方千米，占全省总面积的 8.03%，集中了 743.33 万人，占总人口的 16.68%。资源环境承载力属于较弱类型的县区有 11 个，面积为 1.91 万平方千米，占全省总面积的 11.44%，集中了 571.92 万人，占总人口的 12.83%。资源环境承载力属于中等类型的县区有 27 个，面积为 5.90 万平方千米，占全省总面积的 35.35%，集中了 1413.21 万人，占总人口的 31.71%。资源环境承载力属于较强类型的县区有 36 个，面积为 6.85 万平方千米，占全省总面积的 41.04%，集中了 1484.75 万人，占总人口的 33.31%。资源环境承载力属于强类型的县区有 4 个，面积为 0.69 万平方千米，占全省总面积的 4.14%，人口为 243.57 万人，占总人口的 5.47%。江西省资源环境承载力各类型的县区个数比较均匀，面积和人口占比也相对平均，位于江西省中部和北部的部分地区适宜于产业发展和人口集聚（表6-12）。

表 6-12 江西省资源环境承载力综合评价结果

类型	县区个数（个）	面积（万平方千米）	面积占比（%）	人口（万人）	人口占比（%）
弱	13	1.34	8.03	743.33	16.68
较弱	11	1.91	11.44	571.92	12.83
中等	27	5.90	35.35	1413.21	31.71
较强	36	6.85	41.04	1484.75	33.31
强	4	0.69	4.14	243.57	5.47
合计	91	16.69	100	4456.78	100

（4）河南省

河南省资源环境承载力总体不强，全省范围内有 91 个县区属于弱、较弱和中等类型，而仅有35个县区属于较强和强类型。资源环境承载力属于弱类型的县区有29个，面积为2.45万平方千米，占全省总面积的14.81%，集中了2447.11万人，占总人口的26.02%。资源环境承载力属于较弱类型的县区有24个，面积为4.37万平方千米，占全省总面积的26.42%，集中了1637.86万人，占总人口的17.42%。资源环境承载力属于中等类型的县区有38个，面积为4.32万平方千米，占全省总面积的26.12%，集中了2692.56万人，占总人口的28.64%。资源环境承载力属于较强类型的县区有27个，面积为4.19万平方千米，占全省总面积的25.33%，集中了1995.04万人，占总人口的21.22%。资源环境承载力属于强类型的县区有8个，面积为1.21万平方千米，占全省总面积的7.32%，人口为630.41万人，占总人口的6.70%。河南省资源环境承载力各类型的县区个数比较均匀，面积和人口占比也相对平均，资源环境承载力较强的区域主要分布在河南省东南部地区，较适宜于产业发展和人口集聚（表6-13）。

表6-13　河南省资源环境承载力综合评价结果

类型	县区个数（个）	面积（万平方千米）	面积占比（%）	人口（万人）	人口占比（%）
弱	29	2.45	14.81	2447.11	26.02
较弱	24	4.37	26.42	1637.86	17.42
中等	38	4.32	26.12	2692.56	28.64
较强	27	4.19	25.33	1995.04	21.22
强	8	1.21	7.32	630.41	6.70
合计	126	16.54	100	9402.98	100

（5）湖北省

湖北省资源环境承载力总体一般，全省范围内有47个县区属于弱、较弱和中等类型，有30个县区属于较强和强类型。资源环境承载力属于弱类型的县区有11个，面积为1.80万平方千米，占全省总面积的9.70%，集中了613.98万人，占总人口的10.73%。资源环境承载力属于较弱类型的县区有16个，面积为4.35万平方千米，占全省总面积的23.45%，集中了977.24万人，占总人口的17.07%。资源环境承载力属于中等类型的县区有20个，面积为6.34万平方千米，占全省总面积的34.18%，集中了1937.78万人，占总人口的33.86%。资源环境承载力属于较强类型的县区有21个，面积为4.56万平方千米，占全省总面积的24.58%，集中了1520.29万人，占总人口的26.56%。资源环境承载力属于强类型的县区有9个，面积为1.50万平方千米，占全省总面积的8.09%，集中了674.49万人，占总人口的11.78%。湖北省资源环境承载力各类型的县区个数比较均匀，面积和人口占比也相对平均，资源环境承载力较强的区域主要分布在湖北省中部地区，较适宜于产业发展和人口集聚（表6-14）。

表6-14 湖北省资源环境承载力综合评价结果

类型	县区个数（个）	面积（万平方千米）	面积占比（%）	人口（万人）	人口占比（%）
弱	11	1.80	9.70	613.98	10.73
较弱	16	4.35	23.45	977.24	17.07
中等	20	6.34	34.18	1937.78	33.86
较强	21	4.56	24.58	1520.29	26.56
强	9	1.50	8.09	674.49	11.78
合计	77	18.55	100	5723.78	100

（6）湖南省

湖南省资源环境承载力总体较弱，全省范围内有84个县区属于弱、较弱和中等类型，而仅有18个县区属于较强和强类型。资源环境承载力属于弱类型的县区有19个，面积为2.18万平方千米，占全省总面积的10.29%，集中了1394.25万人，占总人口的21.22%。资源环境承载力属于较弱类型的县区有27个，面积为6.21万平方千米，占全省总面积的29.31%，集中了1867.12万人，占总人口的28.42%。资源环境承载力属于中等类型的县区有38个，面积为8.98万平方千米，占全省总面积的42.38%，集中了2225.36万人，占总人口的33.87%。资源环境承载力属于较强类型的县区有16个，面积为3.58万平方千米，占全省总面积的16.89%，集中了958.23万人，占总人口的14.59%。资源环境承载力属于强类型的县区有2个，面积为0.24万平方千米，占全省总面积的1.13%，集中了125.11万人，占总人口的1.90%。湖南省资源环境承载力属于弱、较弱和中等类型的县区个数较多，面积和人口占比也较大，资源环境承载力较强的区域零星分布在湖南省北部地区，适宜于一定程度的产业发展和人口集聚（表6-15）。

表6-15 湖南省资源环境承载力综合评价结果

类型	县区个数（个）	面积（万平方千米）	面积占比（%）	人口（万人）	人口占比（%）
弱	19	2.18	10.29	1394.25	21.22
较弱	27	6.21	29.31	1867.12	28.42
中等	38	8.98	42.38	2225.36	33.87
较强	16	3.58	16.89	958.23	14.59
强	2	0.24	1.13	125.11	1.90
合计	102	21.19	100	6570.07	100

第三节 问题、机遇与挑战

一、存在的问题

生态保护和环境治理的任务依然繁重。生态系统质量普遍偏低,维护生物多样性、保持优良水质、保护农村水环境和空气质量、防止生态系统退化等面临的保护压力较大,生态保护形势依然严峻。化学需氧量(含农业源)、氨氮、二氧化硫和氮氧化物等污染物排放强度总体偏高。矿产开发造成的生态破坏没有得到有效控制。乡镇生活污水处理、垃圾处理设施以及医疗废物、其他危险废物污染防治设施建设滞后,环境保护和生态建设的监管机制有待进一步完善。

湖泊萎缩与湖区生态退化问题日益凸显。受江湖关系、气候变化和人类活动等因素影响,洞庭湖区、鄱阳湖区等湖泊萎缩、生态退化问题日益凸显。近十几年来,洞庭湖水情变化较大,低枯水位提前,水资源时空分布不均,多年平均入湖水量减少了451亿立方米。湖体自净能力下降,湖区农药化肥使用量大,农业源化学需氧量和氨氮排放量增加,湖体水质总体呈中营养状态,无法达到水域功能要求。湖泊湿地萎缩,生物多样性降低,外来生物入侵日益严重,工农业生产用水特别是人畜饮水安全受到严重威胁。统筹湖区经济社会发展和生态环境保护刻不容缓。

水污染防治和水生态环境保护任重道远。黄河流域废污水入河量33.76亿立方米,黄河以其占全国2%的水资源,容纳了全国约6%的废污水和7%的COD排放量,干流及主要支流的功能区水质达标率仅有48.6%,流域水污染形势严峻。河流生态用水不足、水污染、河流阻隔等消极因素造成湿地萎缩、水生物生境破坏,水源涵养、生物多样性等生态功能下降。流域水功能区监管薄弱,水质监测能力不足,存在"违法成本低,守法成本高"的现象。随着经济社会用水需求不断增长,水环境压力将越来越大。

流域治理和水土流失防治任务依然艰巨。黄河流域还有一半以上的水土流失面积没有治理,且未治理部分水土流失强度大、自然条件恶劣,治理难度更大,尤其是中游多沙粗沙区治理进展缓慢,生态环境改善和减沙效果不明显;已初步治理的水土流失区侵蚀模数仍普遍高于轻度侵蚀标准,有待进一步完善、配套和提高。2009年,河南省轻度以上水土流失面积占总面积的21%,20%以上地表水河段为劣Ⅴ类水质[①]。山西省水土流失土地面积达10.8万平方千米,约占全省总面积的69%;生态极敏感和高度敏感区面积7.73万平方千米,约占全省总面积的49%(山东水土保持科技编辑部,2018)。

矿山环境修复治理形势严峻。矿业"三废"污染严重,大量矿区植被破坏,矿区塌陷、水土流失严重。山西省由采矿引起的土地塌陷、挖损、地裂缝、地下水污染等生态问

---

① 河南省人民政府关于印发河南生态省建设规划纲要的通知,http://www.henan.gov.cn/2013/03-04/238499.html。

题比较突出，太原、临汾、长治、运城、大同等盆地及其西北部县市的大部分地区为环境极度超载和重度超载区，环境污染严重，严重影响区域的生存环境。江西省赣南等稀土废弃矿山的问题非常突出，资源开采对生态环境造成不小的影响，由于很多矿区处于大江大河源头，矿山环境修复治理形势严峻。

自然资源约束偏紧，资源环境压力突出。人口总量大、人均占有资源少，经济发展与资源环境的矛盾突出。大宗矿产资源贫乏，少数地方粗放式、无节制过度开发，污染物排放超过环境容量，如河南省能源矿产等资源开发程度较高，2004年，全省已探明的石油储量已消耗67.1%，天然气已消耗53.4%，煤矿的储采比已远低于全国平均水平，铝土矿仅够开采10年。水资源缺乏且年际与地域分布不均，河南省人均水资源占有量仅为全国人均水平的20%，山西省人均水资源占有量仅为全国人均水平的17%，远远低于国际公认的人均1700立方米水资源紧张警戒线，多数地区地下水供水水源地处于满负荷或超采状态。土地资源承载压力较重，土地开发程度较高，可利用的后备土地资源特别是后备耕地资源严重不足，土地人口承载压力较大，河南省人均耕地面积不及全国平均水平的25%，自然资源对经济社会发展的约束日益加剧。

二、新时代机遇

习近平指出，在生态环境保护建设上，一定要树立大局观、长远观、整体观，坚持保护优先，坚持节约资源和保护环境的基本国策，像保护眼睛一样保护生态环境，像对待生命一样对待生态环境，推动形成绿色发展方式和生活方式。要加强生态文明建设，划定生态保护红线，为可持续发展留足空间，为子孙后代留下天蓝地绿水清的家园。党的十七大提出建设生态文明的战略任务，党的十八大对生态文明建设作出了战略部署，要求把生态文明建设放在突出地位，融入经济建设、政治建设、文化建设、社会建设各方面和全过程，努力建设美丽中国。十八届三中全会要求紧紧围绕建设美丽中国深化生态文明体制改革，加快建立生态文明制度，健全国土空间开发、资源节约利用、生态环境保护的体制机制，推动形成人与自然和谐发展现代化建设新格局。《中共中央关于全面深化改革若干重大问题的决定》指出要划定生态保护红线，坚定不移实施主体功能区制度，建立国土空间开发保护制度，严格按照主体功能区定位推动发展，建立国家公园体制，建立资源环境承载能力监测预警机制，对水土资源、环境容量和海洋资源超载区域实行限制性措施。对限制开发区域和生态脆弱的国家扶贫开发工作重点县取消地区生产总值考核。中共中央、国务院印发《关于加快推进生态文明建设的意见》，这是继党的十八大和十八届三中、四中全会对生态文明建设做出顶层设计后，中央对生态文明建设的一次全面部署。这些国家政策的出台为中部地区生态环境建设提供了基本依据。

2013年9月和10月，习近平主席分别提出建设"新丝绸之路经济带"和"21世纪海上丝绸之路"的合作倡议，并多次强调，要践行绿色发展理念，着力深化环保合作，加大生态环境保护力度，携手打造绿色丝绸之路。《推动共建丝绸之路经济带和21世纪海上丝绸之路的愿景与行动》提出，在投资贸易中突出生态文明理念，加强生态环境、生物多样性和应对气候变化合作。2016 年 9 月,《长江经济带发展规划纲要》确立了长江经济带"一轴、两翼、三极、多点"的发展新格局。2018 年 11 月,中共中央、国务院明确要求充分发挥长江经济带横跨东中西三大板块的区位优势,以共抓大保护、不搞大开发为导向,以生态优先、绿色发展为引领,依托长江黄金水道,推动长江上中下游地区协调发展和沿江地区高质量发展。作为"一带一路"倡议打造的郑州、武汉、长沙、南昌、合肥等内陆开放型经济高地,以及长江经济带的重要组成,这些国家发展战略的实施为中部地区生态环境建设提供了重大的历史机遇,更应将绿色发展、生态环境保护放在首位。

三、面临的挑战

中部地区生态环境建设也面临着巨大的挑战。首先,生态文明建设总体滞后于经济社会发展,现有法律、制度、政策尚不适应生态文明建设的要求,落实不够严格,全社会生态文明意识也亟待加强。经济发展与资源环境的矛盾突出,为了全面建成小康社会,需要继续加大经济开发力度,然而随着经济增长和人口增加,资源能源消耗和人为活动干扰对生态环境的压力将不断加大,产业布局和产业结构与生态环境承载力不匹配、不协调的矛盾依然突出,产业转移和资源开发对部分生态脆弱地区可能产生新的生态破坏。如何协调经济发展与生态保护的关系,在确保不破坏生态环境的前提下发展经济,成为中部地区面临的严峻挑战。其次,资源环境约束趋紧,中部地区人口总量大、人均占有资源少,大宗矿产资源贫乏,少数地方粗放式、无节制过度开发,污染物排放超过环境容量,水资源缺乏且年际与地域分布不均,多数地区地下水供水水源地处于满负荷或超采状态,土地资源承载压力较重,土地开发程度较高,可利用的后备土地资源特别是后备耕地资源严重不足。

第四节 生态环境保护与治理发展思路

一、指导思想

坚持节约优先、保护优先、自然恢复为主的方针,以增强资源环境生态竞争力为核心,以生态建设、环境治理和节能减排为重点,严格按照主体功能定位推进生态一体化建设,加快构建完善的区域生态屏障体系,推进江河湖库水资源安全保护网络,建立健全跨区域环境污染防治联动机制,统筹经济社会发展、资源可持续利用和生态环境保护,以生态红线监管为抓手,加大自然生态系统和环境保护力度,加快建设资源节约型、环境友好型社会,着力优化生态环境、发展生态经济、培育生态文化、完善体制机制,推进绿色发展、循环发展、低碳发展,弘扬生态文化,倡导绿色生活,持续探索不以牺牲生态环境为代价的新型城镇化、新型工业化、新型农业现代化协调科学发展之路,为加快中部崛起提供有力支撑,使中部地区成为我国流域生态文明建设先行区、全国大湖流域生态保护与科学开发典范区、生态文明体制机制创新区。

二、基本原则

分区管理，分级控制，严守底线。依据区域主体功能定位推进生态一体化建设，实施差别化政策措施，突出解决制约发展和事关民生的生态环境问题，构建各具特色的区域生态环境保护与发展格局。树立底线思维，将资源环境承载力作为社会经济发展的基础和前提条件，划定生态保护红线，严守生态安全底线。

保护优先、节约优先、自然恢复。在发展中保护，在保护中发展，以自然恢复为主，与人工修复相结合，以最少的资源消耗支撑经济社会持续发展，全面提升生态环境质量，加快形成资源节约、环境友好的产业体系和发展方式。

绿色发展、循环发展、低碳发展。与生态文明建设相协调，经济社会发展必须建立在资源得到高效循环利用、生态环境受到严格保护的基础上，形成节约资源和保护环境的空间格局、产业结构、生产方式。

生态文化、生态文明、生态约束。加强生态文化的宣传教育，倡导勤俭节约、绿色低碳、文明健康的生活方式和消费模式，将生态文明纳入社会主义核心价值体系，提高全社会生态文明意识。

三、总体目标

到2025年，生态环境质量总体改善，资源利用更加高效，生态文明主流价值观在全社会得到推行，生态文明建设水平与全面建成小康社会目标相适应。

形成稳定的生态安全格局。禁止开发区域生态系统稳定性增强，重点生态功能区生态服务水平明显提升，森林（植被）覆盖率和质量不断提高，水土流失面积持续减少，江河湖泊湿地与水资源得到有效保护，生物多样性保护取得显著成效。

环境安全得到有效保障。重点流域和区域环境质量得到明显改善，主要污染物排放量持续减少，重要江河湖库水功能区水质达标率有效提高，工业污染和农业面源污染防治取得明显成效，空气质量明显提高，土壤环境质量总体保持稳定。

资源环境承载力增强。节能减排、资源综合利用取得新进展，单位GDP二氧化碳排放强度大幅下降，能源消耗强度持续下降，资源产出率大幅提高，万元工业增加值用水量降低（表6-16）。

表6-16 中部地区生态环境主要规划指标

类别	规划指标	规划目标		
		2015年	2020年	2025年
生态保护	森林覆盖率（%）	41	42	>42
	水域湿地覆盖率（%）	4	5	5
	生态保护区域占国土面积比例（%）	16.8	18	20

续表

类别	规划指标	规划目标		
		2015年	2020年	2025年
环境治理	重点流域水质优良比例（%）	63	80	90
	地级及以上城市空气质量达标率（%）	50	70	80
资源节约	单元GDP能源消耗降低比例（%）		下降20%	下降20%
	单位GDP二氧化碳排放降低比例（%）		下降15%	下降20%
	万元GDP用水量下降比例（%）		下降15%	下降20%

第五节　空间布局及重点任务

一、空间布局

依据《全国主体功能区规划》与中部六省主体功能区规划，结合国家重大生态环境工程布局，中部地区新十年加快生态屏障建设与环境综合治理，将形成以长江中游、黄河中下游、淮河、海河、巢湖等大江大河大湖重要水系为骨架，以自然保护区、森林公园、湿地公园等禁止开发区域为重要组成，以黄土高原、秦巴山、武陵山、太行山、大别山、罗霄山、南岭等重点生态功能区为重要支撑，以农产品主产品和城市群区为生态环境协同防治核心的生态环境安全战略格局。

构建中部地区"两带三屏"生态保护与建设格局。"两带"是长江中游湿地保护与水源涵养带、黄河中下游湿地保护与水源涵养带。"三屏"是分别位于中部地区东、中、西部的绿色生态屏障。西缘生态屏障以京津风沙源治理生态功能区、黄土高原丘陵沟壑水土流失防治区、太行山水源涵养与生物多样性保护生态功能区、太岳山-中条山水源涵养生态功能区、伏牛山生物多样性生态功能区、秦巴山地生物多样性生态功能区、三峡库区水土保持生态功能区、武陵山区生物多样性及水土保持生态功能区为主；东缘生态屏障以皖南-赣东北山地水源涵养生态功能区、武夷山脉水土保持生态功能区为主；中段生态屏障以幕阜山水源涵养与水土保持生态功能区、罗霄山水源涵养生态功能区和南岭山地森林及生物多样性生态功能区为主（图6-13）。

形成以水污染防治为牵引的中部地区生态环境综合防治区。包括以武汉城市圈、中原城市群、皖江城市带、长株潭城市群、环鄱阳湖城市群、大太原经济圈等城市群区为核心，沿陇海、沿京广、沿京九和沿长江经济带，沿鄱阳湖与洞庭湖生态经济区等重点开发区为延伸条带的环境污染协同防治区；长江中游、黄河中下游、淮河、海河、巢湖等大江大河构成的水环境污染防治区；以晋北、晋东、晋中、淮南、淮北和河南等大型煤炭基地，河南灵宝-卢氏金银多金属与栾川钨钼铁、安徽铜陵铜矿与马鞍山铁矿、江西赣南稀土与钨矿集中区等为主的矿山环境治理区;黄淮海平原、江汉平原、鄱阳湖和洞庭湖地区、山西中南部等农产品优势产区为主的面源生态环境治理区(图6-13)。

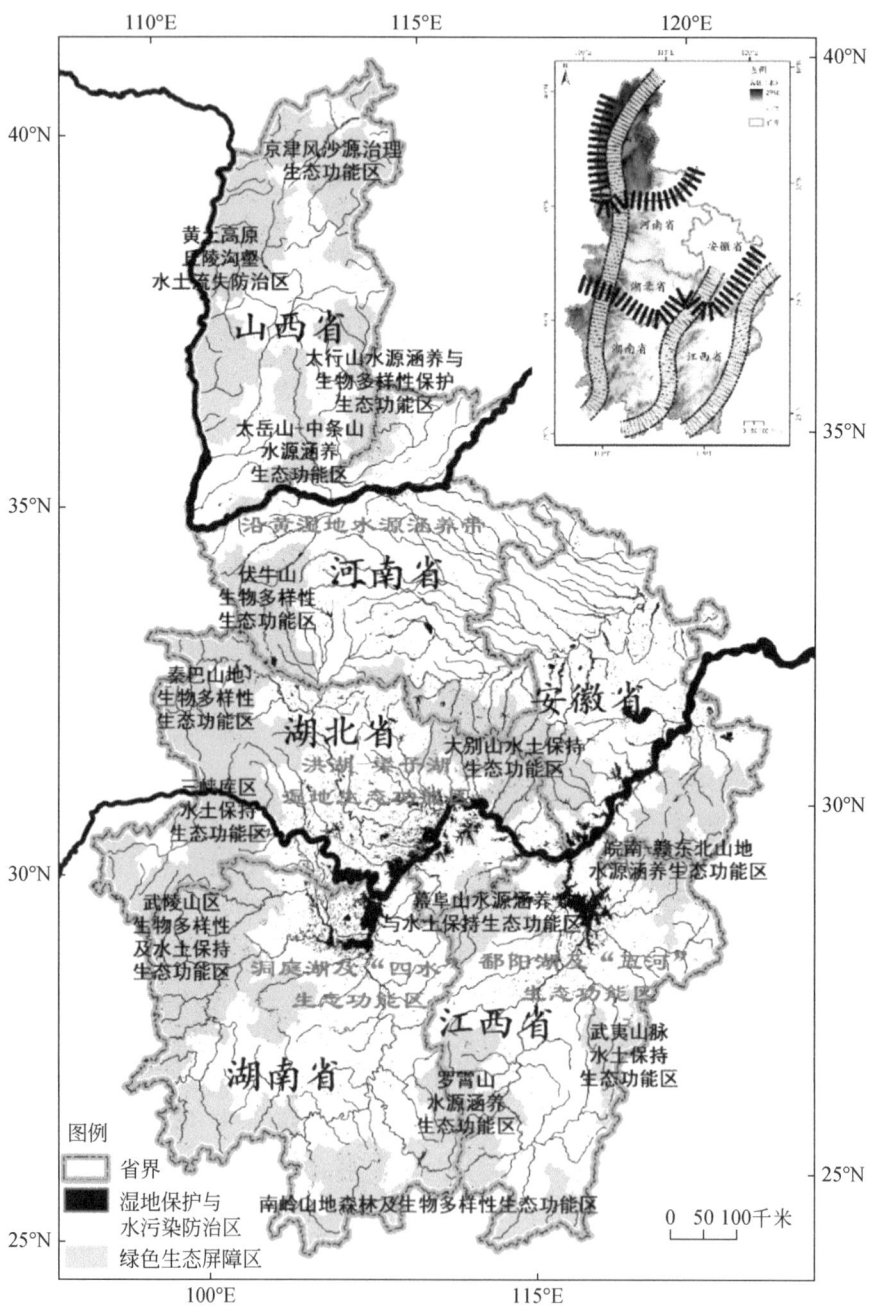

图6-13 中部崛起新十年"两带三屏"生态保护与环境治理空间布局

> **专栏 2：中部地区限制开发区与禁止开发区**
>
> 限制开发区：农产品主产区涉及 237 个县（市、区），面积约 42 万平方千米；重点生态功能区涉及 181 个县（市、区），面积约 39 万平方千米，其中国家级重点生态功能区涉及 87 个县（市、区），省级重点生态功能区涉及 94 个县（市、区）。
>
> 禁止开发区：涉及世界文化自然遗产 14 处，自然保护区 227 个（其中国家级 62 个、省级 165 个），风景名胜区 244 个（其中国家级 62 个、省级 182 个），森林公园 555 个（其中国家级 193 个、省级 362 个），地质公园 94 个（其中国家级 46 个、省级 48 个），湿地公园 152 个（其中国家级 113 个、省级 39 个），国家级重要湿地 9 处，重要水源保护地 173 处，重要蓄滞洪区 92 个，水产种质资源保护区 31 个，国家级与省级重点文物 951 处。

二、重点任务

1. 构筑生态安全屏障，增加绿色蓝色空间

划定生态保护红线，严守生态安全底线。建立"分区管理、分级控制"的空间管控体系，将重要生态功能区、生态敏感区和脆弱区、禁止开发区划定为生态保护红线，对生态保护红线区域实施最严格管控制度。继续实施天然林保护、长江防护林体系、退耕还林、石漠化综合治理、京津风沙源治理等国家重大生态保护与建设工程，扩大森林、湿地、草地等自然生态系统的面积，提高植被覆盖率，增强生态系统水源涵养、水土保持、防风固沙和生物多样性维护功能。

加强湿地生态保护与恢复。继续实施鄱阳湖、洞庭湖、洪湖、梁子湖、巢湖、长江中下游及黄河中游等重点湖泊和湿地的保护与恢复，改善湿地生态环境，恢复增强净化水质、涵养水源、休养生息的生态功能，合理开发利用湿地资源。加快建设三峡库区及上游、丹江口库区及上游、南水北调中线、鄱阳湖湖区、洞庭湖湖区等沿库、沿湖、沿河、沿江、沿路生态保护廊道。加强汉江中下游、新安江上游、湘江、淮河、"五河"等流域的生态建设，推进武汉大东湖生态水网构建。建设城市群"绿心"。

积极推进矿山生态恢复。建设绿色矿山，加大矿区塌陷治理力度。加快生态脆弱、地质灾害易发等区域的生态移民搬迁。

强化生物多样性保护。强化自然保护区、森林公园、湿地公园、地质公园以及重点生态功能区等的保护与管理，对重要生态系统和物种资源实施强制性保护，形成生物多样性保护网络，加大对外来入侵物种的防控力度，切实保护珍稀濒危野生动植物、古树名木及自然生境。

深化重点流域治理。加强晋西及晋西北、豫西、桐柏山区、大别山区、皖南山区、伏

牛山区、赣南山区、井冈山区、太行山区和湘西等地区水土保持和流域综合治理，实施好江西、安徽、湖北省崩岗治理。

专栏3　流域生态环境综合治理工程

"山江湖工程"是江西山江湖区域综合开发与治理的简称，通过相继实施"灭荒造林"、"山上再造"、"跨世纪绿色工程"和"小流域综合治理"等，在鄱阳湖区和"五河"流域先后建立了十大类28个试验示范基地和127个推广点、112个农业综合开发基地和6个小流域治理样板，积累了九大类29个可持续发展技术模式。该工程自1983年启动以来，取得了显著的生态、经济和社会综合效益，江西全省水土流失面积下降了61%，森林覆盖率由31%上升至60%，400万人脱贫，成为世界脱贫攻坚和发展中国家区域可持续发展的样板及我国可持续发展的典范工程。鄱阳湖生态经济区建设是"山江湖工程"的延续和拓展，是江西省"绿色崛起"的强大引擎。

---

2. 保护江河湖库环境，建设美丽安全中部

建立以保障水体安全为核心、以改善区域环境质量为目标、以防控环境风险为基线的全防全治环境安全体系，健全重点领域跨区域污染防控协调机制，加快解决水体、大气、土壤污染等突出环境问题。

全面开展水体污染综合治理。加大长江中下游、黄河中下游、三峡库区、丹江口库区及上游、淮河、海河、湘江、洞庭湖、鄱阳湖、巢湖等大江大河大湖水污染防治力度，建立健全联防联控机制，优先保护饮用水水源地水质，加强供水全过程管理，严格控制污染物达标排放，控制和规范淡水养殖，稳步推进地下水污染防治，确保饮用水安全；加快推进城市和重点建制镇污水、垃圾处理，深化重点行业水污染治理。

加强水资源保护。加强大江大河及其主要支流源头区、重点水源涵养区、调水工程水源地、集中式饮用水水源地等江河湖库的水域修复与保护，加大重要湿地、水产种质资源保护区、蓄滞洪区和沿江沿河滩区的保护力度，构建江河湖畅通、洪水调蓄、枯水调剂、江湖两利的水网体系，保护水生生物资源，统筹协调水资源保护，优化流域水资源配置，稳定干流河势，实施河湖疏浚活化，控制地下水开采，保障重要断面关键期流量、过程和水质，保障基本生态环境用水量，提高区域环境安全的保障能力。

着力推进面源污染治理。推进农村环境综合整治，加大农业面源污染防治力度，调整优化用肥结构，加强畜禽养殖场废弃物处理和污染防治，配套建设畜禽养殖废弃物处理和储存设施。推进土壤污染综合防治与修复，加强土地污染环境监管，优先保护耕地土壤环境，强化工业污染场地治理与修复。推进矿山地质环境恢复和综合治理，加强采煤等矿产开采沉陷区综合整治，妥善处理处置矿渣等大宗固体废物，全面治理历史遗留的矿山地质环境问题。

推进流域重金属污染防治。推动湘江流域污染综合整治，深入开展赣闽粤、晋豫等重

点区域的重金属污染治理，大幅度降低重点行业和重点企业的重金属污染物排放量。

改善城市群区大气环境。推进武汉城市圈、长株潭、皖江城市带等城市群区的多污染物协同防治，严格控制二氧化硫和氮氧化物排放，加强颗粒物污染防治，防治新型大气污染，逐渐消除重污染天气，切实改善重点城市空气环境质量。区域之间统一执法标准、执法程序和执法力度，共同遏制区域内污染转移和违法排污，实现环境政务公开和信息资源共享；建设统一协调的环保共享设施，能共用的不重复投资建设。

完善长江、黄河、淮河流域自然灾害监测预警体系，推进防洪工程建设，加大病险水库除险加固力度，推进灌区续建配套与节水改造，逐步提高中部地区防灾减灾能力。适时开工建设列入国家大中型水库建设规划的工程，提高中部地区对洪水的调控能力。加快中小河流治理，协调推进山洪地质灾害防治，做好三峡库区等重大地质灾害隐患点的工程治理和避让搬迁。完善防灾应急体系，加强重点时段、重点地区灾害防治和综合治理。

3. 加大节能减排力度，加强资源节约集约

全面推进节能减排。加大工业、建筑、交通等领域节能工作力度，推进重点节能工程建设。坚决淘汰落后产能，限制高耗能、高排放行业低水平重复建设，严禁污染产业和落后生产能力转入。加大惩罚性电价、差别电价实施力度和范围。加快推行合同能源管理，大力发展节能环保产业。

大力发展循环经济。加快山西、河南循环经济试点省建设，加快建立循环型工业、农业、服务业体系，大力推进清洁生产，完善再生资源回收体系，积极推进山西、江西、河南开展工业固废综合利用基地建设，深入推进粉煤灰、煤矸石等大宗固体废物综合利用，提高资源产出率。加快"城市矿产"示范基地、矿产资源综合利用示范基地和再制造示范基地（集聚区）建设。支持建设一批循环经济重点工程和示范城市、园区、企业，构建覆盖全社会的资源循环利用体系。

加强资源节约集约利用。节约集约利用水、土地、矿产等资源，加强全过程管理，大幅降低资源消耗强度。提高水资源利用综合效益，落实最严格的水资源管理制度，加大重点用水行业节水技术改造，对城镇污水再生利用设施建设投资给予补助，确立水资源开发利用控制、用水效率控制、水功能区限制纳污控制"三条红线"，全力推进节水型社会建设。加强土地利用的规划管控、市场调节、标准控制和考核监管，落实最严格的耕地保护制度和最严格的节约用地制度，严格土地用途管制。发展绿色矿业，加快推进绿色矿山建设，促进矿产资源高效利用，提高矿产资源开采回采率、选矿回收率和综合利用率。

积极应对气候变化。落实国家适应气候变化总体战略，大力发展低碳经济，引导建立低碳生活方式，努力实现向低碳社会转型；积极开发清洁发展机制项目，实施低碳农业和碳汇造林工程；开发和推广低碳技术，不断提高非化石能源占比，控制温室气体排放；逐步建立碳排放统计和监测体系，加大气候变化教育和宣传力度，加强适应气候变化能力建设。

4. 完善生态补偿机制，建设流域生态文明

完善生态补偿相关政策。继续在新安江、东江流域上下游生态保护与受益区之间开展

横向生态环境补偿，推动建立丹江口库区、淮河源头、鄱阳湖流域、抚河源、赣江源、闽江源、九龙江源、大别山等重点流域和区域的生态补偿试点。推动形成完善的生态环境质量及对区域间影响的评价体系，逐步建立以"谁开发谁保护、谁受益谁补偿"为基准的市场化生态补偿机制，积极推进生态合作、产业共建、财政支援、异地开发、生态资源交易等多种方式的生态补偿，探索建立上下游生态补偿机制以及排污权有偿使用和交易机制，引导鼓励生态环境受益者和保护者通过自愿协商、互惠互利的方式开展生态补偿。

> **专栏4：中部地区跨区域生态补偿试点项目**
>
> 1. 新安江模式是全国首个跨省流域生态补偿机制的先行探索地。新安江发源于安徽省黄山市，是浙江省最大的入境河流，为钱塘江正源，其出境水量占千岛湖入库水量的68%以上。2012~2014年，按照"谁污染、谁治理，谁受益、谁补偿"的原则，以皖浙两省跨界断面高锰酸盐指数、氨氮、总氮、总磷四项指标为考核依据，每年设置补偿基金5亿元，其中中央财政3亿元全部拨付给安徽省，两省各出1亿元，三年累计15亿元。年度水质达到考核标准，浙江拨付给安徽1亿元；水质达不到标准，安徽拨付给浙江1亿元。2015~2017年为第二轮试点，提高资金补助标准与水质考核标准，三年累计21亿元，其中中央资金三年9亿元，按4亿元、3亿元、2亿元退坡方式补助；皖浙两省每年各2亿元。考核方式上，继续以跨省断面水质测算补偿指数P值，实行分档补助、好水好价。若$P \leq 1$则浙江省补偿安徽省1亿元，若$P > 1$则安徽省补偿浙江省1亿元；$P \leq 0.95$则浙江省再补偿安徽省1亿元。资金专项用于新安江流域产业结构调整和产业布局优化、流域综合治理、水环境保护和水污染治理、生态保护等。新安江模式为探索生态补偿机制走出了一条路径。
>
> 2. 东江源生态补偿：东江源地区平均每年流入东江的水量约占东江年平均径流总量的10%，向广州、深圳和香港近4000万人口提供生产生活用水，被称为香港的"母亲河"。多年来，东江源头地区不遗余力地守护这一江清水，却因生态保护陷入"政策性返贫"的尴尬，更错失了诸多发展机遇。开展东江源国家生态补偿试点，是保障香港和珠江三角洲饮用水安全的现实需要，也是治理东江源生态环境历史欠账的有效途径。东江源区域生态保护建设工程的资金来源为中央、省、市、县级政府财政每年一定数额的生态环境补偿资金；另外，由国家协调建立一种流域上下游区际生态效益补偿机制，广东省每年从东深供水工程水费中安排1.5亿元资金，用于东江源区生态环境保护。

建设环境友好的生态人居体系，优化城乡布局，优化城市人居环境，加强城市生态水系建设，完善城市绿地系统，完善城市基础设施和公共服务设施，积极开展生态社区建设，创建生态县、市、省，建设环境良好、资源节约、布局合理、各具特色的生态城市、生态社区、生态村镇。围绕建设资源节约型和环境友好型社会目标，加强生态文明教育，强化生态环境意识，营造生态文明之风，努力形成资源节约、环境友好的生产方式、生活方式和消费模式，建立人与自然和谐、良性互动的关系。

开展环境污染、生态破坏成本以及水、湿地、森林等资源价值等方面的绿色国民经济核算，把资源消耗、环境损害、生态效益等指标纳入经济社会发展综合评价体系，建立体现生态文明要求的考核办法、责任追究机制和奖惩机制，为环境税费、生态补偿、自然资源管理、产业结构调整、产业污染控制政策制定以及公众环境权益维护等提供科学依据。

专栏 5：中部地区生态环境资源项目清单

1. 生态保护与建设类项目：重点生态功能区功能提升、自然保护区管理与建设、湿地修复保护、退耕还林及其巩固、天然林保护、京津风沙源治理、城市绿心建设等。
2. 环境综合治理类项目：重点流域水环境综合治理、城市群大气环境联防联控、农业面源污染防治、工矿区环境治理与恢复、重金属污染治理等。
3. 资源节约与节能减排项目：绿色循环低碳培育与壮大、清洁能源发展、城市矿产、工业固废综合利用、水土资源节约集约利用、绿色碳汇工程等。
4. 生态文明建设类项目：生态文化推广、城市绿色生活引导、美丽乡村建设等。
5. 生态补偿类项目：综合生态补偿示范区建设，森林、草原、湿地、水资源分类生态补偿，矿产资源开发生态补偿等。

第六节　政策建议

一、严守生态环境资源红线，实现生态环境资源的全面保护

树立底线思维，设定并严守生态保护红线、资源消耗上限、环境质量底线，将各类开发活动限制在资源环境承载能力之内，全面实现生态资源的"应保尽保"。在重点生态功能区、禁止开发区等区域划定生态红线，严格自然生态空间征（占）用管理，有效遏制生态系统退化的趋势，确保生态功能不降低、面积不减少、性质不改变。严守环境质量底线，将大气、水、土壤等环境质量作为地方各级政府环保责任红线，相应确定污染物排放总量限值和环境风险防控措施。合理设定资源消耗上限，加强战略性资源管控，控制能源消耗强度，做好能源消费总量管理。继续实施水资源开发利用控制、用水效率控制、水功能区限制纳污三条红线管理。划定永久基本农田，严格实施永久保护，对新增建设用地占用耕地规模实行总量控制，落实耕地占补平衡，确保耕地数量不下降、质量不降低。

二、全面开展以流域水污染治理为牵引的生态环境综合治理

水域生态系统受沿岸地区及汇水区域的影响。维持一个健康的水域生态系统，需要创建健康的流域环境。将水体视为流域的基本单元，高度重视与流域内陆地生态系统间的相互关系，强调流域的系统性及完整性，从流域层次深入开展水污染的综合防治。统筹推进地表水与地下水污染防治。保障水源地安全，实施重点行业废水深度处理，强化城镇生活污水处理设施升级改造和配套管网建设，推进污泥安全处置，消除城市黑臭水体，减少水体污染物排放量。推进以农村垃圾无害化处理和污水处理为重点的农村环境整治，强化农业面源污染治理。

三、积极推进和落实生态补偿机制，加大对重点生态功能区的转移支付力度

科学界定生态保护者与受益者权利义务，加快形成生态损害者赔偿、受益者付费、保护者得到合理补偿的运行机制。建立地区间横向生态保护补偿机制，引导生态受益地区与保护地区之间、流域上游与下游之间，通过资金补助、产业转移、人才培训、共建园区等方式实施补偿。建立独立公正的生态环境损害评估制度。结合深化财税体制改革，完善转移支付制度，归并和规范现有生态保护补偿渠道，加大对重点生态功能区的均衡性转移支付力度，逐步提高其基本公共服务水平。各级主管部门应该加强对转移支付资金的监管，严格按照《国家重点生态功能区转移支付办法》中的资金分配方法，合理分配转移支付资金，严格控制地方政府对国家重点生态功能区转移支付资金的分摊使用。此外，由于各种原因，部分生态状况优良、生态系统服务价值很高的县（市、旗），未纳入国家重点生态功能区，建议国家将这些地区调整纳入国家重点生态功能区。

四、积极建立绿色国民经济核算，分级分类开展政绩考核

探索建立绿色国民经济核算考评机制，健全体现科学发展的政绩考核办法，探索将资源消耗、环境损害、生态效益纳入经济社会发展评价体系，形成综合考虑国民生产总值、生态系统生产总值、自然资源消耗价值、环境损害价值的经济社会绿色发展评价体系。同时，根据区域主体功能定位，实行差别化的考核制度。对限制开发区域、禁止开发区域和生态脆弱的重点区域，取消地区生产总值考核；对农产品主产区和重点生态功能区，分别实行农业优先和生态保护优先的绩效评价；对禁止开发的重点生态功能区，重点评价其自然文化资源的原真性、完整性。根据考核评价结果，对生态文明建设成绩突出的地区、单位和个人给予表彰奖励，引导树立正确的政绩观，逐步实现从单纯追求经济增长向注重生态与经济协调发展的转变。

五、推进生态保护与环境治理的"多规合一",提高项目资金使用效率

统筹各类项目资金,形成资金合力,提高资金使用效率,以县域为单元,开展生态建设、环境治理、生态补偿、生态文明建设、水利、交通、旅游等规划的"多规合一"。鼓励生态保护和环境治理项目与其他项目的协同实施,将各部门多方面资源进行整合,协同推进,避免不同规划由不同的部门分别编制,导致各规划主体、技术标准、编制办法和规划期限不尽统一,内容交叉重复,缺乏衔接协调,甚至相互冲突的现象,充分发挥各部门、各领域的自身优势,促进生态环境和经济社会等各方面的协调发展。

第七章　国外大江大湖流域发展经验模式

第一节　欧洲莱茵河流域开发经验

一、莱茵河流域概况

莱茵河是西欧第一大河，流域面积18.5万平方千米，在欧洲仅次于伏尔加河和多瑙河，发源于瑞士境内的阿尔卑斯山北麓，流域流经9个国家（图7-1），德国面积最大，至世界最大的港口鹿特丹，注入北海。莱茵河流域上游为风景区，中下游为工业区和消费区，沿岸大中城市林立。

图7-1　莱茵河沿岸国家示意图

1. 水资源丰富

流域内水资源丰富，支流较多，8 条主要支流分别为阿勒河、伊勒河、美因河、纳尔河、摩泽尔河、郎河、鲁尔河和利珀河。河流常年水满，年平均降水量达到 1100 毫米，平均流量达到 2200 米^3/秒，是沿岸约 2000 万人的直接饮水水源。

2. 航运发达

莱茵河流经西欧最重要的工商业地区，并流水位稳定，水量充足，干流通航里程 860 千米，与欧洲重要河流塞纳河、多瑙河均有运河相通，形成畅通便捷的内河运输网。沿岸有巴塞尔、斯特拉斯堡、路德维希、科隆、杜伊斯堡等重要内河港，自 19 世纪签署第一份航运协定后，莱茵河一直采取"不收费、不收税"的自由航行政策，年货运吞吐量达 3 亿吨，高居世界首位。

3. 重要的工业经济带和城市带

莱茵河沿线布局了大型城市群和工业区，如波恩、科隆、柏林、鹿特丹等世界知名城市。巴塞尔–米卢斯–弗赖堡、斯特拉斯堡、莱茵–内卡、莱茵–美因、科隆–鲁尔、鹿特丹–欧洲港区六大世界闻名的工业基地，分别是欧洲和世界重要的化工、食品加工、汽车制造、冶炼、金属加工、造船、商业银行中心。流域总人口约 5400 万人，占流经国总人口的 31%，经济总量约 5200 亿美元，占流经国总量的 65%。

4. 环境治理成效特出

20 世纪 60 年代，莱茵河流域的国家先后进入了工业化和城镇化的快速扩张期，工业企业依河而建，如瑞士的化学工业、德国的冶金工业，每天有 5000 万~6000 万吨的工业废水直接排入莱茵河，导致河水的有害化学品和重金属含量严重超标。随着工业化的推进，流域治理力度加大，流域水环境显著改善。

二、发展阶段及模式

1. 发展阶段

莱茵河流域的开发属于"以航运为主，综合利用水资源，建立沿河产业密集带"的模式，其发展主要分为三个阶段。

（1）综合航运网络建设阶段

18 世纪，莱茵河实施"航运优先"的发展战略，建立了内河航道网络体系，7000 吨级轮船可直抵科隆，斯特拉斯堡以下可通航 5000 吨级轮船，1500 吨级船舶可直达巴塞尔，在城市和港口之间形成了完善的物流网络系统。

（2）工程建设阶段

20 世纪初期，莱茵河流域将发展战略转移到水利枢纽及水电站的建设上来，干支流共建有十几座水库、56 座水电站，总装机容量 476.5 万千瓦。

(3) 生态保护阶段

不管是航道的建设还是流域水利工程的建设都造成了生态环境恶化，20 世纪 50 年代至 21 世纪，莱茵河流域实施"生态环境保护与经济发展并举"的发展战略，建立跨国合作机制——保护莱茵河国际委员会，每年召开一次流域各国部长参加的全体会议，会议决定的计划将由各国分工实施，主席由各成员国轮流担任，下设水质、生态、排放标准、防洪、可持续发展规划工作小组。通过法律法规、政府干预和工程措施对莱茵河进行多目标管理。

2. 发展模式

(1) 内河与运河、江河与海洋相互贯通的流域建设模式

莱茵河流域通过修建运河，向东修建两条运河把莱茵河与埃姆斯河、易北河等连通起来，向西将莱茵河与塞纳河、罗讷河贯通起来，尤其是 1985 年开通从莱茵河支流美因河岸的班贝格到多瑙河岸的凯尔海姆，将莱茵河与多瑙河两大水系贯通，形成从莱茵河口鹿特丹到多瑙河口的欧洲水运大动脉。

(2) 水路、铁路、公路综合物流产业发展模式

莱茵河段承担着全国 80% 以上的内河运输量，同时加大综合交通设施的建设，1838 年在鲁尔区正式开通第一条铁路，19 世纪以来在莱茵河南北建立起 5 条东西走向的铁路干线，高速公路与铁路、港口相连通形成发达的高速公路网络，除此之外，还将输油管道、输气管道、电力干线沿莱茵河分别向南北延伸，共同构成莱茵河流域经济带的综合运输通道。同时，在沿岸建设了 50 多个货运中心，形成沿岸现代物流体系，推动了沿江产业的长足发展。

(3) 以河为轴，以港兴城的"点-轴-面"产业开发模式

在传统工业时代，鲁尔区丰富的煤炭资源成为最先发展的基础工业；煤炭资源和便利的交通带动了钢铁制造业，钢铁、煤炭构成莱茵河流域早期的主导工业；在火力发电和水能发电的基础上，进一步发展起煤化工业、有色金属冶炼工业及机械工业；通过技术改造和产业升级，又进一步发展以石化、汽车、光学电子等为主导的新兴产业和服务业。现在德国境内由南向北依次布局有莱茵-鲁尔重化工业区、莱茵-美因石化工业区、莱茵-内卡新兴工业区。德国钢铁集团 92 个企业中有 66 个集中在莱茵河畔，其中有欧洲工业心脏、欧洲最大工业中心之称的鲁尔工业区，位于莱茵河的赫尔内河上，生产的煤、生铁、钢分别为全国总量的 90%、70%、60%，工业产值占全国的 40%。同时，德国杜伊斯堡、埃森、杜塞尔多夫、科隆、波恩、法兰克福、路德维希、曼海姆等著名城市均布局在莱茵河沿岸，形成了德国最大、最密集的城市带。这种以港口城市为点、以沿江产业带为轴、以流域经济区为面，形成的"点-轴-面"有效开发的产业模式，使德国经济保持着强大活力（图 7-2）。

(4) 河海港联运，流域腹地支撑的产业辐射带动模式

莱茵河流域形成经济开发带和城市密集带，其中一个重要因素在于充分发挥了鹿特丹

第七章 | 国外大江大湖流域发展经验模式

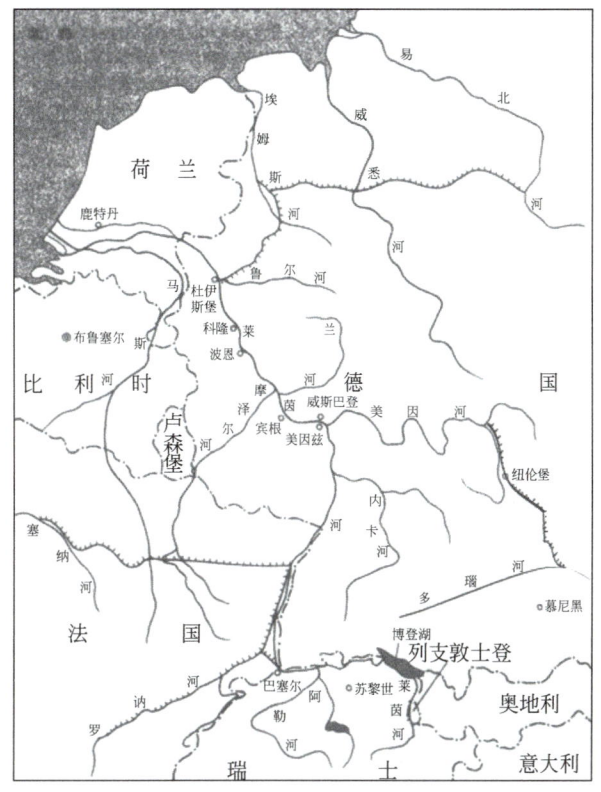

图 7-2　莱茵河运河示意图

作为国际航运中心对莱茵河流域的辐射带动作用，鹿特丹国际大港是莱茵河沿岸各国的出海口和对外联系的前沿基地，其综合服务功能起着龙头带动作用，促进了港口和腹地产业合作模式的发展（图 7-3）。

图 7-3　鹿特丹港口示意图

三、主要措施

1. 水能资源开发和水电建设

莱茵河的水能资源开发利用涉及沿岸各国的利益，各国在联合开发水能资源前签订双边或多边的水电建设协定，按照在建投入的比例来合理分配电能。

由于莱茵河落差较大，尤其是中上游，各国均十分重视水电的梯级开发，一般均为低水头、径流式水电站，各国采取自主或联合修建的方式，在莱茵河干流上兴建几十座各级梯级水电站，并采用计算机进行网络化控制，实现自动化管理。

莱茵河干流水电的总装机容量已经超过 200 万千瓦，为莱茵河流域工业和经济发展、莱茵河产业带的形成提供了稳定强大的能源保障和便利的交通运输条件。

2. 河道整治与"江海直达"航运网

（1）河道整治

莱茵河上游是河水经常改道的曲折型河道，沿岸居民经常受到洪水和变化河道的威胁。1809 年，巴登公国工程专家图拉提出了"莱茵取直工程"的解决方案，以河道加深、窄化、取直的方式来除害兴利。1872 年，又开始实施"河道约束修正工程"通过开渠等手段来解决莱茵河的河道问题，使上游河道缩短了 23%。

由于莱茵河的自然地理条件，上游比降大，洪峰大，挟带大量泥沙顺江而下，中游地势相对平缓，下游多低洼地，造成中下游泥沙沉积，河床淤高，易受洪涝灾害侵袭。为此，18 世纪开始，沿江各国都十分重视以防治洪涝灾害为目的的河道整治，纷纷采取了建造堤防、修筑堰坝和沿闸、开挖人工运河、疏浚河床淤泥等众多的工程措施治理河道、改造河道、逐渐形成了中下游河道的渠化。

（2）河口治理

整治前，莱茵河河口三角洲地区上，莱茵河的三条汊河的通航水深均低于 3～3.3m，瓦尔河不足 2.4m，莱茵河 1.5m，艾瑟尔河 1.4m，除了莱茵河 3 条入海汊河，三角洲地区还包括马斯河和斯海尔德河 2 条入海河流。1935 年风暴潮后不久三角洲委员会成立，并制定了三角洲计划，除艾瑟尔河之外，将莱茵河 3 条入海汊河的 6 个入海口中的 4 个修建闸坝加以控制，只留下斯海尔德河新水道两个口门分别作为安特卫普和鹿特丹港的进出水道，共 10 项工程，包括 5 处挡潮闸和 5 处水道控制闸，在艾瑟尔河河口修建了著名的须德海大堤，围垦了 5 个垦区。这些工程起到防潮、拒盐蓄淡、增加利用土地、合理利用水资源以及保护生态环境等作用。

（3）通航系统

莱茵河航道网以莱茵河为主干，并由运河连接埃姆斯河、威悉河、易北河、奥德河、多瑙河构成航道网。航道网总长达 2 万千米，可通航 1350 吨自航机动驳船。众多人工运河的开挖和河道的区划，改善了莱茵河的航运条件，促进了航运业的发展。

3. 河流污染治理

莱茵河流域的污染源有：①工业、生活污水，日排入量为 5000 万～6000 万吨；②两岸农场的化肥、农药；③来往的货轮，废油的年排入量达 2 万吨；④沿河电站的冷却水使河水受到热污染；⑤干、支流受到原子能电站、医院的放射性物质污染；⑥沿河居民的生活垃圾。

为治理水污染，莱茵河沿岸各国于 1963 年成立了"防止莱茵河污染国际委员会"，制定了保护莱茵河水质的法规、标准和条例。具体如下：①设置了水质自动监测系统和流动监测站，以监测莱茵河的水质。②进行阶段性投资计划，投资的 3/4 用于修建污水处理厂，以保证饮用水的供应。③在污染严重的河段安设人工充氧装置。④对鲁尔工业区实行重点防治，在鲁尔河干支流兴建许多水利工程，以调节径流，增大稀释能力，并在沿岸建立污水处理厂。⑤"工业污染"和"居民生活"两手抓，凡居民点设置生活垃圾分类袋装、污水处理设施。

4. 洪水治理

莱茵河流域的洪水问题也十分突出，先后于 1882 年、1988 年、1993 年、1995 年发生流域性大洪水，导致城市淹没、经济损失，由于流域内土地开发利用、水利和航运基础设施建设的发展，天然洪泛区域不断减少，沿洪泛区受堤防保护的居民区和工业区的危险性加大。1998 年 1 月 22 日，通过了总额 120 亿欧元的"莱茵河洪水管理行动计划"，通过流域水资源保护、水保措施、防洪工程、规划预防、洪水预警预报 5 类工程，明确设定到规划年所要达到的指标、效果和投资费用。

四、经验

1. 成员国之间协调合作

由于国际河流本身是一个复合系统，再加上流域的跨境性，在共同利益的驱动下，沿江各国能够始终从全流域的整体高度出发，认为流域是指一条河的集水区，一个"流域"就是一个大的生态系统，彼此息息相关。在莱茵河治理过程中相继成立了许多国际性组织。保护莱茵河国际委员会（International Commission for the Protection of the Rhine，ICPR）是国际合作的典型。流经国在国际合作组织的主持下就流域重大事项进行协商、决策，并在此过程中坚持综合决策制度，即将人口、资源、环境与经济协调、持续发展这一基本原则进行决策层次上的具体化和制度化。

2. 以梯级开发为中心，干支流并举的综合开发方针，优先开发水能资源和水运资源

水运虽然在速度、效率上逊色于其他交通方式，但在环境友好、节能减排上却有着显

著优势，莱茵河流域各国尝试多种方法改善莱茵河的通航能力，河道截弯取直，河流渠化，并根据不同河段的优势，进行梯级开发。以河流系统功能的整体开发作为动力机制，构建区域经济空间格局，发展现代物流。

3. 建立"点-轴-面"的产业开发模式，发展流域网络经济

在整个莱茵河流域，港口城市的"点"是经济区、经济带的"成长核"；线型基础设施（内河网、公路、铁路、管线等干支网络）是"成长链"，成为经济区、经济带的躯干，其中内河网是起步基础；产业在点上集聚，沿轴线和网络扩散形成经济带和经济区的"面"。

莱茵河的产业带以煤炭产业为基础中心，建立起上、下游产业链，从而形成一个以煤铁工业为主体的多样化的产业聚集带。

"欧洲工业心脏"鲁尔工业区是莱茵河沿河工业带开发"点一轴一面"模式的典范。特色资源煤炭在鲁尔区是基础，莱茵河是鲁尔区外联南北向和西部的出海水运大动脉，也是区内的主航道，多特蒙德—埃姆斯运河是鲁尔区东部出海通道，莱茵—赫尔内运河、利伯支运河是鲁尔区内部东西联系线和东西两面出海纽带（图7-4）。

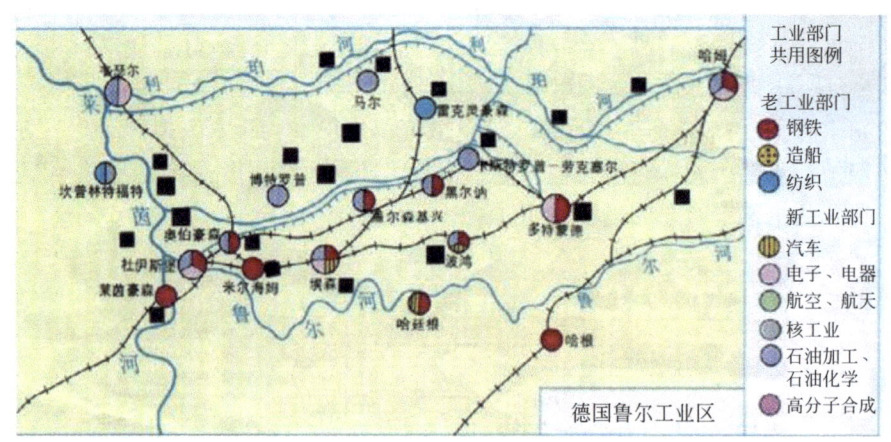

图7-4 德国鲁尔工业区示意图

同时培育和建设货运中心，缓解机动化程度的提高给城市带来的交通与环境的压力，实施"长距离运输以铁路、水路为主，两头衔接和集疏以公路为主"的物流发展战略。

最终，在莱茵河流域沿岸形成了"点-轴-面"的产业布局。在上游，在瑞士的巴塞尔的桑多兹公司大本营都是国际重要的石化和化工生产基地。在中游，以拜耳、巴斯夫、赫希斯特三大化工巨头为骨干，形成沿莱茵河干支流化工产业带。在下游，以世界第一大港——"欧洲门户"鹿特丹为中心，壳牌、英国石油BP、ESSO、海湾石油等世界跨国石油垄断公司，绵延50千米，形成化工产业带，而钢铁、冶金、机械等制造产业带，则集中于鲁尔重型工业区。

4. 重视制定和完善相应的法律法规并建立行之有效的管理监督机构

建立具体细致的法律规范,如德国的《用水规划法》,对废水收费、肥料使用、农药使用、洗涤剂使用、饮水清洁、垃圾堆放等做出明确的法律规定。

可效仿德国对厂商按照实际排放量征收税费,费率依据水污染物的组成,如果证实其遵守了标准(标准经常根据技术进步更新),费率可减少75%,收费和许可证政策同时实施,由各省执行。

为重点控制农业污染源,保护居民的饮用水安全,污水处理的任务由各乡镇负责,政府只给位于偏远地区的乡镇提供财政资助。较大的乡镇配备三级污水处理设施,不仅清除有机物,也清除磷酸盐和硫化物。

五、启示意义

1. 寻求沿江共同利益,省际合作,建立统一的跨省协作机构

目前长江流域的流域管理机构存在很多根本性的问题,使流域的管理效果不明显。流域管理机构的法律地位不明确,职能分割,中部地区长江经济带应打破行政区划,改革流域管理模式,建立区域间合作组织和专门的职能部门,将长江经济带分段管理,但由组织统筹。

2. 发展水运,打造综合性交通枢纽

长江水系内河通航里程达55 271千米,但目前长江的干流运能仅仅发挥10%,长江航运长期处于自然状态,航道不畅通,沿江陆路干线也没有贯通,长江航运的开发潜力巨大,中部地区应抓住机遇,建设长江黄金水道。

中部地区位于珠三角、长三角、京津冀向内陆辐射的交汇点上,长江沿岸的许多城镇交通方式单一,真正的水路综合性交通枢纽只有武汉,交通线是经济运行的"生命线",直接影响沿江经济交流,阻碍了分工协作产业带的形成和发展。因此,整治长江口和干流航道,改善航运和陆路交通,建设综合交通网势在必行,将湘鄂赣皖打造为长江中游城市群综合交通运输示范区。

3. 建设"内河航运,国际海运"经济过渡带

中部地区处于内陆腹地,对接"一带一路",搭建中部地区与"一带一路"沿线国家"共商、共建、共享"平台,沟通东盟4国,打通中部地区通往"21世纪海上丝绸之路"的通道。同时,中部地区的湖南、湖北、江西、安徽四省作为长江经济带的中下段,向东直通上海,上海作为长江经济带的国际化龙头,承接东部,供给东部以资源和能源,并通过东部沿海港口向国际输送,实现中部地区由"内陆"变身对外开放的"前沿"的目标。

在沟通"一带一路"倡议上，各省应有不同的职能分工，湖北省将成为长江经济带与"一带一路"的交汇点和接合部。河南省应强化郑州、洛阳节点城市的辐射带动作用，谋划建设亚欧大宗商品商贸物流中心、丝绸之路文化交流中心、能源储运交易中心。为对接"一带一路"，中部地区应加快推进综合交通运输网络一体化。打造以武汉、郑州、长沙、南昌等为主体的综合交通枢纽群，并围绕区域物流、城际公交、长途客运接驳运输、区域城市公交一卡通等领域展开深度合作。

随着全球经济一体化步伐加快，发达国家的一般制造业向内陆转移速度加快，中国东部地区土地、劳动力成本上升，资源、环境压力加大。中部地区正在成为承接发达国家和东部沿海地区产业转移的重要区域。

中部地区应利用好长江中下游与伏尔加河沿岸联邦区合作机制等平台，打造重点合作项目，加强区域之间的基础设施、经贸投资、资源开发、高新技术等领域合作。壮大优势产业，发展现代产业体系，强化交通运输枢纽地位，发挥好"内河航运，国际海运"的优势。

4. 以沿岸沿线城市为支撑点，建立"点-轴-面"经济发展带，建设腹地工业带

中部地区沟通上海港，实现"内河航运，国际海运"的发展战略，中部地区静态比较优势产业较多，与东部地区间的产业梯度已形成，分工布局明朗，中部地区应发挥地区优势，坚实地打造好上海港腹地的工业带。

中部地区长期承担着全国粮食、能源原材料的生产和供给任务，形成了以农业、能源、原材料工业为主的产业结构，这种初级化产业结构本身存在着低附加值的问题，再加上国家长期对煤炭、电力等上游产品的价格管制，影响了中部整体经济的质量和效益。粗放型的资源开采方式，加工主要停留在初级产品加工，而没有做到深加工，使中部地区上下游产业链延伸十分有限，资源浪费现象严重。

同时，中部地区产业趋同，各省的主导产业基本都集中在石油、天然气、电力蒸汽热水生产和供应、烟草加工、食品加工、黑色金属等产业上，导致资源配置的重叠、弱化了地区间产业分工与协作机制效应，使投资和生产分散不能发挥各自的比较优势，因此各省应发展自己的优势产业，各有侧重，以免形成恶性竞争。中部地区各省的首位产业分别是：河南省的有色金属矿采选业，山西省的煤炭采选业，安徽省的黑色金属矿采选业，江西省的有色金属冶炼及压延加工业，湖北省的交通运输设备制造业和湖南省的烟草业。

以湖北省为例，按照把湖北建成中部地区崛起重要战略支点的要求，湖北长江经济带的战略定位是建设"四基地一枢纽"，即中部乃至全国重要的先进装备制造业基地、高新技术产业基地、优质农产品生产加工基地、现代物流基地和综合交通运输枢纽，努力发展成为长江中游和华中地区的经济中心。根据这一战略定位，在沿江大力发展四大特色产业带，即沿江高新技术产业带、先进装备制造业产业带、沿江大运量高耗水原材料工业带、优质特色农产品生产加工带。在沿江产业布局上，长江干流中段主要发展以武汉为中心的

高新技术产业、先进装备制造业和现代服务业；长江干流东段主要发展以黄石、鄂州、黄冈、咸宁为中心的钢铁和船舶制造业、大运量高耗水原材料工业和优质特色农产品加工业；长江干流西段主要发展以宜昌、荆州为中心的水电、石化、农产品加工业，形成长江干流特色鲜明、布局合理的产业密集带。

对于中部地区来说，要完善长江流域的经济中心武汉，凭借交通优势，积极培育有潜力的城市，如九江、宜昌、芜湖，促进小城镇的生长，带动城镇体系和工业布局的大发展，使之分别成为带动皖赣沿江段和三峡库区低谷经济区腾飞的支撑点。

5. 注重流域生态保护

中部地区应杜绝建立笼统的污染控制指标，高度重视流域生态环境治理，将沿江城市作为资源减量化和环境无害化强制执行的重点区域。

1）减少空气污染。首先对大工业城市、工矿地区、自然保护区以及水域进行整治，然后扩大到对森林、土地和历史文物免受空气污染的治理。主要措施是对主要空气污染源（能源生产、工业、居民和交通等），特别是对大型燃烧装置（发电站、供暖站和汽车废气）所排放的有害物质进行整治。同时制定空气污染排放标准，并严格实施。

2）加强水环境保护。对沿岸工矿企业增建排污净化装置，架设下水管道以及增收废水排放税等。将"水敏感企业"，如自来水、矿泉水、食品制造企业组织起来，成为反映水质污染的报警员，若发现水质问题，则从监测站查出污染源。

3）建立生态重构机制。首先，对于长江流域中的环境问题，实行"谁污染，谁治理"，各地方政府出资治理环境污染，强化各省的生态环保意识，减少盲目追求经济效益而产生的环境问题。其次，要建立生态重构的专项资金，主要用于治理长江流域中跨区域所产生的环境和生态问题。通过引入民间资本和国家政策性银行的项目贷款，加上中央和地方的财政转移支付，确保生态环境治理工作的持续性和稳定性。再次，科学测算补偿标准。这不仅直接影响到补偿的效果，也关系到补偿者的承受能力。要改变目前中国生态补偿在一定程度上存在的"一刀切"、主观性随意性较大等问题，必须在综合考虑上游生态系统建设和保护成本以及下游因生态环境破坏所造成经济损失的基础上科学确定生态补偿标准，并使之制度化、规范化、常态化。这将有助于避免补偿不足、应补未补或者补偿过度等现象的出现，最大限度地减少双方分歧，提高谈判效率。最后，构建并实施下游对中上游的资源与生态补偿机制。目前，中上游经济还是资源输出型，西气东输、西电东送、"三江源"等水安全保护等，中上游既为东部的发展输送生产资源又为东部输送生命健康资源，而这些输送必然会约束中上游的发展，使经济带内发展不公平的现象长期存在。因此，应尽快扭转下游与中上游的经济差距过大的趋势，希望国家能在长江经济带率先构建并实施下游对中上游的资源与生态补偿机制，这应该是建设长江经济带的最佳突破口。

作为一条跨省的河流，流经省安徽、湖南、湖北、江西应注重合作，不应将污染治理看作下游省份的治理责任，而是出于保护自身生存环境的需要。在经济发达地区首先建立严格的欧洲环境管理标准。

第二节 美国五大湖流域开发经验

一、五大湖流域概况

五大湖（Great Lakes）是位于加拿大与美国交界处的五个大型淡水湖泊，是世界上最大的淡水水域，流域面积达 245 660 平方千米，按面积从大到小分别为（图 7-5）：苏必利尔湖（Lake Superior）、休伦湖（Lake Huron）、密歇根湖（Lake Michigan）、伊利湖（Lake Erie）和安大略湖（Lake Ontario）。除密歇根湖属于美国之外，其他四湖为加拿大和美国共有。

图 7-5 五大湖示意图

1. 水资源丰沛

五大湖的海岸线长 1.7 万千米，拥有占美国 95%、世界 20% 的地表淡水资源，总水量达 23 000（千米）^{3}，对于美国和加拿大经济繁荣起着至关重要的作用。大约 3400 万人的饮用水来自五大湖。

五大湖丰富的水资源孕育和支持了水上航运、水力发电、工业制造、农业生产、城市发展、旅游与娱乐。此外，五大湖拥有独特的湿地和栖居地，为鱼类及野生动物提供了良好的生态环境。

2. 气候适宜

五大湖地区气候受西部季风、地理位置及湖泊影响强烈。西部季风主要来自南部亚热带墨西哥湾的湿润气流和北极圈的干冷空气。这两种气流相互作用，交替控制了五大湖气候。因此五大湖地区夏季湿润多雨，冬季多雪。同时由于湖泊效应，五大湖地区冬季温度比较温暖。

3. 重要的特大城市群和工业区

北美五大湖城市群分布于五大湖沿岸，从芝加哥向东到底特律、克利夫兰、匹兹堡，并一直延伸到加拿大的多伦多和蒙特利尔，为公认的世界五大城市圈之一。

得益于水资源的先天优势，美国 25% 的工业和 20% 的钢铁、矿产与制造及加拿大 60% 的钢铁产业都位于五大湖流域。

4. 重要的农业专业生产带

五大湖附近的 8 个州，自然条件是地势低平、土层深厚，春夏两季气温高、湿度大，极有利于玉米生长发育，因此，该地区成为世界上最大的玉米生产区；同时，这里也是美国大豆的最大产区，大豆农场占全国总数的 54%；此外，此地小麦的生产在美国也占有重要地位（图 7-6）。

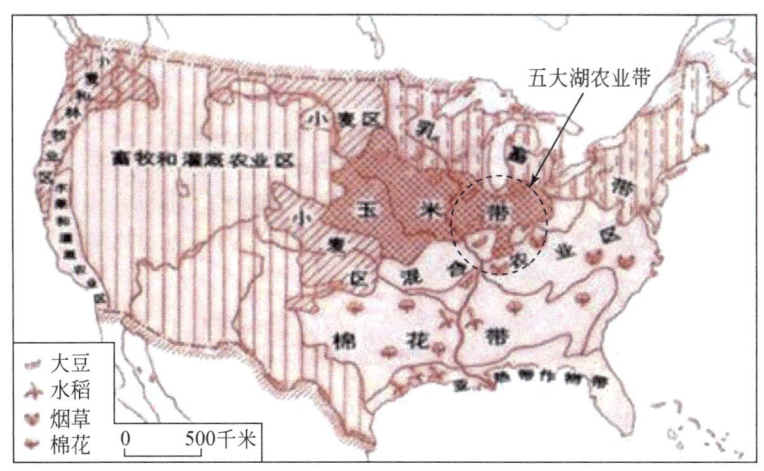

图 7-6　五大湖农业带示意图

二、发展阶段及模式

1. 发展阶段

（1）优先发展农业阶段

1776年美国建国后，五大湖地区成为美国与当时英国在北美所辖领土的边境地带。为了发展经济，壮大国防，年轻的美国政府制定了一系列政策以鼓励扩展领土，开发森林和矿产资源，促进农业生产。同期，鼓励州政府以出售土地获取资金在各州建立农业大学，培养农林业技术人才，支持农林业发展。正是在这一时期，五大湖地区森林采伐、谷物生产、畜牧业产品加工及造纸业得到了快速发展。

为了开拓五大湖农产品市场，1825年和1829年五大湖地区相继修建了596千米长的伊瑞航道和韦兰运河，使航船绕过尼亚加拉大瀑布，由伊利湖驶进安大略湖，减少货物运输成本的90%。随后修建了其他运河连接五大湖和俄亥俄河及密西西比河。使五大湖成为北美东部的交通枢纽。1959年圣劳伦斯入海通道完工，使五大湖的铁矿、煤炭和谷物运往欧洲及其他国际市场。

（2）工业化阶段

五大湖地区丰富的森林、矿产和水资源，肥沃的土地及农业和航运业的快速发展，促进了制造加工业的工业化，提高了生产力。农场机械、蒸汽发动机、拖拉机、面粉加工、造纸业、家具业、肉类加工、工具制造等相应而生。至20世纪初，底特律和芝加哥相继成为全球工业和贸易中心，克利夫兰成为美国的"硅谷"，创建了全美飞行业和通用电器公司的工业研究园。

五大湖地区是全美及全球工业和商业经济中心之一，年出口额占全美总出口额的30%，该地区拥有一大批具有高尖技术和全球化的工商业，如汽车、机械、医疗设备、制药、能源、生物技术、食品加工、航运、农产品贸易及城市管理。

（3）污染治理阶段

至20世纪初，五大湖地区的原始森林被破坏殆尽。机械化开矿破坏了大量土地，引起了严重的土壤侵蚀，造成了河流重度污染。对野生动物的大批捕杀，导致了许多物种灭绝。工业废水的直接排放，造成了五大湖水污染严重，大量有毒物质沉积湖内，伊利湖在20世纪70年代就曾被宣布为"死海"。

因为除了密歇根湖之外，其余四湖均为美国和加拿大两国的界湖，因而在湖水的治理上，位于北美大陆的两个G7国家，必须进行合作。美国在1972年和1974年分别出台《洁净水资源法》和《安全饮用水法》，开始着手治理五大湖水系的污染问题，在这40余年里，美国不断完善法律法规体系，并通过与加拿大签署发展计划、共同宣言等形式来一并维护五大湖区生态环境。

2. 发展模式

（1）打造五大湖为全美北海岸工业贸易中心

以五大湖水资源和流域为基础，发展技术和商品经济，打造五大湖为全美北海岸的品牌优势，把五大湖建设成为 21 世纪全球工业、科技和贸易中心。

（2）农业趋向产业化，上中下游产业链一体化发展

五大湖的农业产业化程度高，传统的农业主要是指传统的农业种植业和养殖业，在美国的农业产业化中，还涉及了农用机械、种子、化肥、农药、饲料、燃料、技术和信息服务等农业上游行业，以及交通运输、储存、加工、包装、销售、纺织等下游行业，涵盖第一、第二、第三产业，围绕农业的生产，五大湖现代农业已经形成了从上游到下游的一条完整的农业产业链，形成庞大的产业集群。

三、主要措施

1. 培养发展和吸引众多科技、教育和商业管理人才

五大湖有关机构制定了一系列措施，增强五大湖地区人才优势，如增加政府对大学生的贷款，建立五大湖地区大学州内学费制度（凡在五大湖地区上大学的居民一律交州内学费）；成立五大湖地区科学技术产品化基金；推动区内众多企业和科研机构把在航运、农业、汽车制造、能源和生物技术方面的优势转化为经济价值高的高新技术和产品。

2. 农业产业化运作

（1）多种农业产业化的组织形式

1）纵向一体化，即由一个企业来完成农产品的生产加工和销售的全过程。例如，加利福尼亚财团控制的德尔·蒙特公司，作为世界上最大的蔬菜罐头公司，在国内外经营土地 80 万亩，有 38 个农牧场、54 家加工厂、13 家罐头厂、6 个卡车转运站、1 座海运装卸站、1 个空运发售中心和 10 个分配中心，以及 24 家餐馆等。

2）横向一体化，即由不同的企业或农场按合同分别进行农产品的生产、加工、销售。如宾夕法尼亚州的潘非尔德公司，以合同形式联合 98 家养鸡农场专门从事肉鸡和蛋鸡的饲养工作，公司向养鸡场提供种鸡、饲料、燃料、药剂等设备，并负责收购养鸡场的成品肉鸡和鸡蛋，然后再进行加工和销售。

3）不同的农场和企业各自根据市场价格信号分别进行生产、加工和销售等。类似于我国的"专业市场+农户"的经营方式，这是在美国五大湖占主导地位的一种经营方式，有利于农业生产、加工和销售等各个环节的充分竞争，从而化解各类经营风险。

（2）区域专业化的农业布局方式

区域专业化、规模化布局是美国农业生产的一个明显特点，五大湖地区以生产玉米、大豆和小麦为主，太平洋沿岸南部主要盛产水果和蔬菜，大西洋南部则以烟草产区闻名。

得克萨斯州肉牛的数量占全国的14%，艾奥瓦州生猪的饲养量占全国的30%，阿肯色州是美国最大的水稻产区（产量占全国的43%），加利福尼亚州葡萄酒产业集群则集中了680家商业酿酒商和几千个葡萄种植农场主。

目前，美国棉花农场专业化比例为79.6%，蔬菜农场专业化比例为87.3%，大田作物农场专业化比例为81.1%，园艺作物农场专业化比例为98.5%，果树农场专业化比例为96.3%，肉牛农场专业化比例为87.9%，奶牛农场专业化比例为84.2%，家禽农场专业化比例为96.3%；至于美国的九大农业产业带更是典型的专业化农业生产区域，它们各自都逐渐形成了规模庞大的农业产业集群。

(3) 农业生产企业化的运作方式

美国五大湖的农业按照工业的运作方式进行，通过工艺专业化、流水线作业等方式来生产标准化规格和标准化质量的农产品，劳动的社会性质接近于工业，如亚热带蔬菜、水果从田间采收后直接运到工厂，经登记称重后，进入加工线，进行去杂、分级、包装、冷藏等处理；还有美国畜牧业生产，从育雏、饲养、蛋奶生产等工作都由专门的企业按照标准的工序、规格和质量来生产。

(4) 农业生产机械化的生产方式

高科技的发展为农业生产的机械化提供了机遇。五大湖农场现有的机械化设备种类繁多、配套齐全，如各种型号的拖拉机（500万台左右，大多在73.5千瓦以上，最高达276千瓦）；各种联合收割机150万台；各种深松机械、整地机械、播种机械、植保机械以及各种联合作业机械和各种沟灌、喷灌、滴灌设备等，基本实现了从耕地、播种、灌水、施肥、喷药到收割、脱粒、加工、运输、精选、烘干、储存等几乎所有农作物生产领域的机械化。畜产品的生产也早已实现了机械化和自动化，在畜禽饲养尤其是养鸡、养牛方面，大量采用饲料粉碎机、挤奶机、牛奶保鲜加工等成套机械设备（表7-1）。

表7-1 五大湖流域农业生产机械化

农业生产工序	机械化设备
深松机械	凿式深松、翼铲式深松、振动深松和鹅掌式深松等
整地机械	圆盘耙、齿耙、滚耙、镇压器、轻型松土机等
播种机械	谷物条播机、玉米穴播机、棉花播种机、牧草撒播机等
植保机械	喷雾机、喷粉机、土壤处理机、种子处理机、撒颗粒机等

大规模的机械化生产极大地提高了美国农业的生产效率，现在美国农场平均每一个农业劳动力可以耕地450英亩，可以照料6万~7万只鸡、5000头牛，可以生产谷物10万千克以上以及肉类1万千克左右。

3. 环境保护工程

为推进北美五大湖区生态建设和环境保护，美国、加拿大两国政府系统推进了三大工程。

(1) 签订"五大湖水质协议"

20世纪60年代末，五大湖区水质恶化逐渐引起社会各界的高度重视，美国和加拿大于1972年签订了"五大湖水质协议"，两国政府开始加大污染治理方面的投资力度，并制定污染物排放标准，控制污染物的排放总量，系统建设城市污水处理厂。例如，美国联邦政府环保局拨款120亿美元，在湖区明尼苏达州等8个州兴建了1000多座城市废水处理厂，并确保每个10万人口的城市至少有一座现代化的废水处理厂。到70年代末，由于大量减少了工业和城市污染物的排放，湖区生态环境得到明显改善。1978年以后，"大湖水质协议"进行第二次修改和补充，着重强调有毒污染物对生态环境的影响，设法减少非点源污染，研究制订并分步实施环保计划，恢复和维护湖区生态环境。

(2) 实施芝加哥重大环保工程

1889年伊利诺州政府成立芝加哥卫生局，提出一项修建运河计划，使芝加哥河不再流入密歇根湖，而改道汇入密西西比河。1919年，芝加哥卫生局授权建造废水处理厂，要求所有废水必须通过污水管道送入就近废水处理厂，废水经过处理后再排入河道。废水处理厂只处理一般的生活和工业废水，含有重金属或有毒化学成分等有害物质的工业废水禁止排入污水管道系统。芝加哥的污水处理系统最初只能满足正常情况下的废水处理，遇到雨天，水量猛增，雨水与废水混合，在来不及处理的情况下只有直接注入河道。为解决这一问题，20世纪70年代初又推出了"隧道与水库计划"，即在地下修建大型隧道，将未经处理的雨水和废水引入水库，待天晴时将水抽出处理后，再排入河道，如今芝加哥河的水质得到明显改观。

(3) 提出"五大湖2001——新千年计划草案"

美国国家环境保护局五大湖国家计划办公室2001年提出"五大湖2001——新千年计划草案"。该草案对整个五大湖地区的优选项目和各项活动提出了一个简明、高水平的陈述，反映了五大湖生态系统的现状和未来在环境方面的主要目标，以便于联邦、州和地方政府等不同机构以统一的目标来实施这一计划。该战略草案是根据1972年"五大湖水质协议"来研制的，包含五大湖流域四个方面的环境保护目标：①化学综合目标——减少和消除有毒污染和超营养的危害；②物理综合目标——改善土地利用、水质管理和栖息地保护；③生物综合目标——保护人类健康和流域生态系统的物种；④"共同工作"——协调联邦、州、地方政府以及其他计划和资源之间的关系，为保护和恢复五大湖的共同目标而协同作战。

四、经验

1. 促进农业"农工商一体、产供销一条龙"

现代农业的发展应该把这个链条中的所有行业组成一个有机的统一整体，注重每一个环节的均衡协调配套衔接发展，切实形成农工商一体、产供销一条龙的模式，减少农产品生产环节，促进"农民+企业"的合作模式，签订产销合同；并且要以经营现代工业的方式来经营农业生产，即以市场为导向，最大限度地优化各项资源配置和各项生产要素投入，以确保获得最佳合力、最高产量和最大经济效益。

2. 区域内形成专业化农业生产

美国农业产业化的显著特点就是美国的种植业和养殖业已经实现了区域专业化、规模化布局，因地制宜地实施农业生产，既有利于发挥本地自然地理条件的优势，又有利于实现规模化的生产。

3. 利用低成本的竞争优势，开拓国内外市场

相比铁路、公路和航空，水运有成本竞争优势。在工业化时期，美国五大湖沿岸城市既可以通过发达的密西西比河水系将货物运到美国中部和南部地区，开拓国内市场；也可以通过圣劳伦斯河或伊利河从事对外贸易活动。相对较低的运价、公路和铁路网大规模建设以及大量南部劳动力的迁入为美国制造业带产业发展带来低成本的竞争优势和庞大的市场。即使在国际市场激烈竞争的时期，美国国内统一市场的形成仍能继续维持制造业带的发展地位，并填补了日趋缩小的国际市场。

4. 加强区域合作，促进流域生态环境协同治理

在工业化的进程中，五大湖流域作为美国制造业带的核心区域，长期面临环境污染的威胁。除了实行各自的生态环境保护法律法规之外，美国和加拿大长期开展不同形式的合作，加强五大湖流域生态环境保护和治理。1985 年，美国和加拿大五大湖流域的州（省）经过多轮协商之后共同签订了《五大湖宪章》，2001 年又签署了补充条例；同时，两国还成立了国际联合委员会、五大湖渔业委员会、五大湖州长理事会等协调机构，旨在通过各种形式的沟通合作，促进流域地区的可持续发展，共同破解经济发展与环境保护之间存在的现实难题。

五、启示意义

1. 拓展农业产业链，实现农民增收

中部地区的农业生产产销分离，农民以农业生产为主，基本成为收入的唯一途径，导致农民收入不高。促进农业产业化，形成上下游产业链的贯通，按照工业的运作方式进行，通过工艺专业化、流水线作业等方式来生产标准化规格和标准化质量的农产品，供应商与经销商签订合同，经登记称重后，进入加工线，进行去杂、分级、包装、冷藏等处理，各工序由专门的企业分项完成。

2. 基于中部各省的农业生产优势，实现区域专门化生产

中部地区的农业生产规模化程度低，小农生产的特色鲜明，农业生产效率低，根据各

省的农业生产条件，以"资源最优配置，生产效益最大化"为原则，制订区域化的分工生产方案。

3. 打造中部地区的三大湖：鄱阳湖、洞庭湖、巢湖

针对中部三大湖的恢复和保护，设立资金管理项目，用于支持信息管理和科技开发，以及科技和信息共享平台的建立，使公众和企业可以随时获得和查询流域管理的政策法规、水文信息、生态信息和环境信息，直接参与决策过程。

4. 推动农业信息化发展

建立专业的农业信息网站，如某一农产品的信息网络系统，内容涉及国际、国内该农作物产供销各个环节的技术和经营情况；该网络系统的一端是从事农业研究研究的几十位专家，另一端是从事农作物生产的农户。

第八章 城镇化时空历程

第一节 城镇化发展过程特征

一、安徽省常住人口城镇化率增长迅速，户籍人口城镇化率增速有所提升

自改革开放以来，安徽省城镇化率不断提升，其中常住人口城镇化率从1978年的12.62%提升到2017年的53.49%，增加了40.87个百分点，年平均递增1.05个百分点；户籍人口城镇化率则从1978年的10.69%增加到2017年的31.07%，增加了20.38个百分点，年平均递增0.52个百分点（图8-1）。总体来看安徽省的人口城镇化正在平稳发展中，安徽省的城市数量也有所变化，城镇化水平逐步提高。但无论是常住人口城镇化率水平还是户籍人口城镇化率水平，2017年安徽省均低于全国的58.52%和42.35%，表明安徽省整体人口城镇化发展仍处于较低水平。

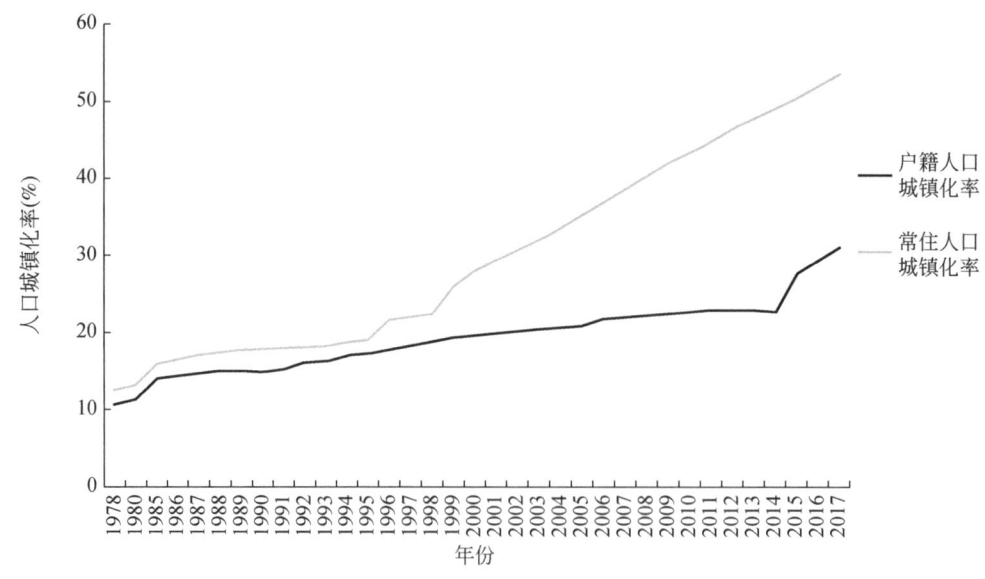

图8-1 安徽省人口城镇化率

安徽省常住人口城镇化率从1998年开始进入快速发展时期，1978~1998年，安徽省

常住人口城镇化率从12.62%增加到22.33%，增加了9.71个百分点，年平均递增0.49个百分点；1998~2017年，安徽省常住人口城镇化率便从22.33%增加到53.49%，增加了31.16个百分点，年平均递增1.64个百分点。

在户籍人口城镇化方面，安徽省从改革开放以来，大多处于较为平稳的发展阶段，在1978~2014年，安徽省户籍人口城镇化率提升了12个百分点，年平均递增0.33个百分点，但在2015年，安徽省政府下发了《关于提高户籍人口城镇化率加快新型城镇化若干政策》的通知，加快了推进户籍人口城镇化的发展，于是，在2015~2017年，安徽省户籍人口城镇化率从22.69%提升到31.07%，增加了8.38个百分点，年平均递增4.19个百分点，增长速度是1978~2015年的八倍之多，增长速度惊人。

然而，虽然安徽省的户籍人口城镇化率近几年增速惊人，但是常住人口城镇化率与户籍人口城镇化率的差异却逐渐拉大，改革开放之初，安徽省常住人口城镇化率与户籍人口城镇化率之差为1.93%，经过近四十年的发展，到2017年两类人口城镇化率之差达到了22.42%，其中最大差在2014年更是达到了26.46%。这一系列数据表明，安徽省的城镇化发展不仅水平较低，而且质量不高，城镇化发展状况还不太健康。提高安徽省城镇化的质量水平和健康程度，迫切需要提高户籍人口城镇化率。实际上，提高户籍人口城镇化率，具有更深远的政策内涵和现实价值，是建设全面小康社会惠及更多人口的内在要求，是推进新型城镇化建设的首要任务，是扩大内需、改善民生的重要举措（图8-1）。

二、安徽省大中城市居多，但缺少核心超大城市带动发展

图8-2显示的是安徽省自2010年以来城市规模等级变化示意图，截取的是2010年和2015年两个时间截面，城市规模等级划分依据2014年国家发布的新城市规模划分标准，新标准以城区常住人口为统计口径，将城市划分为五类七档，分别为：①超大城市，城市人口在1000万以上；②特大城市，城市人口在500万~1000万；③大城市，城市人口在100万~500万，其中300万~500万的城市为Ⅰ型大城市，100万~300万的城市为Ⅱ型大城市；④中等城市，城市人口在50万~100万；⑤小城市，城市人口在50万以下，其中20万~50万的城市为Ⅰ型小城市，20万以下的城市为Ⅱ型小城市。从图8-2中可以看到，安徽省城市规模大多为大城市级别。在2010年，安徽省有中等城市1个，即铜陵市；大城市规模城市有11个；特大城市有5个，分别为合肥市、宿州市、阜阳市、六安市和安庆市；在2011年巢湖市撤销地级市建制，安徽省地级市数量从17个变为16个。到2015年安徽省已无中等城市，共有12个大城市规模城市、4个特大城市（合肥市、亳州市、宿州市和阜阳市）。相比2010年的5个特大城市而言，六安市和安庆市降级为大城市规模，亳州市则升级为特大城市，可以看出六安市和安庆市人口流出状况仍在不断持续，人口流出现状愈加恶劣，亳州市则有人口回流现象出现。在4个特大城市中，合肥市常住人口5年间增加了近200万，主要原因可能是巢湖市撤销后大量人口并入，而另外3个特大城市人口增长缓慢，5年里增加了十几万到三十万，这三个大城市虽然常住人口达到了大城市规模，但只是因为自身人本就众多，实际上的经济实力和城市规模是不足以支撑

其大城市规模等级的。随着安徽省新型城镇化战略的推行,合肥市省会城市的地位将得到不断加强,未来会吸引更多地周边人群融入其中,有希望发展成超大城市。

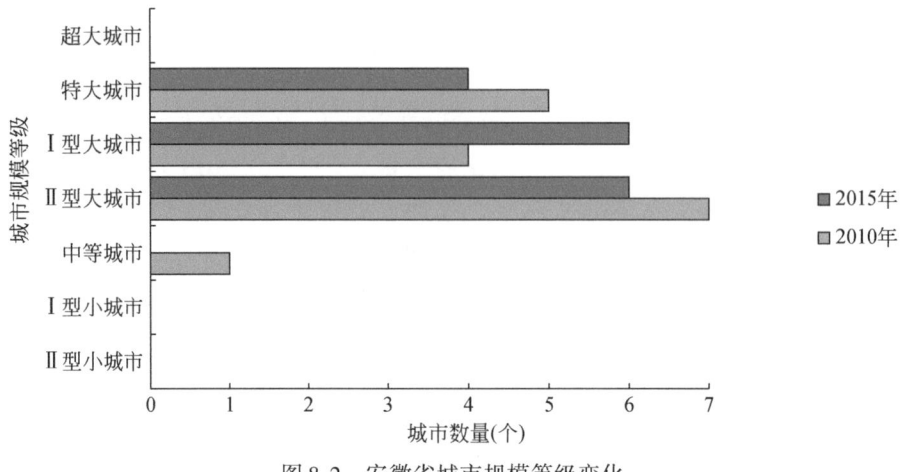

图 8-2　安徽省城市规模等级变化

城市是一个地方的政治、经济、文化中心,是区域经济的增长极,地方经济的发展离不开增长极的辐射,城市的规模、实力决定着其辐射能力的大小;城市大,经济实力强,对周边经济影响大,凝聚力也强。与经济发达省份相比,安徽城市规模差距很大。城市规模小,经济辐射能力必然有限。2005 年,合肥市是安徽省最大的城市,国内生产总值 674.15 亿元,在全省地级市中占 23.58%,省会城市经济规模非常小。以此指标在全国范围内衡量,安徽省在全国各省中属倒数第 4 位;中部省份湖北省、湖南省、江西省、山西省、河南省的省会城市 GDP 占全省城市的比例分别为 55.94%、34.3%、41.74%、41.33%、23.16%,前四省占比皆高于安徽省,只有河南省略低于安徽省。可见安徽省缺乏大城市的支撑,城市对全省经济的带动能力弱,凝聚力不强。但在 2017 年的相同数据比较中,省会城市合肥 2017 年的国内生产总值 7213.45 亿元,在全省地级市中占 26.7%,同属中部省份的湖北省、湖南省、江西省、山西省、河南省的省会城市 GDP 占全省城市的比例分别为 37.8%、31.1%、25%、21.8%、20.5%,相比而言,安徽省从最初中部六省的倒数第二名升为第三名,合肥市对全省的经济带动能力有所提升。

三、安徽省流出人口居高不下,流入人口不断下降

自 20 世纪 80 年代以来,江淮大地持续涌动着以"民工潮"为主体的人口流动,规模迅速膨胀,现已成为全国重要的人口流动输出地。从 1991 年开始,安徽省出现小规模的人口流动,这一年安徽省流出人口为 21 万人,流入人口为 14 万人,总流动人口为 35 万人,此后安徽省的流动人口不断快速增长,到 2011 年达到了历史最高峰,2011 年安徽省流出人口数量为 1199 万人,流入人口数量为 291 万人,总流动人数达到了 1490 万人(图 8-3)。截止到 2017 年,安徽省户籍人口数量达到了 7059 万人,其中城镇人口占比只

有 31.07%，农村人口占比则高达 68.93%，安徽省农村地区依旧存在着大量的富余劳动力，安徽省净流出人口数量达到了 804 万人。与邻近的长三角地区（江苏省、浙江省和上海市）相比较，安徽省的经济社会发展水平处在较低的层次，这也成为安徽省劳动力大量流出的重要原因之一。

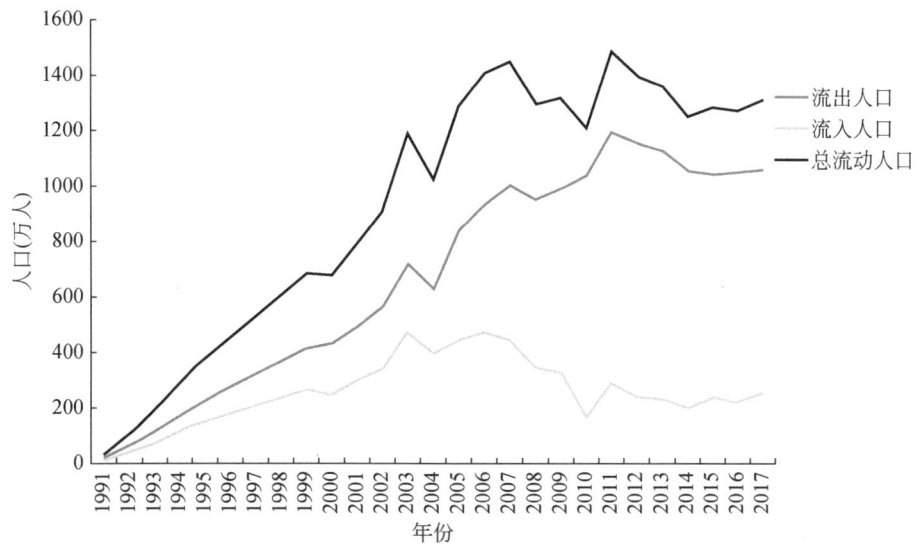

图 8-3　安徽省流动人口变化

1991~2011 年，流出人口不断增长，也分别在 2004 年和 2008 年出现过两次流出人口下降的情况，但短暂下降后又继续不断增长。最近几年安徽省流出人口在不断减少，但总量依然十分庞大。2010~2017 年，流出人口数量一直保持在 1000 万~1200 万，流出人口总量在全国省市中排名前列。在 2011 年之后流出人口数量则在不断下降，安徽省流出人口呈现回流趋势，流出人口数量有了一定的减少，减少速度平缓，并且虽然 2015~2017 年有所回升，但整体呈现出较 1991~2011 年下降的趋势，说明安徽省吸引外出人口回流政策起到了一定成效，但回流幅度不大，仍然需要继续投入精力吸引外出人口回流，从而推进新型城镇化持续发展。

从图 8-3 中的流入人口趋势线可以看到，自 1991 年起安徽省流入人口在不断增长之中，直到 2003 年达到了历史最高值，为 473 万人，此时流出人口与流入人口之差为 247 万人，但在 2003 年以后，虽然中间部分年份安徽省流入人口有所回升，但整体上的下降趋势已经十分明显，虽在 2011 年后有所回升，但幅度同样很小，这也导致了安徽省流出人口与流入人口之差在不断地扩大。图 8-4 展示了自 1991 至 2017 年来安徽省流出人口占户籍总人口的比例，从图 8-4 中可以明显地看到，从 1991 年开始，流出人口占比就在不断上升，从最初的 0.37% 上升到了 2011 年的 17.44%，增幅高达 46 倍之多，说明这 20 年里安徽省的人口流出情况不断加剧，直到 2011 年达到了一个顶峰。在此之后，随着国家和政府的一系列政策的推行和新型城镇化规划的实施，安徽省的流出人口有所回流，从而人口占比也不断下降，2015~2017 年更是趋于稳定，但是占比依然达到了 14.97% 左右，安徽省的流出人口数量依然十分庞大，安徽省的潜在劳动力资源市场丰富，如何引导流出人口合理流动，逐步实现就近城镇化，是未来实现安徽省实现新型城镇化的关键内容。

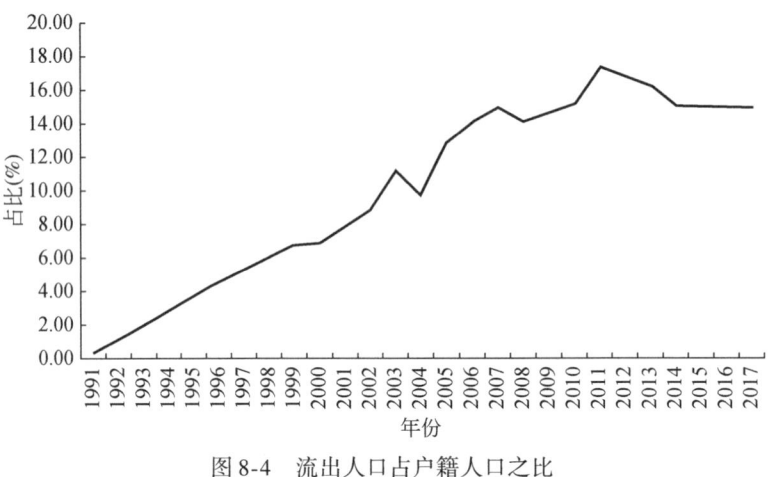

图 8-4　流出人口占户籍人口之比

第二节　城镇化发展地域分异

一、各市城镇化水平分异明显，皖中城市最高、皖南城市次之、皖北城市最低

一般来说，城镇化水平用常住人口城镇化率来衡量，常住人口城镇化率是指一个地区城镇常住人口占该地区常住总人口的比例。根据 2017 年安徽省各市常住人口中城镇常住人口的占比来计算各市的城镇化水平，结果如图 8-5 所示。整体来看，皖中城市城镇化水平较高，皖南城市次之，皖北城市最末。根据自然间断法对城镇化水平进行分类，其中合肥、芜湖、马鞍山、淮南、淮北五市处于第一梯队，蚌埠、铜陵两市处于第二梯队，滁州、池州、黄山、宣城处于第三梯队，安庆、六安处于第四梯队，阜阳、亳州、宿州处于第五梯队。

合肥作为安徽省会城市，2017 年城镇化水平达 73.75%，比全省平均水平 53.49% 高了 20.26 个百分点，位于全省首位；马鞍山城镇化水平达 67.89%，位于全省第二；芜湖以 65.05% 的水平位于全省第三。一直以来"合芜马"经济发展水平位于安徽省的前列，第一梯队中还有淮南、淮北两市，城镇化水平分别为 63.46%、63.61%。第一梯队中的五个城市中除合肥外，芜湖与马鞍山相差不大，淮南、淮北也基本相当，但梯队内的城市差距较大。

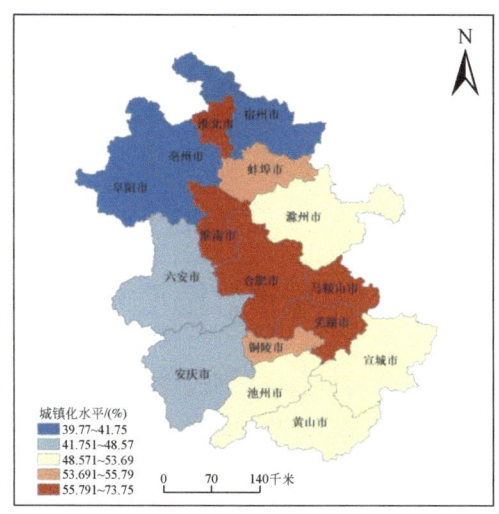

图 8-5　2017 年安徽省各市城镇化水平

第二梯队中铜陵、蚌埠的城镇化水平分别为 55.79%、55.31%，两市水平差距不大，但相对第一梯队的合肥最高相差 18.44 个百分点，与淮南最低相差也达到 7.67 个百分点。铜陵和蚌埠虽然在体量上较小，但铜陵作为资源性城市，经济水平在安徽省中仅次于"合芜马"，社会发展水平也位于安徽省的前列；蚌埠是典型的交通型城市，其发展水平也相对较高。

第三梯队中有三个城市位于皖南，分别是黄山、池州和宣城，城镇化水平分别为 50.9%、53.67%、53.69%，皖东的滁州也位于第三梯队中，城镇化水平为 51.89%。

第四梯队中的四市城镇化水平相差不大且均高于全省平均水平，但是与第一梯队相比，最大相差 28.34 个百分点，最小也相差 14.89 个百分点。第四梯队中的安庆和六安处于安徽的西南部，其城镇化水平分别为 48.57%、45.41%，较全省平均水平分别低 4.92 个百分点、8.08 个百分点，但两市城镇化水平相差不大。六安和安庆位于安徽西南山区，相比较于其他城市来说是城镇化较低水平区。

第五梯队中的阜阳、宿州、亳州处于安徽的北部，其城镇化水平分别为 41.75%、41.56%、39.77%，低于全省平均水平超 10 个百分点，是安徽省城镇化水平偏低的三个城市。相较于其他城市来说，阜阳、宿州和亳州都是城市发展水平较低的城市，其城市发展方式以传统农业为主，城市经济发展较为缓慢，故城镇化水平较低，是全省水平偏低的三个城市（图 8-5）。

总的来说，合肥作为安徽省会城市，城镇化水平较高，城市发展基础优于其他省内城市。芜湖、铜陵、马鞍山是皖江城市带次级核心城市，受到长三角地区辐射，有较发达的交通区位条件以及产业基础，城镇化水平也较高。蚌埠是典型的交通枢纽城市，是京沪线安徽段上最大的枢纽城市，具有明显的交通区位优势，城市发展潜力较大，城镇化水平较高。淮南、淮北是典型的能源型城市，具有良好的工业基础，但其交通区位条件优势不明显。滁州因距南京较近，受南京都市圈辐射作用强，经济发展相对较快。黄山、池州、宣城受其地形条件影响明显，黄山是一个旅游城市，但除旅游业外，无其他支柱产业支撑其发展，池州、宣城也无发展强劲的产业支撑。安庆是安徽西南区域的中心城市，但集聚辐射能力比较有限，其自身发展能力也较为落后。阜阳、亳州、六安、宿州，这类城市的发展受到自然环境、基础设施、人文环境等的制约，城镇化水平较低，也是安徽省人口流出规模较大的城市，城市发展特征不明显，优势不突出，其中，亳州、宿州、阜阳地处淮北平原，城市发展历史悠久，具有良好的发展基础，但经济长期以农业为主，城镇化处于全省较低水平。

二、皖北皖中城市主要为大中城市，皖南城市主要为中小城市

根据安徽省各市的常住人口总量对人口规模等级进行分类，划分成五类，从全市常住人口总量上看，合肥和阜阳的常住人口规模处于第一梯队，安庆、六安、亳州、宿州处于第二梯队，淮南、蚌埠、滁州和芜湖位于第三梯队，淮北、马鞍山和宣城位于第四梯队，铜陵、池州和黄山的常住人口规模处于第五梯队。其中省会合肥全市 2017 年常住人口数量达到 796.53 万人，位于全省第二；而全省常住人口数量最多的城市是阜阳，2017 年常住人口高达 809.26 万人，相比省会合肥多了近 13 万人，更是常住人口规模最小城市黄山的 5.8 倍。安徽作为一个传统农业大省，人口规模分布上受自然区位条件影响较大，淮北平原地区人口规模大，而皖南山区人口规模较小，人口规模由北向南呈递减趋势（图 8-6）。

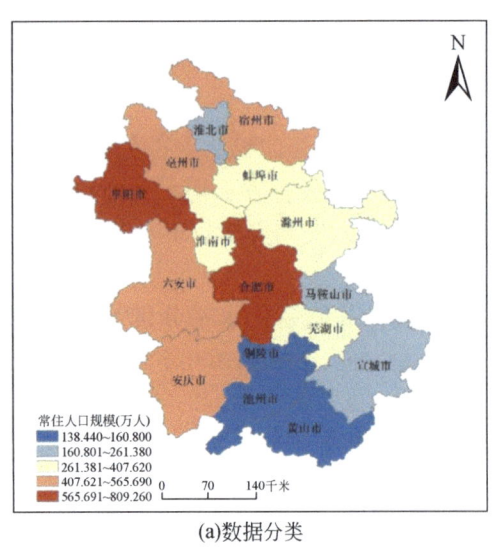 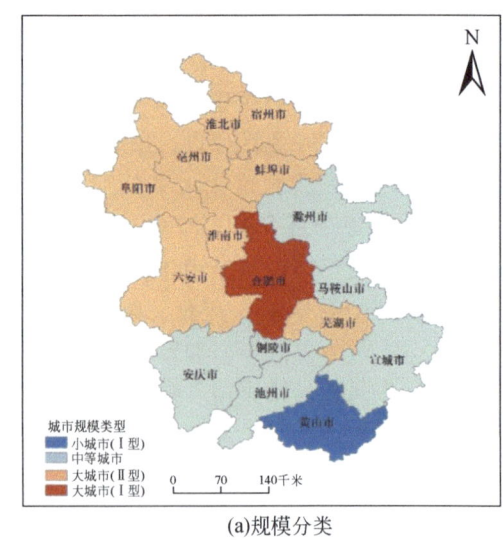

(a)数据分类　　　　　　　　　　　　(a)规模分类

图 8-6　2017 年安徽省各市常住人口规模分类

根据国务院最新颁布的城市规模等级分类标准，将城区常住人口划分为五类七档：20 万以下、20 万~50 万、50 万~100 万、100 万~300 万、300 万~500 万、500 万~1000 万、1000 万以上，分别对应的城市规模为小城市（Ⅱ型）、小城市（Ⅰ型）、中等城市、大城市（Ⅱ型）、大城市（Ⅰ型）、特大城市、超大城市。从地级市来看，将 16 个地级市

的市辖区常住人口根据此标准进行分类,对安徽省16个地级市城市类型进行划分,其中合肥为Ⅰ型大城市,芜湖、蚌埠、淮南、淮北、六安、阜阳、亳州、宿州为Ⅱ型大城市,安庆、池州、铜陵、宣城、马鞍山、滁州为中等城市,黄山为小城市。总体上,安徽省的城市中没有特大城市,大城市有9座,中等城市有6座,小城市有1座,其中大城市都集中在皖北、皖中地区,中等城市、小城市集中在皖南地区。皖北城市大多常住人口规模总量较大,但是城市辖区人口与其下辖县、县级市相差不大,故其城市在规模等级上出现与城市总人口规模不匹配的现象;而淮南、淮北、蚌埠、芜湖、铜陵等市人口规模体量上较小,但城市辖区人口占比较大(图8-6)。

从县区来看,考虑到数据的可获取性,若不考虑县、县级市城区人口,将市辖区、县、县级市的整个区域范围人口总量作为城市类型划分比较量,安徽省共有16个市辖区(以下所提及市均为地级市市辖区)、6个县级市、55个县。其中大城市有23个,其中仅合肥市人口规模达到300万以上,六安市、阜阳市、宿州市、淮南市、芜湖市、亳州市、蚌埠市、淮北市人口规模超过100万,还有14个县级行政单元人口规模达百万以上,主要是分布在皖北地区的阜阳、宿州和亳州,淮南寿县、淮北濉溪县、芜湖无为县、合肥庐江县人口规模也达到百万级别。中等城市数量有30个,其中马鞍山市、安庆市、宣城市、铜陵市、池州市、滁州市人口规模超过50万,还有24个县级行政单元人口规模达到50万,城市分布散乱,皖北、皖中、皖南地区均有涉及。有25个城市属于小城市范畴,仅黄山市人口规模低于50万,其余24个县级行政单元人口规模也低于50万,主要分布在皖南山区的黄山、池州和宣城。城市规模等级分布上,除省会合肥外大城市集中分布在皖北地区,中等城市分布比较散乱,而小城市主要分布在皖南地区。

除从城市规模等级对各市市辖区、县、县级市的城市类型进行划分,人口密度也可反映人口规模分布差异特征。常住人口密度最大的是合肥市辖区,达到2883.22人/千米²,是常住人口密度最低的石台县的42倍。2017年常住人口密度达到1000人/平方千米的县区有9个,其中包括8个市辖区和1个县,具体有合肥、淮北、马鞍山、蚌埠、淮南、芜湖、安庆、阜阳八市的市辖区及临泉县;常住人口密度达到500人/千米²的县区有15个,其中包括3个市辖区和12个县,具体市辖区有铜陵、亳州和宿州三市的市辖区;常住人口密度达到100人/千米²的县区有49个,其中包括5个市辖区和44个县、县级市,具体市辖区有六安、滁州、宣城、池州、黄山五市的市辖区;常住人口密度低于100人/千米²的县区仅有4个县,且分别位于皖南地区的黄山和池州。

三、省会出现人口较强人口净流入,皖北、皖中部分城市人口流失严重

根据各市人口净流量判断安徽省各市人口流动趋势,人口净流量是根据常住人口减去户籍人口计算得到,根据2017年各市常住人口与户籍人口的差量得到图8-7。从图8-7中可以看出,安徽省只有合肥、马鞍山和淮北存在人口净流入,而其他地市存在不同程度的人口净流出现象,以阜阳的人口流出量最严重。具体来看,安徽省2017年的人口净流出

量达804.35万人，是典型的人口流出大省，但省会城市合肥仍保持了53.77万人的人口净流入量，在人口流失严重的情形下对人口依旧具有一定的吸引力，说明合肥的人口集聚能力得到了提升，省会优势表现明显。除合肥外，马鞍山和淮北的人口净流量也为正值，但是仅分别为0.81万人、5.84万人，基本保持人口流动平衡。皖南地区的池州、黄山、宣城、铜陵和芜湖的人口净流出量均多于10万人但不超过20万人，总体上来看人口流失量较少，主要原因可能是皖南城市人口基数较小，同时经济来源不仅是传统农业，还有旅游和其他产业，导致人口仅出现小幅度的流失。安庆、淮南、蚌埠、滁州2017年人口净流出量较多，其中淮南、蚌埠、滁州的人口净流出量在43万人左右，安庆则达到66.21万人。六安、亳州、宿州、阜阳人口流失严重，除宿州外其他三市人口净流出量超过百万人，其中阜阳高达260.81万人，是安徽省人口流失最严重的城市。阜阳、亳州、宿州三市人口流失严重的原因可能是：人口基数大，且处于淮北平原区，以传统农业作为基本发展方式，城市发展较为落后，传统的农业种植无法满足人们的生活需要，需外出赚取更多的收入来维持家庭支出（图8-7）。

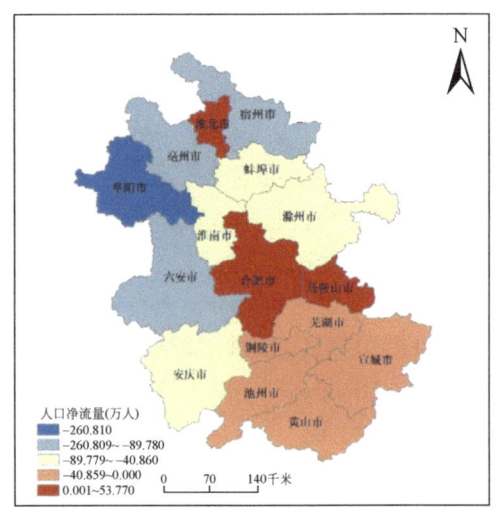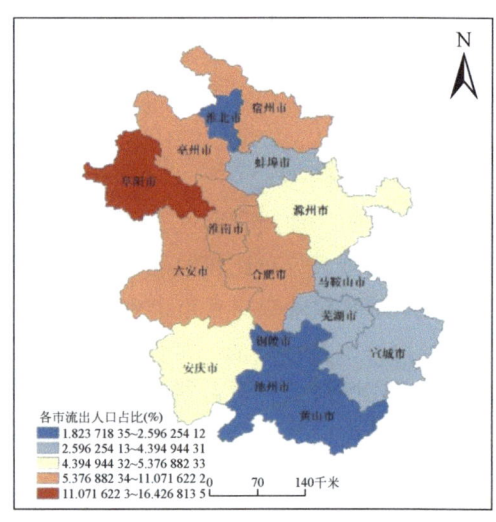

图8-7 2017年安徽省各市人口流动情况

为了具体来看各市的人口流出情况，将统计数据中跨省、跨市流出的人员进行求和计算得到各市人口流出量，求得各市流出人口量占全省总流出人口量的比例情况。总体上，皖北地区人口流出量占比最多，其次是皖中地区，最后是皖南地区。具体来看，仍是阜阳人口流出量占比最大，占全省的16.43%；合肥虽然表现为人口净流入，但是其人口流出量也占全省总流出量的10.15%；六安和宿州的2017年人口流出量占比也均超过了10%；亳州和淮南的人口流出量占比也高达8%。以上6个城市的人口流出量占比均较高，总体上占全省人口总流出量的64.8%，其余10个城市人口流出量仅占全省人口总流出量的45.2%（图8-7）。

安徽省是中部经济欠发达省份，劳动力资源丰富，尤其是农村富余劳动力较多，"人口红利"表现明显，同时，相比皖南、皖中地区来说，以阜阳、亳州和宿州为代表的皖北地区经济发展程度暂时落后且人口基数大，2017年皖南地区的地区生产总值是皖北地区的1.1倍，相对来说，皖北地区除农业发展外，无较为发达的产业吸引人民在当地工作、生活，相对于皖南、皖中地区城市人口流失严重。自2013年安徽省出现外出人口回流现象，近几年尤其省会合肥发展迅速，具有一定的人口集聚能力，成为省内流动人口的"集聚地"，芜湖、马鞍山是皖江城市带承接产业转移示范区，相对来说对人口也具有一定的吸引力，也是相当一部分省内流动人口的选择。相比之下其他地市对人口的吸引力较弱，人口集聚效应不明显。

第九章 就近城镇化潜力

第一节 安徽省就近城镇化的潜力类型

一、潜力类型的分析框架

就近城镇化寄寓在以距离为要素的空间范围内,研究该议题需要分解并辨析具有空间含义的两个名词:就近及城镇化。在本研究框架内,就近指"不跨越省级行政区划",城镇化指"农民从乡村地区向城区、镇区的非农经济部门转移"的人口城镇化,由此涉及的(非)农业户籍、城乡、(非)农业职业是社会属性、空间地域、经济行为不同维度下的产物,彼此存在空间的交叉性和关联性。

人口具有较强的"流动性",存在多样化的就业类型及就业地,在农村和城镇地域,均存在一定规模农业户籍人口从事农业或非农行业的就业岗位。受其自身和就业所在地社会经济状况的影响,不同类型的农业人口城镇化的路径存在本质差异。借鉴时间地理学的理论和方法论,研究尝试梳理农户所覆盖的所有空间就业类型,刻画农民转移就业的时空路径,探索性地构建适用于中部地区人口就近城镇化的类型框架,并以安徽省为例进行实证分析。本书的定论基础是:①农业剩余劳动力具有摆脱农村宅基地和土地的依赖,离开农业生产方式,实现就近城镇化的潜力;②具备从事非农产业能力的农户,参考其就业的空间分布,促进其在安徽省内实现就近城镇化。因为现住地和户口登记地长期的不一致,本研究就近城镇化的研究暂不涉及农民在城镇落户的问题,旨在厘清安徽省农民就业的城镇化的空间表现,先考虑"空间"城镇化的规模,再进一步探讨"生存门槛"城镇化。

脱离农业生产资料的农民,根据跨越的行政区划,有以下几种空间方式:①留在乡村地区的集镇从事非农产业,成为本地农民工;②进入本市的城镇地区;③进入本省其他市的城镇地区;④流出省外的城镇地区。按照农民相对于转移地与原村社的空间位置关系,从空间尺度来看,按照跨越行政区划的等级区分以下类型(图9-1)。

根据农民的空间类型以及就近城镇化的预期目标,识别以下三个类型作为安徽省就近城镇化的潜力对象(图9-2)。

路径一:农业剩余劳动力转移型,指随着农业生产技术的提高,转移农业户籍中边际生产效率为零的剩余劳动人口。安徽省是我国重要的粮食生产区和养殖业基地,目前已由

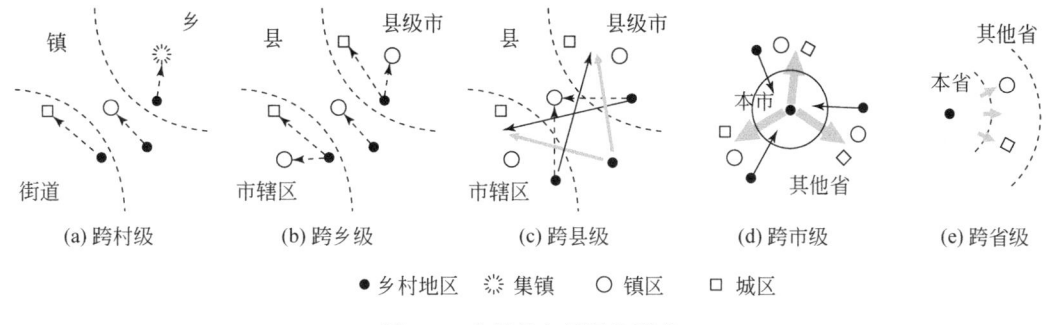

图 9-1 农民的空间行为模式

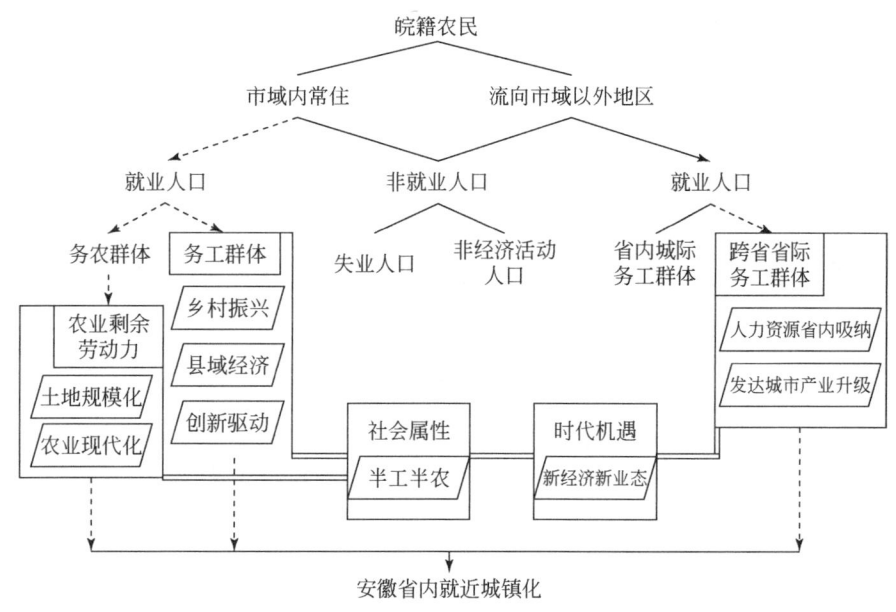

图 9-2 安徽省就近城镇化潜力类型及其劳动力转移的内在机理

传统的粮食生产基地提升为现代农业发展核心区。一方面，安徽省的农业生产一直保持基本稳定，但仍存在农村土地资源管理分散、农民家庭承包地处于粗放经营状态、耕地利用水平低的情况。另一方面，随着农业生产经营的专业化、标准化、规模化和集约化，必需的劳动力减少，劳动力将处于赋闲状态，其中农机化作业对粮食作物生产效益的作用尤为明显。转移农业剩余劳动力，有助于耕地资源向专业农户集中，提高农业土地利用率和劳动生产率，是探索安徽省就近城镇化道路的重要方面。

路径二：乡村地区务工吸纳型，指在乡村地区完成社会生产关系嬗变，由农业劳动者转变为非农业务工者的农业户籍人口。参考全国农民工监测调查委员会的定义，这类人群是本地农民工[①]，本研究沿用其内涵和定义作为就近城镇化农民潜力群体的类型之一。城乡统筹发展一直是中国城镇化发展的方向和科学理念，乡村地区具有一部分目前还未纳入建制镇的集镇，是农村具有非农经济产出的地域空间，这些在乡村务工、从农业中解脱出来的劳动力，使社会经济得以更合理分配。在长期发展之后，无论是集镇逐渐达到建制的标准成为城镇，还是这类劳动力流入城镇地区进一步务工，这类具有非农就业技术的农民都是未来安徽省就近城镇化重要的潜力对象。

路径三：省外农民工返乡型，指在省区以外发达地区就业的农民，是游离于城乡之间的特殊群体。我国的劳动力具有典型的流动特征，安徽省是中国农村改革的遣遣军，是劳务输出的重要区域，拥有一支庞大的农民工队伍，他们走出"田头"外出谋生，形成中国人口布局的重要变迁特征。改革开放以来，农民工成为沿海地区推动工业化的重要因素，然而在经济"新常态"下，沿海地区产业面临转型升级，对高端技术人才的需求提高，使老一代农民工面临结构性失业。同时，长期无法保障的社会福利加剧他们的生存困境，农民工存在回流的潜在可能性。而安徽省也正积极寻求城市经济发展的新机遇，为吸纳回流的农民工提供政策利好及经济支持。

二、类型数据的选取原则

中华人民共和国成立以来，在全国范围内展开的人口普查、抽查是揭示和理解城镇化最精细的统计工作。但是，统计局的统计工作基于特定空间内的人口统计而无法包含人的社会属性（即户籍性质），公安部的统计工作又限于所在空间内的户籍情况，无法与其所有的空间类型进行匹配。记录在案的数据中缺乏户籍民事登记、流动地域和经济行为三者关联的直接数据。碍于数据的缺陷，长期以来关于城镇化发展的印象停留于流动人口的空间城镇化中，未能真正深入农民的城镇化现状。随着社会进步带来的统计方法上的精进以及大量农民工对城市治理带来的挑战，更真实地审视我国城镇化现状以及探索未来发展路径是时代的深刻要求，也是化解乡野之殇的重要方面。

本研究需明确界定以下两个标准：其一，农民；其二，城镇地区。基于以上两个标准，首先辨析户口类型、城镇乡村的划分，从而在社会属性和空间上奠定本研究的标准。

（1）户籍类型的划分

从户籍起源来看，遵循联合国粮食及农业组织的规定，1953年公安部门首次根据职业性质和供养关系划分（非）农业户籍：直接投入第一线的农业劳动者及其家眷，均登记为农业户籍，依法享有承包责任田、获得宅基地的权利（张庆五，1993）。由此证明，农民身份与农业生产资料、农业生产行为具有空间一致性和挂钩性，本地农民跨区域流动依然保持务农的可能性较低。

[①] 本地农民工：即乡内非农就业的农民工；外出农民工：即乡外就业的农民工，包括乡外县内、县外市内、市外省内及省外。

(2) 城镇与乡村的划分

中华人民共和国成立以来,我国城乡划分标准经历了四次调整,基本向更为准确反映城乡发展起源的方向调整,尽可能地剔除掉乡村部分以真实反映地域概念的城镇人口。自2000年第五次人口普查数据之后,数据统计工作以城区、镇区、乡村为统计口径进行编纂,统计口径的定义以各级行政区划作为基础,采用最末级别的行政区划(居民委员会、村民委员会)作为最小单位。根据最新城乡划分规定中的文字逻辑,行政区划与城乡的划分的映射关系①如图9-3所示。社会各界常论的城镇化是在空间地域的城镇化,与上述的"城区+镇区"对应,是统计意义上的空间地域城镇化,与行政区划名称中"市、镇"的实际含义存在本质性差别。如图9-3所示,所有的村庄都被划归为乡村地区,乡村地区出现社区的情况较少,多数源于集镇的出现;城区及镇区的社区成立"居委会"自治组织,为城镇地区的非农业人口服务。理论上村委会和居委会是登记户口类别的服务组织,登记在村委会的为农户身份。

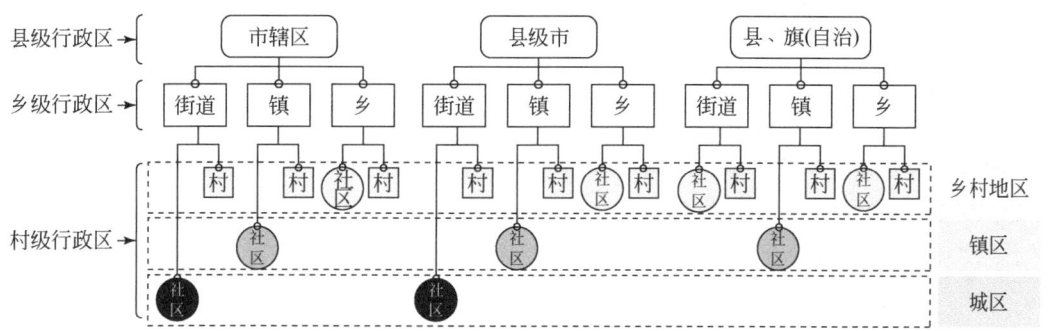

图9-3 根据最新城乡划分规定梳理的城、镇、乡村地域空间与行政区划单位的映射关系

图示由三级(县级)行政区始呈现主要的区划单位在城乡划定上的规则,少见的单位如直筒子市、林区、特区、(民族)苏木、区公所暂不作图示

根据本研究建立的就近城镇化潜力类型及相关概念标准的辨析,三种路径对应的数据选取规则如下所述。

1)路径一:农业剩余劳动力转移型。乡村地区以农业为社会生产关系的农民,通过计算农业必需劳动力得到剩余人口。本研究将"乡村地区""农业就业"的人口判断为从事农业生产的皖籍本地农民,并由其中渗溢出农业剩余农民。理由在于:村坊以农业户籍为主,是广域型的农村地域性政区,农业生产具有空间黏滞性,农民难以跨地域从事农业经济活动,乡村地域内的农业劳动者基本为皖籍本地农民,可以作为从事农业的农民的基数。

2)路径二:乡村地区务工吸纳型。在安徽省内乡村地区以非农业为社会生产关系的

---

① 最新的城乡划分规定为《统计上划分城乡的规定》(国函〔2008〕60号),本规定以中国行政区划为基础,以民政部门确认的居民委员会和村民委员会辖区为划分对象,将地域划分为城镇和乡村。关于城区、镇区、乡村划分的文字定义,本研究通过梳理和理解,认为:地级行政单位中仅市辖区和县级市的街道中的社区为城区,地级行政单位中所有市辖区、县级市、县中的镇的社区为镇区,其他地域为乡村。乡村地区包括所有行政村和未建制的集镇。乡村指行政村和集镇(未建制镇)。集镇是乡村地区非农经济的集聚区,集镇的产生使村庄达到转变为社区的标准。

农民。本研究将"乡村地区""非农业就业"的人口判断为在乡村地区的集镇从事非农业生产的皖籍本地农民工，本研究认为其具有进入城镇地区从事非农就业的潜力，并作为乡村地区务工吸纳型农民的阈值规模。

3）路径三：省外农民工。我国目前现有的人口统计手段以特定空间地域为统计逻辑，对理解农民的城镇化具有局限性，表现在：①通过现有的统计数据，我们可以分辨在某一尺度的空间地域内，所在的人口数量及其来源；②以社会属性为基础，记录其经济特征、流动地域的统计工作暂未实现。因此从 2008 年开始，我国建立了农民工调查统计制度，是带有户籍性质的统计工作，由此可甄别在省外打工的皖籍农民。

三、数据来源及研究时段说明

关于人口的调查统计主要由国家级和省部级单位组织工作，分别反映在相应尺度的统计年鉴或调查数据库中，不同数据源的关注点、分类规则及口径均存在差异。本研究人口就近城镇化的潜力类型的数据来源于《安徽省统计年鉴》及 2015 年全国流动人口动态监测数据[①]，两类数据在概念定义、统计规则及口径一致，适用于时间序列的横向比较。

本研究采用的数据为 1995~2015 年的面板数据，主要基于以下两个方面的考虑：①稳定性。研究时段规避我国人口动荡的阶段，自中华人民共和国成立以来，在城乡地界上的人口经历了知青、精简职工等政策性转移和选择平稳发展的阶段，使研究结果更为科学。②可比性。自 2000 年的人口普查、抽查之后，统计上城乡划分及统计口径的基本一致。

第二节 安徽省就近城镇化的规模测算

一、类型一：农业剩余劳动力

1. 安徽省大农业从业人口

安徽省农民出身的人口基数庞大，农业劳作是其主要的社会生产关系，然而近年来安徽省的农业从业人口规模及份额均呈现显著的下降态势。

从总规模来看，第一产业从业人员规模呈现"波动性下降"态势，由 1995 年的 1945.30 万人下降到 2015 年的 1396.20 万人（图 9-4）。在阶段性历程中，1995~2000 年，安徽省第一产业从业人员稳步增长，2000 年到达第一产业从业规模的峰值，为 2018.90 万人；2000~2009 年，安徽省的大农业从业人口快速下降，2009 年后经历短期的回升之后继续衰减的态势；到 2015 年，安徽省第一产业从业人员相比 1995 年降低了 28.22%。在 2006~2016 年，安徽省共实现大农业转移人口 549.1 万人，在连续下降的两个阶段，分别

---

① 国家人口计生委 2015 年农民工动态监测调查，此次调查采用分层、多阶段、与规模成比例的 PPS 方法（Probability Proportionate to Size Sampling）进行抽样。根据流动人口的监测数据，可筛选农业户口身份应用于本研究。

有年均 50.3 万人和 50.7 万人的劳动力脱离了农业生产资料的束缚，由此表明，安徽省劳动力从农业部门向非农业部门的就业置换速率较快。

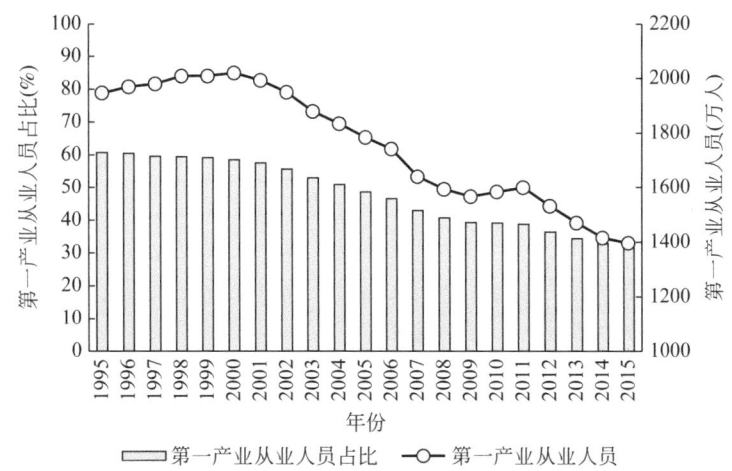

图 9-4　1995~2015 年安徽省农业从业人员规模及占比
资料来源：2000 年、2006 年、2016 年《安徽省统计年鉴》

数据处理说明：根据国家农牧产业调查安徽省的数据，由于国家农牧产品调查数据细目，缺乏数据，蔬菜用工数按已收录各类蔬菜的平均值，播种面积按统计的总面积计算。有些未收录，统计数据显示，安徽省以饲养猪为主，多为分散型的小规模农户，因此以小规模生猪的用工数量，大型牲畜以牛为主，将马、驴、骡按牛计算，羊的数量；养羊以散养为主，规模养养技术推广缓慢，实现圈舍规模养殖困难重重，因此以散养生猪代替

从农业从业劳动力所占份额来看，农业经济的就业人口比例稳步下滑，与绝对规模的变化规律一致，在 21 世纪的前十年及最近年份的减少速率较其他阶段更快。1995 年，安徽省的农业就业者占全部就业人员的 60.66%，侧面体现农业在安徽省社会经济中的重要性以及皖籍人口就业对土地等资料的高度依赖性。随着机械、资金等其他要素在农业生产中的引入，以及对劳动力产生替代作用，逐渐产生农业劳动力向第二、第三产业转移就业的空间及隐性推力。2015 年，在保证农业生产产量的情况下，安徽省的农业作业劳动力占比下降为 32.15%，较 1995 年降低 47.00%。由此表明，安徽省的就业结构产生很大的变化，劳动力的空间及部门配置趋于优化。

2. 安徽省农业必需劳动力

安徽省在我国的粮食生产安全中具有战略性的重要地位。在保证农业生产不减产的前提下，度量农业必需劳动力是科学认识安徽省农业劳动力释放空间的基础工作。根据古典经济学原理，通过工日计算法测度农业必需劳动力，其根本原理是劳动生产率。测算的过程基于以下概念方程：

$$N_{\text{agri}} = f(\text{Farm}_t, \text{Live}_t, \text{Forest}_t, \text{Fishery}_t) \tag{9-1}$$

式中，N_{agri} 为大农业必需劳动力；规定农业经济部门包括种植业、畜牧业、林业和渔业，依次记为 Farm_t、Live_t、Forest_t、Fishery_t；关于运算规则的说明如下：种植业与畜牧业的必需劳动力通过劳动生产率模型进行估算；林业和渔业由于作业结构复杂及数据获取难度大，必需人口暂以目前的从业人员估算；考虑到生产结构的复杂性，为避免结果的低估，用抽样比例来校正。

种植业与畜牧业的劳动生产率模型，充分考虑了复种情况，以及综合机械化、规模化等资本投入对劳动力的替代作用，采用每亩（或每畜）的播种面积（或产量）和所需用工日数来估算实际需求量，具体计算公式如下：

$$T_t = \sum_{i=1}^{n} a_i \times S_i \quad (9\text{-}2)$$

$$\text{Farm}'_t = T_t / D \quad (9\text{-}3)$$

$$\text{Farm}_t = \text{Farm}'_t / k \quad (9\text{-}4)$$

式中，S_i 为某一农产品播种面积（10^3 公顷）或畜产品的产量；a_i 为农（畜）产品 i 每核算单位用工数量（日）；D 为农民年均工作负荷，采用理论界认可的年均 270 个工作日；i 为农（畜）产品类型；n 为类型数量；k 为抽样比例。

本研究的农畜产品单位用工数的数据来源于《全国农产品成本收益资料汇编》，该资料记录了每亩用工数量，即生产过程中家庭成员和雇用工人直接劳动的天数，适用于本研究劳动力的测算。该资料汇编的原则是抽样调查播种面积前 90% 的省份进行精细化调查，未调查到的省份该类农（畜）产品的培育比例较小，因此汇编数据覆盖度较高，具有依据其统计数据反映农牧业劳动力生产情况的可靠性。林业和渔业就业人口数据分布来自安徽省相应统计年鉴。

城乡经济结构的稳定是社会利益分配的基本取向，同时是建设新农村和小城镇的底线原则，因此农村需保留必要的农业劳动力。在保证粮食产量稳定增长的前提下，引导农村劳动力的有序分业分流是缓解空村化问题的途径（张建杰，2009）。由图 9-5 的计算结果得到，安徽省对农业生产的必需劳动力的需求量逐年降低，2015 年安徽省的农业必需劳动力下降为 490.9 万人，相较于 2005 年减少 405.0 万人。随着城镇化进程的推进，耕地面积紧束，提高粮食单产需要倚靠更好的种植技术，而非劳动力。机械化、规模化程度提高，

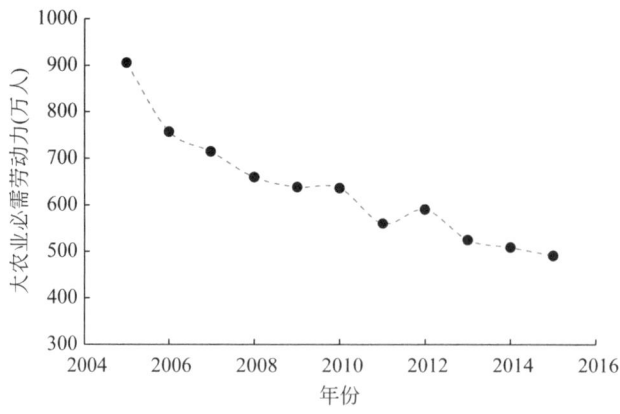

图 9-5　安徽省 2005~2015 年大农业必需劳动力规模

资料来源：2006~2016 年《全国农产品成本收益资料汇编》

资本-劳动投入比提高,对人力的需求降低,农业生产向着节约人力资本的方向发展,农业的用工需求量减少,将会有更多的劳动力的边际生产率为零,成为农业剩余劳动力。然而,农业必需劳动力的需求量趋于减少但也不会持续大幅度下降。一方面,安徽省的劳动生产率上升明显,表明中部地区的农业劳动力没有达到"刘易斯拐点",仍需要大量的农业劳动力来维持基本的农业生产;另一方面,中间的过程数据"农作物的播种面积"趋于上升,种植业生产仍存在较大的刚性需求,而种植业是大农业就业人口中的主要成分。

3. 安徽省农业剩余劳动力

根据定义,农业剩余劳动力(R_{agri})为现有农业劳动力(E_{agri})与其实际需求量(N_{agri})的差值,表达式为$R_{agri} = E_{agri} - N_{agri}$,计算结果如图9-6所示:2005~2015年安徽省剩余劳动力规模呈现波动性变化,由2005年的861.04万人变化至2015年的899.35万人。从理论上分析,虽然农业生产易受自然因素影响,不稳定性较强,但是安徽省农业剩余劳动力依然存在近一半比例的转移潜力。农业剩余劳动力脱离生产,到城镇部门从事非农生产,是安徽省就近城镇化的重要路径之一。

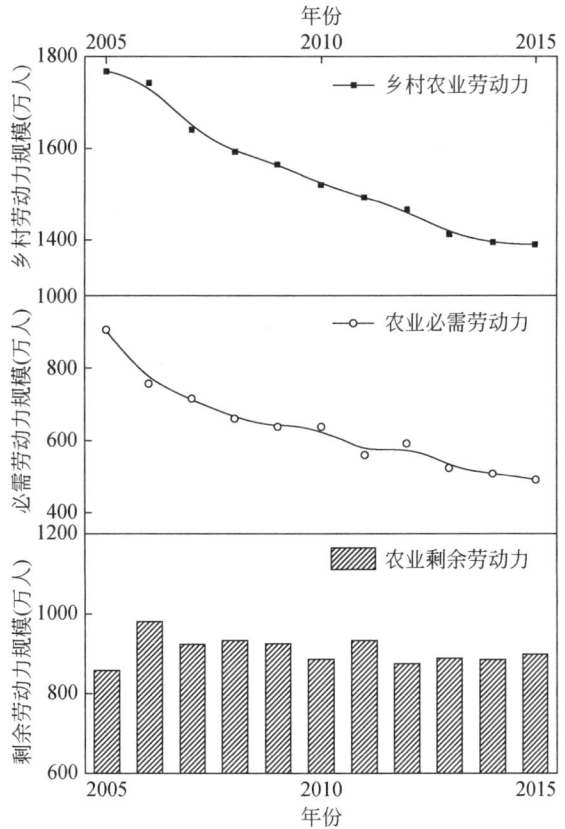

图9-6 安徽省2005~2015年大农业劳动力规模

二、类型二：乡村地区非农劳动力

自 20 世纪 80 年代解除城乡迁移限制，鼓励居民迁移流动以来，乡镇企业就成为农村经济的强心剂，为农村经济部门的多元化配置、农村生产方式的嬗变奠定了基础。在农村地区，也会存在部分城镇居民，因转业、婚嫁等流入农村地区，多数在集镇上的乡镇企业等非农行业就业。安徽省 1995~2015 年乡村地区非农劳动力的规模及变化如图 9-7 所示。

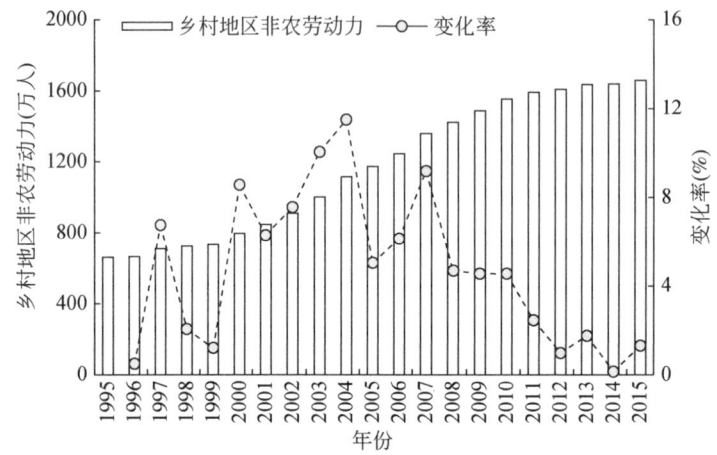

图 9-7 安徽省 1995~2015 年乡村地区非农劳动力的规模及变化
资料来源：1996~2016 年《安徽省统计年鉴》——农业基本情况与农业生产条件

总体而言，安徽省农村吸纳的非农劳动力总体规模呈上升趋势。1995 年，安徽省乡村地区共有 661.98 万非农劳动力，到 2015 年增加到 1659.76 万人，增长了 150.73%。从年均变化率来看，在 2005 年之前，安徽省乡村地区非农劳动力扩张速度较快，然而在 2005~2015 年，增长速度逐渐放缓，但仍保持正向增加。在乡村从事非农生产的人口保持一定速率的增长，说明安徽省的乡村地区并未成为"城镇化陷阱"，在乡村地区的集镇从事非农产业生产的农民规模增加。

乡村的非农产业主要分布在工业、建筑业、交通运输、仓储业、教育等，立足于农业资源的深度开发和加工的乡镇、私营企业，为农村经济发展注入活力，以农业衍生的农产品加工企业为主流，伴随发展相配套的社会化服务，如机耕、播种、病虫防治和产品的储藏、运输、销售等，电子商务的发展实现了"工业品下乡"和"农产品进城"的双向流通，电子商务给农民赋能，是现代农业的重要发展机遇。乡镇企业的快速发展使农村劳动力在家门口实现了职业非农化，获得务工收入，具备在现代部门从业的技术水平，促进乡镇非农就业人口实现城镇化，使乡镇地区逐渐达到城区建设的标准，从而实现"农村包围城市"模式的城镇化，是对传统的"人口和产业向城区、镇区集中"的城镇化路径的新思路。因此，无论是内生型还是外力吸引型的城镇化路径，在乡村地区非农部门就业的农民是推进城镇化的重要潜力群体，同时也有助于整合乡镇企业资源，形成更大规模、高层次、高效益的经济体。

三、类型三：省际迁移农民工

2015年流动人口监测调查显示，在中国这个流动型社会中，83.58%是农民出身的流动群体，正确而深刻地认识农民的生存现状是未来人口发展必须要解决和面对的问题。为全面了解农民工群体的生存现状，加强对我国农民工规模、流向、分布等情况的了解，国家于2008年起建立农民工监测调查的年度机制及工作队伍，在农民工迁入地进行调查，使长久以来社会认知对象从流动人口进一步精确至农民出身的群体，该监测系统的调查数据成为现存最精细的农民工数据，是现代中国关于人口统计和研究的一项重大的进步和突破。由于农民工的监测调查开始年份为2008年，本节关于安徽省省际迁移农民工规模的时间演变起止年份为2009～2017年，具体变化规律如图9-8所示。

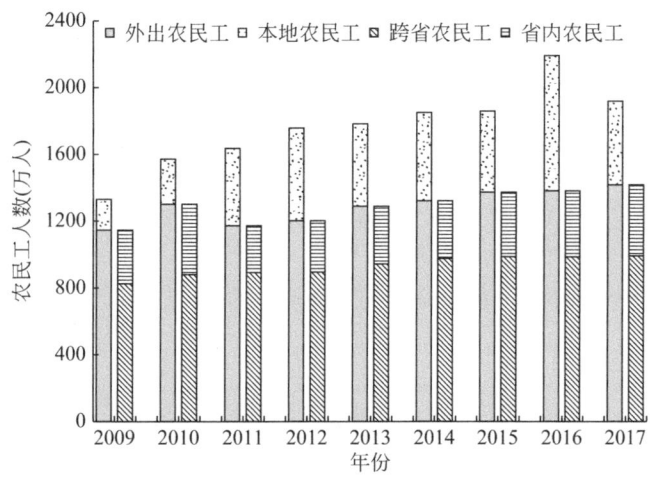

图9-8　2009～2017年年安徽省省外回乡潜力人口的存量[①]
部分数据为根据统计数据的增减幅指标间接计算得到
资料来源：国家统计局安徽调查总队、安徽省人社厅、安徽省农民工办

从安徽省外出和本地农民工的规模来看，外出农民工，即未在本乡镇地域内从事非农经济生产的农民一直是主要群体。2009年，外出农民工的占比为86.18%，尽管近几年本地农民工占比有所上升，到2017年外出农民工的比例下降到73.79%，但仍是在不同距离的地域范围内从事非农行业的农民群体的主力军。将外出农民工进一步以"安徽省"为地界进行空间划分，从而剥离出省内农民工和跨省农民工（即图9-1中的e模式）。结果表明，跨省流出的农民工占比为多数，2009年跨省农民工占外出农民工的72.08%，到2017年仍然保持相似的水平，为70.10%。总体而言，安徽省跨省农民工一直是流动农民工中

---

① 根据国家统计局安徽调查总队发布的《农民工监测报告》中的定义，本地农民工指在户籍所在乡镇地域以内从业的农民工；外出农民工指在户籍所在乡镇地域以外从业的农民工。

最主要的组分，数量规模也呈现上升趋势，从 2009 年的 826.0 万人上升到 2017 年的 992.2 万人。相应地，省内农民工占比有微弱的提升，但仍保持在 30% 以下的比例，从规模来看，近 7 年中也稳步增长。随着 2008 年金融危机的爆发，劳动密集型的中小企业遭受重创，大批农民工失业，2014 年以来，我国进入经济新常态，沿海地区积极寻求产业升级，中部地区努力承接东南沿海的产业梯度转移，增加了省内的用工需求，农民工跨省就业的比例有所下降。从逐渐上升的本地农民工以及微弱下降的跨省农民工比例来看，农民群体在安徽省内实现就近城镇化的潜力逐步加强。

第三节 就近城镇化规模的时间序列预测

时间序列预测法的本质是历史延伸预测，本研究利用历史年份数据采用该方法对 2020 年安徽省就近城镇化各潜力类型的规模数量进行预测，涉及的时间序列预测方法采用修正的马尔可夫链模型。20 世纪 80 年代，我国学者邓聚龙提出灰色理论，适合于小样本、贫信息的不确定性系统，灰色预测是其重要应用之一，本研究采用灰色数列预测，该方法适用于因素众多、结构复杂、综合性强的小样本社会经济系统的预测，适用于本研究的数据情况。

修正的马尔可夫链模型的演算过程如下。首先，数列建模的可行性检验。欲建模的原始序列记为 $X^{(0)}$，$X^{(0)} = [X^{(0)}(1), X^{(0)}(2), \cdots, X^{(0)}(n)]$，若 $X^{(0)}(k)$ 级比 $\sigma^{(0)}(k)$ 满足 $\sigma^{(0)}(k) \in [e^{-2/(n+1)}, e^{2/(n+1)}]$，其中，$\sigma^{(0)}(k) = X^{(0)}(k-1)/X^{(0)}(k)$，则认为该数列 $X^{(0)}(k)$ 可做数列建模。其次，通过检验的原始时间序列进行灰生成处理，采用累加一次生成新序列 $X^{(1)} = [X^{(1)}(1), X^{(1)}(2), \cdots, X^{(1)}(n)]$，其中 $X^{(1)}(k) = \sum_{i=1}^{k} X^{(0)}(i)$，$k = 1$，2，$\cdots$，$n$。根据累加生成的序列 $X^{(1)}$ 确定灰色微分方程：$\frac{dX^{(1)}}{dt} + aX^{(1)} = \mu$，1 阶 1 变量的灰色模型，根据最小二乘法则，得到如下公式：$J = (Y_n - B\hat{\alpha})^T (Y_n - B\hat{\alpha})^T \to \min$，其中

$$\hat{\alpha} = \begin{pmatrix} a \\ \mu \end{pmatrix} = (B^T B)^{-1} B^T Y_n, \ B = \begin{pmatrix} -\frac{1}{2}[X^{(1)}(1) + X^{(1)}(2)] & \cdots & 1 \\ \vdots & \ddots & \vdots \\ -\frac{1}{2}[X^{(1)}(n-1) + X^{(1)}(n)] & \cdots & 1 \end{pmatrix}, \ Y_n = \begin{pmatrix} X^{(0)}(2) \\ \vdots \\ X^{(0)}(n) \end{pmatrix},$$

根据以上公式求解微分方程，得到灰色预测模型：$X^{(1)}(k+1) = \left[X^{(0)}(1) - \frac{\mu}{a}\right] e^{-ak} + \frac{\mu}{a}$。之后，建立马尔可夫链。首先根据预测值和实际值的误差进行状态划分，形成 n 个状态集合，其次计算转移概率并建立一步转移概率矩阵，$P_1(k) = \begin{pmatrix} p^{11}(k) & \cdots & p^{1n}(k) \\ \vdots & \ddots & \vdots \\ p^{n1}(k) & \cdots & p^{nn}(k) \end{pmatrix}$，其中

$p^{ij}(k) = N_{ij}/N_j$，$p^{ij}(k)$ 为 k 时刻处于状态 S_i 经过一步转移到状态 S_j 的概率，N_{ij} 为 S_i 经过一步转移到状态 S_j 的次数，N_j 为状态 S_j 出现的总次数。并且 k 步转移概率矩阵 $P_n(k) =$

$P_1(k)^n$。再次，利用马尔可夫链修正灰色模型。一般采用一步转移概率修正样本的灰色预测值，假设当前序列的状态为S_i，取$\max[p^{ij}(k)]$，则认为下一年的序列将处于S_j，则取该状态的重点为修正值。采用$P_n(k)$修正外推年份的灰色预测值。最后，精度验证。采用后验差 $c = \dfrac{S_1}{S_0}$ 来验证模型的精度，其中 $S_0 = \sqrt{\dfrac{\sum\limits_{i=1}^{n}[X^{(0)}(i)-\overline{X^{(0)}}]^2}{n}}$，$S_1 = \sqrt{\dfrac{\sum\limits_{i=1}^{n}[\varepsilon(i)-\overline{\varepsilon}]^2}{n}}$，$\varepsilon(i) = X^{(0)}(i) - X^{(\widehat{0})}(i)$，$\overline{\varepsilon} = \dfrac{1}{2}\sum\limits_{i=1}^{n}\varepsilon(i)$。

通过 Matlab 软件运算修正的马尔可夫时间序列模型，分别预测安徽省就近城镇化三个类型潜力对象到 2020 年的规模。预测的结果如表 9-1 所示，模型精度验证通过（表 9-2）。

表 9-1 安徽省就近城镇化潜力规模预测 （单位：万人）

年份	跨省农民工	农业从业人员	大农业必需劳动力	农业剩余劳动力	乡村地区非农劳动力	就近城镇化潜力规模
2010	880.10	1521.85	636.50	885.35	1554.01	3319.46
2011	892.20	1493.01	560.23	932.78	1592.09	3417.06
2012	894.80	1465.87	590.51	875.36	1607.70	3377.87
2013	943.00	1413.79	524.32	889.47	1635.91	3468.38
2014	976.20	1395.28	508.24	887.04	1638.29	3501.53
2015	987.00	1390.25	490.90	899.35	1659.76	3546.12
2016	985.80	1370.84	485.46	885.38	1671.13	3542.31
2017	992.20	1355.78	463.91	891.87	1674.39	3558.46
2018	1001.41	1352.46	443.38	909.08	1704.83	3615.32
2019	1009.06	1342.80	423.83	918.97	1710.18	3638.21
2020	1016.04	1322.50	405.22	917.28	1750.05	3683.37

注：阴影部分为预测数据

表 9-2 模型精度验证

人员分类	后验差比 c	精度等级划分	验证结果
跨省农民工	0.0823	$C < 0.35$，好	好
农业从业人员	0.1244	$C < 0.45$，合格	好
大农业必需劳动力	0.1517	$C < 0.5$，勉强	好
		$C > 0.65$，不合格	

第十章　新型城镇化进展

第一节　新型城镇化的重要意义

一、安徽省是新型城镇化的重要潜力区域

1. 安徽省处于城镇化率增速较快，城镇就业人口占比持续提高

2017年安徽城镇化率为53.49%，低于全国城镇化率5个百分点、中部地区城镇化率0.8个百分点。与中部地区其余五省相比，安徽省城镇化率仅高于河南（50.16%），低于江西（54.6%）、湖南（54.62%）、山西（57.34%）、湖北（59.3%）四省。从城镇化率增速来看，2007~2017年，安徽省城镇化率年均增速为1.48%，高于全国0.22个百分点，仅低于河南（1.58%）与湖北（1.5%），与江西（1.48%）持平，高于湖南（1.42%）与山西（1.33%）。总体而言，安徽省城镇化率年均增速较快，但城镇化水平仍然处于中部地区以及全国的下游队列，具有较大的提升空间（图10-1）。

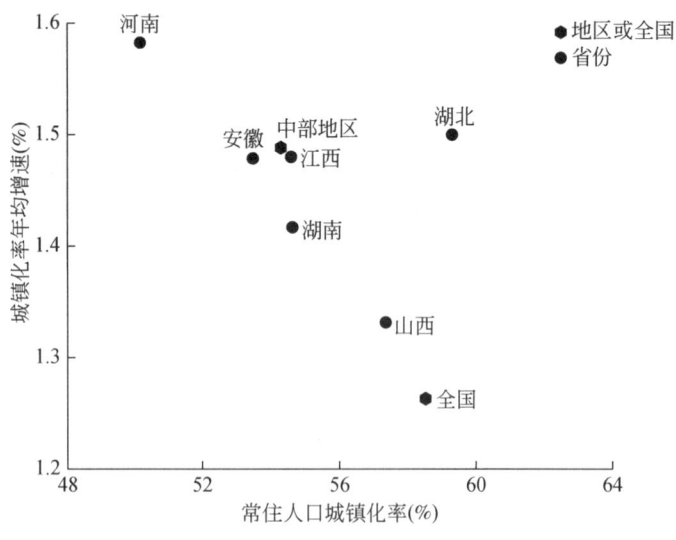

图10-1　2017年中部地区各省的常住人口城镇化率

2007~2017年,安徽省户籍人口城镇化率从21.98%增长至31.07%。2007~2014年,户籍人口城镇化率稳中有进,从21.98%提高至22.69%,增长了0.71个百分点。2014年《国家新型城镇化规划(2014—2020年)》出台后的四年间,户籍人口城镇化率快速提高,从22.69%提高至31.07%,增长了8.38个百分点,体现出安徽省人口市民化进程的有效推进。另外,安徽省城镇就业人口规模与比例持续提高,从2007年的818.1万人增加到2017年的1378.5万人,城镇就业人口比例从21.98%提升至31.07%。就业岗位的提供推动安徽省经济和新型城镇化的有效、持续发展,在中国经济"新常态"的趋势下,沿海发达地区劳动密集型产业向中西部地区梯度转移的需求加剧、步伐加快,加之中西部发展条件和环境的改善,农民工回乡创业热潮兴起,均将成为推动安徽省城镇化、工业化的重要途径和机遇(图10-2)。

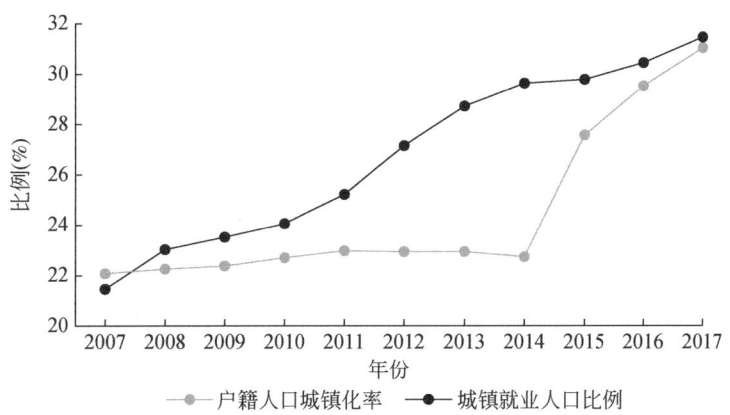

图10-2　2007~2017年安徽省户籍人口城镇化率及城镇就业人口比例

2. 安徽省流动人口规模庞大,农民工人口市民化潜力巨大

自2010年以来,农民工群体的数量持续增长,跨省流动成为主流态势(表10-1)。截至2017年底,我国58.52%的人口居住在城镇,但户籍人口城镇化率仅为42.35%。在大规模人户分离迁移的背景下,我国整体上已成为以农民工为主体的流动性社会。2017年安徽省农业户籍人口4867人,占全国总农业户籍人口的8.44%,农民工总量1918.1万人,占全国农民工总量的6.68%,庞大的农业户籍人口和农民工数量,使安徽省成为新型城镇化的重要区域(表10-2)。安徽省农民工群体中相当一部分只是实现了地域转变与职业变化,并没有实现与城市的社会融入。农民工及随迁家属不仅是统计意义上的城镇人口,也应纳入城市正规就业和社会福利体系,享受医疗、教育、就业、养老等基本公共服务,农民工市民化潜力巨大。因此,仍需加强制度设计与财政支持,推动农业转移人口市民化进程。

表 10-1　全国农民工数量（2010～2017 年）　　　　（单位：亿人）

年份	2010	2011	2012	2013	2014	2015	2016	2017
农民工总量	2.41	2.52	2.62	2.69	2.74	2.77	2.82	2.87
其中，跨省	1.53	1.58	1.63	1.66	1.68	1.69	1.70	1.72
其中，本地	0.88	0.94	0.99	1.03	1.06	1.08	1.12	1.15

表 10-2　安徽省农民工数量（2013～2017 年）　　　　（单位：万人）

年份	2013	2014	2015	2016	2017
数量	1783	1850.2	1858.8	1878.4	1918.1
增幅	2.2	3.8	0.5	1.1	2.1

资料来源：《中国统计年鉴》；《全国农民工监测报告》；安徽省国民经济和社会发展统计公报

3. 安徽省是新型城镇化的首批试点省，具备充分探索新型城镇化路径的条件

2014 年，李克强总理在政府工作报告中提出"3 个一亿人"目标，包括"到 2020 年实现中西部地区 1 亿人就近城镇化"，相对于西部地区而言，中部地区有着较好的资源环境承载力和产业发展基础，是落实上述科学问题的关键。《国家新型城镇化规划（2014—2020 年)》中提出中部地区共有 18 个地域单位先后被列入新型城镇化试点名单（表 10-3），安徽省是第一批试点省。《国家新型城镇化综合试点方案》提出安徽省异地城镇化和就地城镇化特色鲜明，应充分发挥试点地区改革试点的先遣队作用，结合区域实际，探索形成有利于新型城镇化健康发展的制度体系，得出可复制、可推广的经验和模式。

表 10-3　国家新型城镇化试点名单（第一批、第二批、第三批）

地区	省份	省会城市和计划单列市、省级区域	地级市（区、县）	县级市（区、县）	建制镇
中部	安徽省	长沙、武汉	鹰潭、株洲、孝感、洛阳、(南昌) 高新区*、濮阳*、澧县*、芷江县*、鹤壁市#、荆门市#、随州市#、湘潭市#、郴州市#、萍乡市#、赣州市#、抚州市#	介休、樟树、资兴、仙桃、宜城、禹州、新郑、兰考县、孝义*、宜都*、松滋*、津市*、新密市*、登封市*、长葛市#、长阳县#、大冶市#、老河口市#、祁阳县#、井冈山市#、侯马市#、交城县#	巴公镇*、艾城镇*、芦洪市镇*、马兰镇#、北石店镇#

资料来源：《第一、二、三批国家新型城镇化综合试点工作方案要点》

* 表示第二批名单；# 表示第三批名单

二、通过综合改革措施，推进人的城镇化

1. 深化户籍制度改革，推动农业转移人口稳定落户

自 1953 年公安部根据劳动者的职业身份和社会赡养关系划分（非）农业户籍以来，我国居民在城乡和户籍上被赋予了有差别的社会属性。户籍制度作为居民身份表征的基本制度，与生产、生活具有高度的关联性。户籍制度的改革与创新将释放出二元结构体制下附着在户籍制度上的差别权益，对于政府作为下的政策导向而言，具有自上而下的必然因果和动力。

安徽省在户籍制度改革方面进行了探索并取得了成效。2016 年 11 月 22 日安徽省正式颁布《安徽省流动人口居住登记办法》，沿用长达 20 年的治安管理办法宣布废止，自此城际藩篱有望一步步破除。从暂住证到居住证的变革是城市管理的重大进步。未来应推进居住证制度的全面实施，构建与居住证"挂钩"的基本公共服务供给；加强户籍制度与土地制度的联动改革，在保障农村权益的前提下解决农业转移人口的落户问题；对不同等级的城镇与不同职业类型的农业转移人口实施差异化落户政策，实现人力资源的空间优化配置；创新户籍管理方式，推动户籍管理工作与大数据相结合，创建高效的户籍管理系统。

2. 推动住房体系改革，加强外来务工人员住房保障

安徽省最新的流动人口居住登记办法中不再以"具有稳定住房"为硬性标准，然而拥有稳定住房仍然是农村转移劳动力的必然诉求。在家庭基本购房能力难以实现突破性变化的情况下，受政策和市场不稳定影响的住房供给和房屋价格成为核心因素。以安徽省省会合肥市为例，在 2010 年前后，合肥市的房价在 5000 元/米^2 左右并保持在稳定的区间内。2016 年，合肥市住宅均价从年初的 8572 元/米^2 陡增至 14 983 元/米^2，增长了 74.79%，并在年终收盘实现年均 12 068 元/米^2，2017 年住宅均价保持增长态势，年均价格达到 14 524 元/米^2。收入与房价增速上的巨大差异使在城镇呈现"半居住"状态的迁移人口购买长久性住房的愿望更难以实现，尤其对于经济实力本就难以维持良好生活质量的农民而言，进一步加剧城镇化的困难。

在住房体系改革中，一方面，应该完善城镇住房保障体系，落实廉租房、公租房并轨政策，引导社会资本参与棚户区改造，出台住房租赁市场的新政策，解决外来务工人员阶段性居住困难问题。另一方面，应加强对住宅的监管与宏观调控，抑制非良性溢价现象。从供给侧、监管侧、财政端进行调控，制定居住用地供应力度、市区限购、严控异地贷款、住房价格透明化等政策，对违规预售、囤积房源的行为进行打压，遏制房地产交易市场的异常活跃。将房价与收入差距控制在合理的范围内，真正实现外来务工人员的安居乐业。

3. 促进基本公共服务均等化，提高农民工社会福利保障

公共服务均等化是社会公平的重要方面，也是实现经济社会协调发展的重要环节。十九大报告中明确提出"加快推进基本公共服务均等化""完善公共服务体系，保障群众基本生活""到2035年基本公共服务均等化基本实现"。"规划"中强调"要推动人的城镇化与基本公共服务均等化，促进农民工及其随迁家属在教育、就业、医疗、养老、保障性住房等方面享受城镇居民的基本公共服务，为农业转移人口市民化创造条件"。

公共服务的供给是促进农业转移人口市民化的重要条件，尤其体现在教育、医疗等基本公共服务方面，如增强农民工随迁子女教育保障，降低农民工子女享受优质教育资源的门槛、保证其享有平等受教育的权利、适当拨付补贴给经济困难的农民工家庭等。坚持医疗卫生服务体系建设均等化的目标，合理分配已有的公共医疗服务资源、推进新农合与城镇居民医保整合、探索建立跨省市医保费用结算模式等。此外，还应对农民工社会保障制度进行完善，从失业保障、社会救助制度、工伤保险等多个层面保障农民工社会权益。

第二节　安徽省新型城镇化取得明显进展

一、新型城镇化改革

继2014年3月国务院《国家新型城镇化规划（2014—2020年）》之后，安徽省作为首批试点省，积极开展相关工作。利用词云图的文本挖掘功能，对安徽省新型城镇化文件进行词频分析（图10-3），"城市""建设""试点"是出现频率最高的词，安徽省城镇化仍处于"探索试验"阶段。民生问题是政府关注的热点，如人口、住房等，在文本中出现的频率排名分别为第4位和第6位，体现了以人的城镇化为核心的思想。此外，出现频率排名前十位的词汇还有城乡、改革、城镇化、农业、城镇等，是安徽省进行城镇化建设时重点关注的内容。

2012年5月22日，安徽省人民政府办公厅印发《安徽省新型城镇化"11221"工程实施方案》。该方案详细说明了"11221"工程实施的指导方针、主要目标、重点任务、保障措施以及进度安排。该方案把培育壮大中心城市摆在优先位置，注重中等城市和中心镇培育，同时关注村庄整治工作，从而提升城镇的综合承载能力，统筹城乡经济社会和区域协调发展。

2015年2月8日，安徽省人民政府印发了《国家新型城镇化试点省安徽总体方案》，以扎实推进新型城镇化试点省建设。该方案针对国家新型城镇化试点省建设的总体要求、具体目标、工作任务以及保障措施进行详细说明。与"11221"工程实施方案相比，该方案进一步完善了统筹城乡发展和推进产城融合的具体措施，如推进城乡一体化发展、优化行政区划设置等，并增加了建立农业转移人口市民化推进机制、提高城镇化可持续发展能

力等方面的实施方案。2015 年,为深入贯彻落实《国家新型城镇化试点省安徽总体方案》,扎实推动全省新型城镇化试点工作,安徽省制定了《安徽国家新型城镇化试点省三年行动计划(2015—2017 年)》。该行动计划对《国家新型城镇化试点省安徽总体方案》提出的每项主要任务都做出了具体计划,涉及推进农业转移人口市民化"153"行动、城乡统筹水平提升行动、产城融合促进行动和资金保障行动等多个方面,并详细列出了 2015—2017 年行动计划分工表,包括三年计划出台的重大政策、开展的重大试点、启动的重大事项。2017 年 5 月 26 日,安徽省人民政府印发了《安徽省新型城镇化发展规划(2016—2025 年)》,以推进安徽省新型城镇化健康发展。规划中重点提出了 8 个专栏,包括新型城镇化主要指标到 2020 年和 2025 年发展目标、增强农业转移人口进城落户保障、引导县级城市发展、指引特色小(城)镇建设、绿色城市建设重点、智慧城市建设重点、人文城市建设重点、指引美丽乡村分区分类建设。与之前的文件相比,该规划的内容更加全面、具体。除专栏 2、3 外,都是该规划中新提及的内容。而在上述文件提及的内容中,该规划在农业转移人口进城落户保障方面增加了职业培训,并将医疗卫生和社会保障的对象从农民工个人扩展到了整个家庭;在引导县级城市发展方面提出了构建"一圈一群两带"的城镇化空间格局和建立大中小协调发展的城镇体系的概念。

图 10-3 基于安徽省近年来新型城镇化文件内容的词云图
资料来源:根据安徽省新型城镇化的重点文件整理

二、户籍制度改革

自 1953 年公安部根据劳动者的职业身份和社会赡养关系划分(非)农业户籍以来,

我国居民在城乡和户籍上被赋予了有差别的社会属性。户籍制度作为居民身份表征的基本制度，与生产、生活具有高度的关联性。户籍制度的改革与创新将释放出二元结构体制下附着在户籍制度上的差别权益，对于政府作为下的政策导向而言，具有自上而下的必然因果和动力（表10-4）。

表10-4 安徽省关于流动人口登记制度的历时性对比研究

项目	《安徽省暂住人口治安管理办法（修订）》	《安徽省流动人口居住登记办法（草案）》	《安徽省流动人口居住登记办法》
发布时间	2008年	2012年12月31日	2016年11月22日
办理登记时限	到达居住地3日内	到达居住地15日内	到达居住地15日内
办理登记类型	暂住登记	暂住登记	居住登记
办理证件要求	拟住1个月以上	居住半年以上，且合法稳定就业、合法稳定住所、连续就读条件满足其中之一	居住半年以上，或合法稳定就业、合法稳定住所、连续就读条件之一
办理证件类型	暂住证	居住证	居住证
有效期	1年后申请延期	1年后签注	一年后签注

资料来源：根据安徽省人民政府法制办公室相关法规文件整理

2014年6月30日，国家领导层面《关于进一步推进户籍制度改革的意见》经政治局常务会议审议通过，体现国家对实现"人"的城镇化的决心。在此实施意见下，安徽省于2015年5月20日响应出台《安徽省人民政府关于进一步推进户籍制度改革的意见》，在以下方面实现重大进步：①建立城乡统一户口等级制。正式取消农业户口与非农业户口性质之分，统一登记为居民户口，这是弃用二元城乡管理制度、推进新型城镇化的决心表现。户籍制度的改革是居民生产生活由差异化向平等化进阶的关键一步。在我国大多数农村中，农业人口收入增长迟滞，"三农"政策的增收潜能也存在局限，青壮年农民外出务工已成为中国农村的特色。在充分流动的市场中，个人的要素报酬逐步趋向均衡，社会公平、社会稳定、居民幸福感及认同感得以增强。②居住证持有者将享有社会权益。劳动就业、基本公共教育、基本医疗卫生服务三个关键方面为无条件权益；中等职业教育资助、就业扶持、住房、养老等方面将根据居住和社保年限逐步享有；随迁子女在当地参加中高考的资格也将根据连续就读年限逐步得到保障。居住证制度的实行拉近了流动人口与城镇居民的距离，办理居住证基本肯定了迁移务工人员未来一定时间内到迁入地居住、就业的愿望，居住证给予了流动人口在一定时间内成为常住户口的可能性，政府的角色也由管理者向服务者转变。③差别化的落户政策。建制镇和小城市的镇区具有合法稳定住所（租赁），本人及同住成员可申请登记常住户口；中等城市还需保障合法稳定就业及缴纳城镇社会保险达一定年限；大城市的落户要求合法稳定就业需满足一定年限；特大城市则为适当调控。城镇等级越高的城市具有更为缩紧的落户政策，在一定程度上实现了人力资源的空间优化配置。

另外，任何与流动人口有关的机构工作人员，如雇主、房屋租赁人，都应与公安部门合作，主动及时地更新信息，为移民管理提供双边保障。新确立的规定无疑是对那些非原始居民的态度转变，而居住证是直接在移民群体的目标中产生的，尤其是对那些同样值得尊重和地位接受的农民。废除正式建立的临时许可证，是对以人为本的城镇化进程的一次重大飞跃，是对我们的社会在没有任何歧视待遇的情况下，迎接一个和谐的明天的承诺。

居住证制度虽然仍为过渡阶段的权宜之举，但仍是户籍制度改革的重要一步，同时安徽省在流动人口登记方面也表现出了更为规范的且较低的门槛。2011年，国务院办公厅印发《关于积极稳妥推进户籍管理制度改革的通知》之后，安徽省于2012年底就户籍制度改革问题尝试提出了《安徽省流动人口居住登记办法（草案）》，虽然流动人口仍需至迁入地进行暂住登记，但居住半年后满足稳定就业、稳定居住、稳定就学条件之一的家庭人口便可有条件申领居住证，相应地，公共福利，如住房保障、高等教育、医疗保险等，本质上是城市居民的基本权利。紧随国家《暂住证》法令指导政策的步伐，2016年11月22日安徽省正式颁布《安徽省流动人口居住登记办法》。

从暂住证到居住证的变革是城市管理的重大进步。暂住证法案显示了对流动人口的排斥和隔离，同时法案中明确规定了暂住人口应当履行的职责，未提及任何所能享有的合法社会权益。另外，对暂住人口的迁入具有严格的时间限制，拟住1个月以上的人口即需办理暂住登记，无暂住证的流动人口不可随意"暂住"。相比于暂住证的要求，居住证登记办法更侧重于体现自愿性和对流动人口的尊重，在申领条件上设置更多条件，但也反映了政府出于流动人口落户及长期居住能力考虑的规定，而正式实行的居住证制度在办理要求上进一步放宽，居住半年以上则可申领居住证，是政府在促进农业务工人员融入城镇、推动户籍平等方面的重大举措。

三、土地政策改革

产权明晰是有序开展经济活动的前提。在国家政策的顶层指导下，近5年，以土地流转为根本目标，安徽省政府的政策制定在土地用益物权上取得重要进展，盘活土地沉没价值，除生产物质资料清整的战略目标外，也展现了对农民权益的保障。安徽省的土地改革进入实操阶段（图10-4）。

首先，在全省范围内开展土地确权工作，过去长达几十年的一二轮土地的承包原则是按家庭户农业人口承包面积、农户具有土地承包和经营使用权，但耕地四至不清、权责隶属关系在不规范的自发性土地流转过程中变得模糊，土地确权是保障农民基础权益的合法性工作。2008年在国家工作会议①上明确提出土地确权工作，由此发端，我国开展了试点县、试点省、省域全面铺开"确权到村到户"的土地确权工作。2015年农业部选择安徽省为全省试点的省份之一深入推进农村土地确权工作，首批安徽省以20个县区为试点进行政策试水，在年内完成试点工作，2017年完成全省的确权发证。土地确权之后，明确了农民权利的隶属关系，进一步强化了土地的财产属性，农民可将承包地资源量化为股份从

---

① 《中共中央关于推进农村改革发展若干重大问题的决定》。

而获取财产性收入,同时使土地规模经营、城镇化具有产权基础。

其次,在土地确权之后,针对促进土地流转开展了核心的变革工作,建立宅基地主动退出的激励制度。农村人口"流而不退",是农地制度和城镇落户制度的双向牵扯,安徽省农村资源,包括宅基地、农房、农地等闲置的空村化问题是农村经济活力丧失的原因之一,农村人口的必要性退出是未来发挥土地效益和有序引导农民退出乡村的有效途径。基于此现实问题,提出宅基地"有偿退出"及"组间调换"制度,村民主动退出依法取得使用权的宅基地,由农村集体经济组织或政府予以经济或其他手段的补偿,宅基地自愿退出后若复垦为耕地,则原使用该宗地的农户享有优先承包经营权;村中的宅基地可进行调剂,以产权或经济补偿的方式进行交易。该举措改进了农村长期以户为单位、无偿获取的宅基地分配制度。针对村民宅基地的主观选择需求,促进乡村政府对土地的集中管理,促进土地确权和规范化管理,有助于缓解和避免空心村的资源浪费。

最后,提出农村建设用地流转的方案,农村经营性建设用地可通过出让、出租等方式用于其他产业用地的建设,腾挪出的建设用地亦可作为储备资料,为最终成立城乡统一的建设用地市场奠定基础。土地是农民进城的核心牵绊,却也是最后一道利益保障,通过政策的制定,从农民的主体地位考虑,保障其根本性权益,从而在新农村的建设过程中需要发挥农民的作用,促使他们投劳投资(图10-4)。

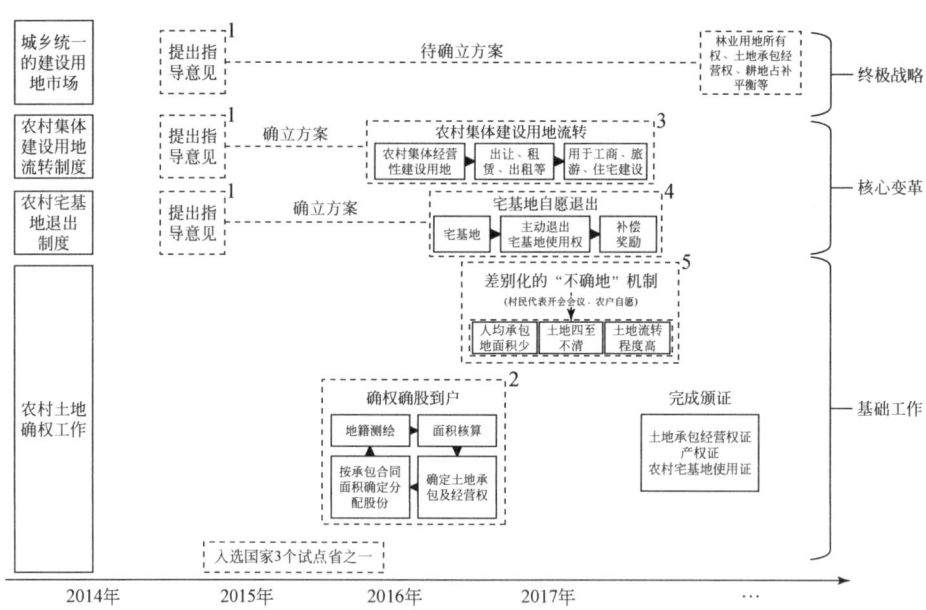

1. 《安徽省人民政府关于深化农村综合改革示范试点工作的指导意见》
2. 《开展全省农村土地承包经营权确权登记颁证试点工作攻坚年活动实施方案》
3. 《农村土地经营权流转交易市场运行规范(试行)》
4. 《关于加强农村宅基地管理工作的通知》(皖国土资〔2016〕4号)
5. 《关于在农村土地承包经营权确权登记颁证中使用确权确股不确地方式的规定》(皖农经〔2016〕9号)

图10-4 安徽省土地改革的时间线
资料来源:根据图中所列的文件整理所得

四、存在问题

1. 房价攀升加剧了"人的城镇化"难度

安徽省最新的流动人口居住登记办法中不再以"具有稳定住房"为硬性标准,然而拥有稳定住房仍然是农村转移劳动力的必然诉求,"安居"仍是"乐业"的前置因素。合肥市是安徽省人口城际迁入最主要的城市,以合肥市为中心的皖江城市群基本成为农业转移人口的集中地。合肥市住房价格的变化牵动着流动人口尤其是农民在城市落户的信心。2010 年之前,当长三角地区省会城市的住宅单价均价已达到 10 000 元/米² 时,合肥市房价仍然在 5000 元/米² 左右。在之后几年,合肥住宅价格也一直基本稳定在区间内。2016 年,是合肥市住宅超高速增长的开端,住宅均价从年初的 8572 元/米² 陡增至 14 983 元/米²,增长了 74.79%,在年终略下调为 12 068 元/米²,2017 年住宅均价保持增长态势,年均价格达到 14 524 元/米²(图 10-5)。

图 10-5　2012~2017 年合肥市月均住宅挂牌价格走势

进一步通过住房负担系数来衡量迁移人口实现城镇化的期望值,并将以合肥市为例的安徽省的住房负担系数与全国进行比较。具体公式如下:

$$\mu = \frac{f \times c}{p \times i} \tag{10-1}$$

式中,μ 为住房负担系数;f 为年均住宅单价,元/米²;c 为人均建筑面积,平方米;p 为家庭户均人口,人;i 为家庭人均年可支配收入,元。

如表 10-5 所示,自 2012 年以来,合肥市家庭人均年可支配收入和人均住房面积均呈上升趋势,然而收入增幅远小于房价涨幅,住房负担系数由 2012 年的 7.35 快速上涨为 2016 年的 12.22。与全国平均水平相比,2012 年,合肥市住房负担系数小于全国平均水平，自 2013 年起不断增长并高于全国平均水平，2016 年高出 4.38。在合肥市房价快速增长的情势下，周边地区的房价也受到连带性影响（图 10-6）。

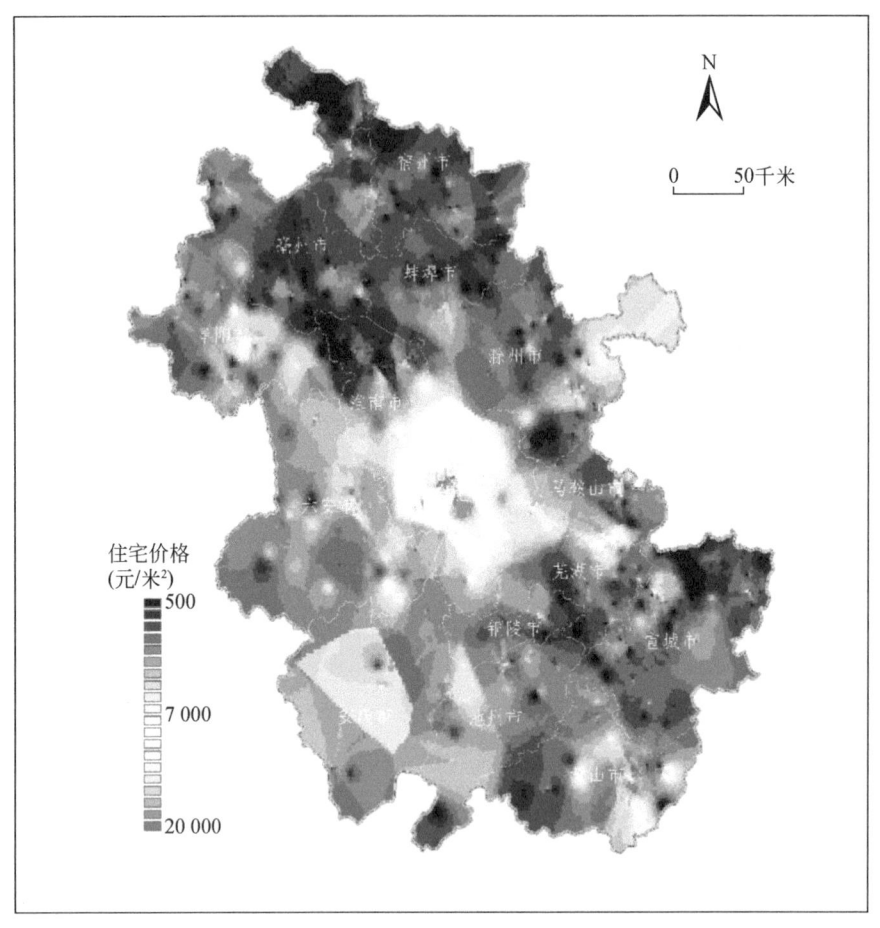

图 10-6　2017 年安徽省房价的插值图

数据获取采用数据挖掘的方法，通过网络爬虫技术八爪鱼软件，解析网站编译规则，批量获取挂牌房价信息数据，包括"交易标题、户型、面积、楼层、房屋总价、每平方米单价、地址、区域、所在地级市" 9 个字段的文本信息，该数据的采集时段为 2017 年 7 月，共获得 130 558 个数据点位，图 10-6 由 IDW 空间插值原则得到。住宅价格数据来源于房地产租售信息服务平台安居客的数据，覆盖新房、二手房、租房、商业地产的房屋信息数据，满足本研究所需的文本信息和地市要求

表 10-5　2012~2016 年合肥市与全国住房负担系数的比较

	指标	2012 年	2013 年	2014 年	2015 年	2016 年
合肥	平均每户人口数（人）	2.79	2.75	2.88	2.86	2.86
	人均住房建筑面积（平方米）	28.80	30.85	35.20	35.30	35.30
	家庭人均年可支配收入（元）	25 434	28 083	29 348	31 989	34 852
	年均住宅单价（元/米²）	6 490.08	7 031.83	7 743.75	8 090.92	12 068.33
	住房负担系数	7.35	7.72	9.29	8.93	12.22

续表

	指标	2012年	2013年	2014年	2015年	2016年
全国	平均每户人口数（人）	3.02	2.98	2.97	3.10	3.11
	人均住房建筑面积（平方米）	32.90	33.83	34.75	35.68	36.60
	人均年家庭可支配收入（元）	24 565	26 955	28 844	31 194	33 616
	年均住宅单价（元/米²）	5 540.90	6 000.58	6 211.32	6 673.71	7 203.00
	住房负担系数	7.42	7.53	7.48	7.63	7.84

资料来源：年均房价数据来源于安居客"房价走势板块"，其他数据来自相应年份的《安徽省统计年鉴》《中国统计年鉴》

2. 合作社体制需要进一步完善以保障农民利益

近年来随着改革不断推进，合作社等新型农业经营主体不断涌现。但在农民权益层面的政策保障性仍有不足：其一，股权结构分散。农民的土地拥有量呈现分散性，小农户是合作社的主要构成，以户人口为基本原则的耕地分配方式沿用至股权分配，则易造成合作社股权构成分散，内部没有"大股东"，对于合作社管理层"理事长"的监督和约束缺位，容易出现风险。其二，资本构成方式单一。农村合作社筹资能力不足，较难支撑后续扩大经营和转型。因而，局限于向本社成员集资的融资体系，难以应对市场经济发展的需要。其三，利益分享机制。农村合作社成立初期一般以单一的农产品或种植业为主，但在乡村振兴和现代农业战略引领下，农产品仓储、加工、物流等衍生环节的引入及发展会带来产业链集成的规模效应，从而使农村经济体实现产业效益增值。若缺乏政策规范和引导，农民仅以田入股，将可能被排除在效益增值链之外，成为现代农业经济受益的边缘人群。

参考文献

陈明星,龚颖华,隋昱文.2016.新型城镇化背景下中部地区的人口就近城镇化模式研究.苏州大学学报(哲学社会科学版),37(6):7-14.

陈明星,隋昱文,郭莎莎.2019.中国新型城镇化在"十九大"后发展的新态势.地理研究,38(1):1-12.

陈元.2020.促进中部地区崛起的思路与对策研究.北京:中国财政经济出版社.

范恒山,赵凌云.2010.促进中部地区崛起重大战略问题研究.北京:中国财政经济出版社.

范恒山.2012.促进中部地区崛起政策措施的回顾与展望.武汉:武汉大学出版社.

龚胜生,张涛.2013.中国"癌症村"时空分布变迁研究.中国人口·资源与环境,23(9):156-164.

李二玲,李小建.2006.农区产业集群、网络与中部崛起.人文地理,21(1):60-64.

李娟文,倪外,隋文平.2007.中部崛起中的六省旅游联动发展.经济地理,(2):323-326.

李小建,高更和.2008.中国中部平原村庄农业生产区位研究——以河南南阳黄庄为例.地理科学,28(5):616-623.

刘盛和,邓羽,胡章.2010.中国流动人口地域类型的划分方法及空间分布特征.地理学报,65(10):1187-1197.

刘洋,罗建敏,王健康.2009.中部地区经济协调发展问题研究.经济地理,29(5):731-734.

卢拥军.2013.我国中部崛起背景下的资源型城市转型——以河南省平顶山市为例.天津:南开大学出版社.

牛方曲,刘卫东.2012.中国区域科技创新资源分布及其与经济发展水平协同测度.地理科学进展,31(2):149-155.

山西水土保持科技编辑部.2018.《山西省水土保持规划(2016—2030年)》要点.山西水土保持科技,(1):2-10.

苏昌贵,魏晓.2006.中部崛起战略的若干思考.经济地理,(2):207-210,215.

孙鸿烈.2000.中国资源科学百科全书.北京:中国大百科全书出版社.

王发曾.2010.中原经济区的新型城镇化之路.经济地理,30(12):1972-1977.

王发曾,张伟.2009.基于中部地区崛起的城市群整合发展.人文地理,24(5):55-60.

王缉慈.1999.知识创新和区域创新环境.经济地理,(1):12-16.

王开泳,陈田,董玛力.2008.我国中部地区人口城镇化的空间格局.经济地理,28(3):353-356.

魏倩.2002.中国农村土地产权关系的结构与变迁.上海:复旦大学.

许婵,吕斌,文天祚.2015.基于电子商务的县域就地城镇化与农村发展新模式研究.国际城市规划,30(1):14-21.

杨剩富,胡守庚,叶菁,等.2014.中部地区新型城镇化发展协调度时空变化及形成机制.经济地理,34(11):23-29.

张慧霞,刘斯文.2006.中部地区区域旅游合作.经济地理,(4):714-716,720.

张建杰.2009.农村劳动力转移就业的地域选择及其集聚效应研究——以河南11村的调查为例.华南农

业大学学报(社会科学版),8(4):1-7.

张庆五.1993.论农业人口与非农业人口的形成与演变.中国人口科学,(5):42-46,41.

周寄中.1999.科技资源论.西安:陕西人民教育出版社.

Chen M, Gong Y, Lu D, et al. 2019. Build a people-oriented urbanization: China's new-type urbanization dream and Anhui model. Land use policy, 80: 1-9.

后 记

中部崛起是我国区域协调发展战略的重要组成部分，也是研究区域发展的地理学者坚持研究的重点区域之一。中部地区具有承东启西、连南接北的区位优势，四通八达、高效便捷的交通运输网络，发挥着东西联动、南北协调的纽带作用；能源、矿产资源丰富，土地等生产要素价格相对较低，产业基础较好，有利于承接全球和东部地区的产业转移；人口众多、历史悠久、文化底蕴深厚。中部崛起战略取得了进展，达到了预期效果。

早在 2015 年，受国家发展和改革委员会委托，中国科学院地理科学与资源研究所承担了"中部地区崛起新十年规划的总体思路研究"工作。陆大道院士担任顾问，刘卫东研究员担任课题组长，陈明星研究员担任副组长。课题组在时任国家发展和改革委员会地区经济司于和军副司长、潘玛丽处长等指导下，深入研究了中部地区的发展态势、功能定位、发展战略与空间布局等，并在国务院批复的《促进中部地区崛起"十三五"规划》中得到采纳，为规划顺利编制发挥了重要的支撑作用。此外，笔者还主持和承担了"中部地区'十四五'时期中部地区高质量发展的路径与措施"课题，国家自然科学基金委员会资助的"新型城镇化""中部地区就近城镇化潜力"等课题。本书是相关研究成果的凝练和提升。从中部地区发展所面临的新时代入手，提出高质量发展、美丽中国、城乡融合、创新发展等新要求，力图深刻认识和解析中部地区高质量发展的一些重点领域任务，包括新型城镇化、乡村振兴与城乡融合，农业现代化与三次产业融合，创新发展与现代服务业，生态环境保护与治理等，将理论和实际相结合，深刻阐述了这些领域任务的背景、发展特征、时空演化、主要问题和解决提升途径。

此书付梓出版之时，恰逢国家关于中部地区高质量发展文件的发布。2021 年 7 月，《中共中央国务院关于新时代推动中部地区高质量发展的意见》发布，这是国家统筹两个大局，顺应新时代、新要求作出的重大决策部署，对于推动中部地区高质量发展具有全局性意义。中部地区未来实现更高质量的发展和崛起值得期待，将在全面建设社会主义现代化国家新征程中作出更大贡献。

在此特别感谢陆大道院士、刘卫东研究员、于和军副司长和潘玛丽处长的指导！感谢课题其他参与人员在一起的有益讨论！参与本书撰写的李裕瑞、宋涛、黄麟、龚颖华、汤青和唐志鹏等，均为在各自领域有着学术积累的青年才俊。大家在一起的合作非常愉快，也感谢他们的支持！梁龙武等在本书的编辑、校对等付出了较多时间和精力，在此一并感谢！

各章主要执笔者和分工如下：

绪　论	陈明星
第一章　新时代促进中部地区高质量崛起	陈明星、隋昱文、郭莎莎
第二章　空间结构与空间组织	陈明星、唐志鹏、刘倩倩
第三章　新型城镇化与乡村振兴融合	陈明星、郭莎莎、龚颖华
第四章　农业现代化与三次产业融合	李裕瑞、罗鑫玥
第五章　创新资源与现代服务业	宋涛、黄莘绒
第六章　生态环境保护与治理	黄麟、汤青
第七章　国外大江大湖流域发展经验模式	龚颖华
第八章　城镇化时空历程	隋昱文、余志超、袁婷
第九章　就近城镇化潜力	龚颖华、陈明星
第十章　新型城镇化进展	龚颖华、陈明星
后　记	陈明星

作　者

作者简介

陈明星，中国科学院地理科学与资源研究所研究员，博士生导师，中国科学院大学岗位教授，中国科学院区域可持续发展分析与模拟重点实验室副主任，中国科学院地理科学与资源研究所技术委员会委员，主要从事城镇化与区域可持续发展研究。发表学术论文100余篇，主持国家自然科学基金项目6项，提交咨询建议20余份。主持国家发展和改革委员会委托的"中部地区崛起新十年规划的总体思路研究""'十四五'时期中部地区高质量发展的路径与措施""面向2035年我国新型城镇化战略研究""美丽中国建设湖北省第三方评估"等课题，为新型城镇化、中部崛起、国土空间规划等国家战略决策提供了支撑作用。曾获国家自然科学基金委优秀青年科学基金项目（新型城镇化）、全国青年地理科技奖、《地理学报》创刊85周年最具影响力论文奖、吴传钧人文与经济地理优秀论文一等奖、城市地理学优秀论文一等奖等。兼任中国发展战略学研究会理事，兼任 *PLoS One*、《热带地理》和《世界地理研究》等期刊编委。

李裕瑞，博士，中国科学院地理科学与资源研究所副研究员，农业地理与乡村发展研究室副主任，中国地理学会农业地理与乡村发展专业委员会副主任、秘书长（兼），主要从事区域农业、土地利用与乡村发展研究。主持国家自然科学基金项目、中国博士后科学基金一等资助、特别资助，以及国家科技支撑计划、国家重点研发计划、中国科学院A类战略性先导科技专项的子课题等近20项。在 *Land Use Policy*、*Journal of Rural Studies*、*Habitat International* 等国际刊物发表论文20余篇（第一作者/通讯作者），多篇论文入选ESI高被引论文，或被人大复印报刊资料、新华文摘等转载或摘录。担任 *Habitat International*、*Land* 等SSCI期刊的编委，*Growth and Change* 专辑客座主编，《地理科学》《农业资源与环境学报》编委。获中国自然资源学会"青年科技奖"（2017）、中国扶贫开发协会"扶贫先进个人"（2017年），入选自然资源部"杰出青年科技人才"（2018年）、科睿唯安（Clarivate Analytics）"全球高被引学者"（2020年，社会科学领域）。

宋涛，博士，中国科学院地理科学与资源研究所副研究员，中国科学院-哈佛大学联合培养博士。曾就职于中国城市规划设计研究院，兼任中国地理学会政治地理与地缘关系专业委员会委员、亚洲开发银行咨询专家等。主持或参与国家自然科学基金项目、国家发展和改革委员会、国家开发银行等省部级委托项目30多项，参与完成咨询报告4份。发表学术论文60多篇，参编专著6部，主编专著2部。主要从事经济地理与区域发展、跨境经济合作、地缘经济、政治地理、区域规划等研究。

黄麟，博士，中国科学院地理科学与资源研究所副研究员，硕士生导师，中国自然资源学会自然资源信息系统研究专业委员会委员。研究领域为生态环境遥感与信息系统，主要从事土地利用变化及其生态效应、重大生态工程成效评估等方面的研究工作。已主持国家自然科学基金项目3项、省部级课题4项，部委及地方政府委托任务10余项。已发表论文80余篇，其中SCI论文30余篇；出版专著/图集6部；编制相关标准/规划8项；提交咨询报告4份；获省部级奖励1项。研究成果主要发表在 *Agricultural and Forest Meteorology*、*Journal of Climate*、*Renewable and Sustainable Energy Reviews*、*Agriculture Ecosystems & Environment*、*Proceedings of the National Academy of Sciences* 等TOP期刊。

龚颖华，2018年获中国科学院地理科学与资源研究所人文地理学硕士学位，毕业后先后就职于艾奕康设计与咨询（深圳）公司上海分公司和宁波市规划设计研究院，从事城市规划和经济分析工作，现于加利福尼亚大学伯克利分校攻读工业工程与运筹研究工学硕士学位，主要从事优化分析、风险评估、数据分析应用等方面的学习。在 Journal of Geographical Sciences、Land Use Policy 等期刊发表学术论文8篇，主要研究领域为人口、城镇化和区域经济。参与课题研究10余项，主要包括"'一带一路'与地缘政治问题研究""我国经济发展支撑体系分析与'人–地系统'动力学咨询""中部崛起新十年规划的总体思路研究""绵阳市城市总体规划（2016—2040年）修编"等。

汤青，博士，中国科学院科技促进发展局副研究员，从事地球科学领域科研项目管理工作。曾在中国科学院地理科学与资源研究所从事经济地理与区域发展研究工作，主持国家自然科学基金青年项目"半城镇化农民生计状态评估及市民化阻滞因素与政策调控"、国家自然科学基金重点项目、中国科学院重点部署项目子课题、国家发展和改革委员会委托的"资源环境承载能力评价指标体系和技术方法研究"项目和地方政府委托的"海南省主体功能区规划""山西省主体功能区规划""辽宁海岸带保护和利用规划"等项目（课题）10余项。在 Applied Geography、Landscape and Urban Planning、Land Use Policy、Environmental Earth Sciences、《地理学报》、《生态学报》等高级别期刊上公开发表论文40余篇。